要加强知识产权保护宣传教育，

增强全社会尊重和保护知识产权的意识。

——摘自习近平总书记在中央政治局

第二十五次集体学习时的讲话

燃烧的 LOGO

——从商标品牌漫记看无形资产如何升值

竹 雨 著

中国财经出版传媒集团
中国财政经济出版社
北 京

图书在版编目（CIP）数据

燃烧的 LOGO：从商标品牌漫记看无形资产如何升值 / 竹雨著 . -- 北京 ：中国财政经济出版社，2024.1

ISBN 978-7-5223-2596-5

Ⅰ. ①燃… Ⅱ. ①竹… Ⅲ. ①商标—品牌战略—研究—中国 Ⅳ. ① F760.5

中国国家版本馆 CIP 数据核字（2023）第 219210 号

责任编辑：陈志伟　　责任印制：史大鹏

责任校对：张　凡　　责任设计：卜建辰

燃烧的 LOGO——从商标品牌漫记看无形资产如何升值

RANSHAO DE LOGO——CONG SHANGBIAO PINPAI MANJI KAN WUXING ZICHAN RUHE SHENGZHI

中国财政经济出版社 出版

URL：http：//www.cfeph.cn

E-mail：cfeph @cfemg.cn

社址：北京市海淀区阜成路甲 28 号　邮政编码：100142

营销中心电话：010-88191522

天猫网店：中国财政经济出版社旗舰店

网址：https：//zgczjjcbs.tmall.com

北京时捷印刷有限公司印刷　各地新华书店经销

成品尺寸：170mm × 240mm　16 开　17 印张　235 000 字

2024 年 1 月第 1 版　2024 年 1 月北京第 1 次印刷

定价：78.00 元

ISBN 978-7-5223-2596-5

（图书出现印装问题，本社负责调换，电话：010-88190548）

本社质量投诉电话：010-88190744

打击盗版举报热线：010-88191661　QQ：2242791300

亮出你的 LOGO

序

从儿童玩具到学习用品，从衣服、鞋子到电子产品、生活用品，从餐饮到住宿……以至于天上的日月星辰，地上的江河湖泊，万事万物从无到有，无不从名称或标识开始，因为起名称、做标识是人的天性。小时候，不会写字时，我就经常用画图的形式表达自己的想法。

看品牌认标识买商品，印象中是从小学时代开始的，那时我就有了商标品牌意识。其实，在马连道幼儿园时，我就对五颜六色、五花八门、各种造型的标识产生了兴趣，还逐渐收集了带有不同LOGO的玩具枪、贴纸等，特别是了解到“马连道”具有“祥云接天、骏马连道”的吉祥寓意后，一直念念不忘，记忆深刻。长大后，能够独立买东西了，基本上进入“品牌生活”，便有了品牌依恋感。我想，这应该是大多数小伙伴和同龄人成长的共同记忆。

起初，我认为品牌就是一个好听的名字，配上好看的LOGO，再有几句顺口的广告语。后来，慢慢明白，一个真正的好品牌不仅包含这些，更承载着产品质量、文化、地位、品牌定位、品牌故事等，其背后是一个企业优秀的研发、生产、管理、经营、销售等专业标准和综合能力。

小时候，听父母讲，古代的作坊店铺，就有各式各样的招牌、牌子、幌子等标识。唐代，纸张内已有暗纹标识；宋代，商标的使用已比较普遍。当时济南刘家针铺，就在商品包装上印有“兔”的图形和“认门前白兔儿为记”的商标。

其实，品牌就像人一样，有其独特的个性和内涵。随着时代飞速发展，经过精心设计，具有高度实用性、艺术性、独特性的精致标识，已被广泛应用于社会领域，对人们生活发挥着巨大作用。特别是互联网的出现，网购成为趋势，消费者缺少实物参照，更习惯通过标识快速选择商品，促使老板以更丰富的标识设计吸引消费者。LOGO、商标、品牌……已经成为人们衣食住行的重要组成部分，越来越信得过、离不开。试想，如果没有品牌，生活将无所适从。

在今天的体验经济时代，我觉得，一个令人喜欢的商品或服务项目，既要有以上商标品牌的意识，更要注重讲究质量品质和体验感受。我们这一代人，比较喜欢探索和独立思考，并且重视体验感，仅仅是“哗众取宠”“空中楼阁”的品牌，再光鲜亮丽也只会昙花一现，我们更看重实实在在的效果，更关注内心喜欢的感觉。

向往美好的生活，建设自己的生活，商标品牌是工具，是指导。我认为，打造出好的品牌，应不断提高创新意识和创造能力，卖的不仅是“品牌产品”，而是“生活方式”。让人感觉到拥有了这个品牌，就拥有了一种围绕自己兴趣而生活的美好方式。

未来可期，未来已来。在奔向星辰大海的征途上，希望涌现越来越多有寓意、有美感，有故事、有个性，接地气、买得起，里子面子都好的品牌产品，能够融入、陪伴和帮助人们去丰盈自己的趣味人生。

为此，请亮出你的LOGO、你的商标、你的品牌吧！

赵　畅

每个人都要有商标品牌意识

自序

生活中，随时随处可见各种五颜六色、特征迥异、精彩绝伦的LOGO，让人驻足观望、流连忘返。认标购物、据牌消费，成为生活中的常态。

作为用于区别商品或服务来源的标识，人们通常称为LOGO、商标、品牌，它们既相互联系，又有所区别，联系大于区别。三者深度耦合、共生共荣，都是一种无形资产，一种重要的知识产权类别。我国《商标法》规定，经商标局核准注册的商标，注册人享有商标专用权，受法律保护。从这个侧面讲，商标是品牌的源头。

经过权利人的创造、运用、保护和管理，一个名不见经传的商标品牌，一步步成长为知名、著名甚至驰名商标品牌，让消费者从看得见、记得住到信得过、离不开，权利人不仅收获真金白银等有形资产，名誉、信誉、美誉等无形资产亦水涨船高，可谓是“名利双收”“名满天下”，给人带来诸多启示。

LOGO、商标、品牌，离我们很近，又似乎很远。我们每一个人都是品牌的消费者，也是品牌的传播者，更是品牌的创造者、塑造者。商标不再是冰冷的象征，而是像人一样具有悲欢离合的情感，是具有个性化特征的品牌。其实，我们每个人作为独一无二的个体，本身就是一个独一无二的“LOGO”，每个人都是自己的“商标品牌”。

人作为“商标品牌”，主要是指品德修养、知识水平、诚信守法、能力素质、社会地位、人生经验和人脉关系等因素的综合反映，也包括一个人的言行举止、形象仪表等，是每个人拥有的独特的无形资产和宝贵财富，直接影响一个人未来的发展前景，必须高度重视、倍加呵护。为此，每个人都应该增强“四种意识”。

高质量创造意识。人出生后，首先要取一个好听又吉利的名字，有的甚至在孩子出生前就提前思考取好了名字。御名尊号，创意无限，要力求独具匠心、独特新颖，可通过寻先祖根脉、看生辰八字、查《说文解字》、翻唐诗宋词、表期盼祝愿等途径，从中集思广益、优中选优，确定一个朗朗流畅、个性十足，底蕴深厚、内涵丰富的好名字，伴随其一生成长成才成功。

高效益运用意识。人生之初，每一步都需要精心培育、引导以及爱的浇灌，才能不断茁壮成长。从小学到中学再到大学，要不断提高自己的知识能力，培养吃苦耐劳的毅力，塑造独特的气质禀赋，树立远大的理想追求。参加工作后，在大浪淘沙的社会考验和市场洗礼中，要善于用人品、信誉、能力等综合素质展现自身优势，勇于在合适场合适度表现和展示自己，传播良好形象，赢得良好口碑，提升核心竞争力。

高水平保护意识。姓名虽然不用法律部门审核注册，但其名誉同样需要主动“保护”。无论是谋事做事，还是为官为民，甚至待人接物、为人处世等，都要自觉学法守法用法，坚守法律法规和道德底线，不出格、不逾矩，像珍爱自己的生命一样珍爱自己的名誉。诚然，当遭遇恶意诽谤、人格侮辱等侵害自身权益的行为时，也要果断出手、敢于亮剑、依法维权。

高标准管理意识。成功的商标品牌不会“一劳永逸”，既要防范消费者喜新厌旧，又要防范自身使用管理不当，自降声誉。如同人的一生，管好自己，才能天下无敌。无论顺境还是逆境，都要一如既往自律自强。面对金钱美色诱惑时，要保持抵腐定力；面对困难挫折打击时，要不失进取之志；面对顺风顺水时，亦不狂妄自大。始终以正直的品质、高尚的情怀、严格的要求，既管好自己也管好家属、子女，打造一个有温度有品质有情感的“商标品牌”大家族。

回首人的一生，犹如商标品牌的一生，历经风雨、演绎沉浮。只有坚持不懈地努力，才能被看见，被记住，被信任，被热爱，才能成就一个永恒且年轻的具有生命力的商标品牌。即使被“遗忘”和“消失”，亦曾记录过一个时代，留下过一串印记，创造过一段佳话，这就是商标品牌的魅力。

积水成渊、积土成山。商标品牌作为一种重要的无形资产，和有形资产一样，都是一个积累的过程。早积累早受益。因此，每个人都应该有商标品牌意识，特别是作为一个有远大志向、追逐梦想的人，更需要树立和维护好个人的商标品牌，努力使自己的无形资产不断保值升值。

由此及彼，触类旁通。无论是个人还是企业，抑或每一个个体和单位，都要增强知识产权意识，提升知识产权的创造、运用、保护和管理能力。特别是对于权利主体而言，法律风险防范最主要的工作是“事前预警”，而不是“事后灭火”。“事后灭火”不如“事中控制”，“事中控制”不如“事前防范”，“事前防范”就是构建自身的免疫系统，将法律风险防患于未然。

尤其是在全球化的今天，知识产权已经成为我国与其他国家最大的“公约数”之一。在知识产权的作用下，市场经济焕发出前所未有的生命力和创造力。因此，知识产权不是一个小问题，也不是简单的某一个学科的问题，而是已经融入每个人每一天的生活和工作中，关乎我国民族复兴的重要问题。

吾积四年之时光，笔耕不辍，将其日积月累的思考和感悟碎片，撰写成零散之作。在领导、好友的提议和鼓励下，以漫记随笔的形式呈现出来，与更多人分享，特别是助力有需要的人少走弯路。其内容既有法规解读，又有案例分析；既有理论阐释，又有实操指南；既立足国内实际，又放眼全球视野，力求深入浅出、生动鲜明、通俗易懂。如今，串珠成线、连点成面，汇编成书，以飨读者，希望为读者打开一扇新的窗户，提供一把四两拨千斤的钥匙。

阅读此书，是您最好的选择。您将比同行多一些相关知识，您将萌发独具匠心的金点子，您将打造属于自己的品牌新天地。

当文字落入你眼中，温暖就留在我心里。

作者

2023年10月

目录

创造——商标品牌之源

运用——商标品牌之谜

后记

附录

创造——商标品牌之源

创

商标品牌的“前世今生”

大千世界，生生不息。自从有了人类，各种各样的商品和服务就层出不穷。尤其是近现代，随着经济社会的不断发展，人们一睁开眼，看到的便是琳琅满目的各种标识和牌子，我们称之为商标和品牌。

当前，我国经济已由高速增长阶段转向高质量发展阶段，在推动经济增长动能转换过程中，商标品牌越来越成为重要的战略资源。生活讲品质、购物看商标、消费重品牌，越来越成为人们日常生活的普遍选择和自觉行为，商标品牌已然成为企业发展的命脉。

今天，让我们一起走近我国商标品牌的前世今生吧。

商标品牌发展历经“四个时期”

商标的来历，可以追溯到上古时代的“图腾”。如女娲氏族以蛇为图腾，夏禹的祖先以黄熊为图腾，汉族逐步形成以龙凤为图腾。图腾作为战争和祭祀的标识，成为族旗、族徽。国家产生以后，图腾又演变成国旗、国徽。因为人类“离开形式就无法获取知识”，而“一切知识都可以通过标识进行表达”。

商标是商品经济和市场经济发展的产物，是商业文明的“特产”。中国自从有了作坊店铺，就伴有招牌、幌子等标识。据史料记载，在唐代制造的纸张内已有暗纹标识。到宋代，商标的使用已相当普遍。“商标”一词属于外来语，出现于1840年鸦片战争以后，清末政府和入侵我国的帝国主义列强签订的一系列不平等条约中。1904年8月，经光绪皇帝钦定的第一个商标法规——

《商标注册试办章程》正式对外颁布，“商标”一词从此走进神州大地。品牌的英文单词brand，源自古挪威词汇brandr，最初的含义是指在牲畜身上烙上标志，用以区分其所有者，起到识别和证明的作用。

1921年7月，中国共产党建立初期，百业凋敝、民不聊生。为抵制帝国主义列强在经济上的欺压，我们党领导和参与了声势浩大的抵制洋货、使用国货的爱国运动。1937年，抗日战争全面爆发后，我们党在经济战线上，带领工商界创立“救国”牌、“雪耻”牌、“警钟”牌等商品，唤醒全民的抗日热情。

1949年10月，中华人民共和国成立，百废待兴、民生待举。我国即着手对国民经济进行清理改造。在商标领域，坚决取缔宣传殖民地思想的“海盗”“白旗”、宣传封建迷信思想的“财童”“荣华富贵”，以及宣扬色情和侮辱女性的“交际花”“夜女郎”等商标品牌。

1978年，党的十一届三中全会召开。改革开放、百业突起。党中央决定把工作重心转移到社会主义现代化建设上来，集中力量抓经济建设，着力解决落后的生产力与人民日益增长的物质与文化生活需要不相适应的矛盾，商标品牌迎来新的生机和活力，逐步与世界经济接轨，经历了引进投资——出口产品——加入WTO的过程。

党的十八大以来，日新月异、百业兴旺。以习近平同志为核心的党中央高瞻远瞩、审时度势，对知识产权工作作出一系列富有远见的重要论述和战略部署。习近平总书记提出要“推动中国制造向中国创造转变、中国速度向中国质量转变、中国产品向中国品牌转变”“要紧扣创新发展需求，发挥专利、商标、版权等知识产权的引领作用，打通知识产权创造、运用、保护、管理、服务全链条，建立高效的知识产权综合管理体制，构建便民利民的知识产权公共服务体系。”

无数发明人、创新型企业，利用知识产权圆了致富梦、创业梦，“中国智造”快步走向世界，全社会创新创造活力竞相迸发。知识产权制度在我国经济、政治、文化、科技等领域展现出前所未有的生命力、创造力、影响力。

可见，商标品牌经历了从建党初期的“一穷二白”，到新中国成立之后的“曲折发展”，到改革开放的“稳步加强”，到进入新时代的“突飞猛进”四个时期。

商标品牌顶层设计日趋科学

新中国成立不久，党中央即在当时的贸易部设立商标局。1950年年底，划归中央私营企业局，设商标处。1978年9月，国务院发出《关于成立工商行政管理总局的通知》，确定商标注册与管理是工商行政管理部门的主要工作之一，设商标局。

1980年，中国专利局成立，这一年我国正式加入世界知识产权组织。1983年8月，商标评审委员会成立，主要负责处理商标争议事宜。

1998年3月，中国专利局更名为中国国家知识产权局。2001年12月，几经波折，我国正式加入世界贸易组织，之后国内知识产权公司不断涌现。

2008年6月，国务院发布《国家知识产权战略纲要》，标志着知识产权工作上升到国家战略，形成由国务院统一领导，国家知识产权战略实施工作部际联席会议统筹部署，各部门各地方分工负责、协作推进的国家知识产权战略实施工作体系。

2019年，原商标局、商标评审委员会、北京商标审查协作中心顺利完成机构改革，新组建的国家知识产权局商标局正式成立，进一步聚焦主责主业、服务国家大局。

2020年年底，党中央研究制定了《关于国民经济和社会发展第十四个五年规划和二〇三五年愿景目标》，进一步对知识产权创新发展作出整体布局。

2021年，中共中央、国务院印发了《知识产权强国建设纲要（2021—2035年）》，为统筹推进知识产权强国建设，全面提升知识产权创造、运用、保护、管理和服务水平，充分发挥知识产权制度在社会主义现代化建设中的重要作用提供了遵循和依据。

2023年，党的二十届二中全会通过了《党和国家机构改革方案》，将国家知识产权局由国家市场监督管理总局管理的国家局调整为国务院直属机构。

商标品牌法规制度不断完善

1950年，我国颁布了《保障发明权与专利权暂行条例》《商标注册暂行条例》等知识产权法规，对实施专利、商标制度作出初步探索。同年10月1日，即核准注册了新中国第一件商标——兴华成记化妆社郝玉亭申请注册的“海王”牌商标。1951年，国营仁怀茅台酒厂开始使用“贵州茅台”新商标，从此，“贵州茅台”商标品牌远扬世界。

1963年3月，第二部商标法规《商标管理条例》公布施行。1965年，中央工商行政管理局将商标注册交给地方注册，即由集中注册变成分散注册。20世纪60年代，一批反映社会主义建设成就题材的商标活跃在市场上，如“卫星”“巨轮”“长江大桥”等出现在各类商品和服务项目上。

1982年8月23日，第五届全国人民代表大会常务委员会第二十四次会议通过了我国第一部《商标法》。自此，作为知识产权事业发展的根基，法规制度体系建设驶入“快车道”。1993年、2013年、2019年分别对《商标法》进行了修改完善。

2020年，知识产权被写进我国第一部民法典，成为我国法制建设历史进程中的一块重要里程碑，对我国知识产权法律制度的发展和完善影响深远。

百年商标史，折射时代变迁，见证民族复兴。我们可以自豪地说，党的领导，是商标品牌事业发展壮大的主心骨和压舱石。在党的领导下，我国的商标品牌事业一步一步实现了历史性跨越，成为一个名副其实的商标品牌大国，不仅成功赶上了时代，顺应了时代，还有力地支撑了时代的发展。

简析商标、品牌和 LOGO 的联系和区别

商标

商标，由商和标组成，“商”即市场，“标”即标识。“商”为本，“标”为表；商源于市场，“标”止于标识。“商”以开拓为本，“标”以选择为要；“商”是商标权的正当性依据，“标”是商标注册的程序化形式。二者相辅相成，其本质是一种标识，是信息传递的媒介；其作用于市场，则具有不可替代的经济价值。因此，商标就是以“标”表示“商”的产物。“商”离开“标”，便无所依；“标”离开“商”，便无所指。

商标，素有企业“黄金名片”之称，是指商品的生产者、经营者在其生产、制造、加工、拣选或者经销的商品上或者服务的提供者在其提供的服务上采用的，用于区别商品或服务来源的，包括文字、图形、字母、数字、三维标志、颜色组合和声音等，以及上述要素的组合，具有显著特征的标志。

商标之于市场，犹如钟表之于时间。钟表并非时间本身，它既不是时间的发明，也不是时间的发现，而只是时间的表述。经济实践中，商标是企业走向市场、参与竞争的通行证，是知识产权中生命力最持久、与生活最直接相关的、与经济活动联系最紧密的知识产权类型，具有识别、保证、宣传功能，可凝聚生产要素，以提高核心竞争力。

我国《商标法》规定，经核准注册的商标，包括商品商标、服务商标和集体商标、证明商标等，商标注册人享有商标专用权，受法律保护。我们通常所说的商标，一般指注册商标。

品牌

品牌，是制造商或经销商加在商品上的标志，由名称、名词、符号、象征、设计或它们的组合构成。用抽象化的、特有的、能识别的心智概念来表现其差异性，从而在人们的意识当中占据一定位置的综合反映，是人们对一个企业及其产品、售后服务、文化价值的一种评价和认知，是一种信任，是具有经济价值的无形资产。品牌是市场运作的必然产物，是一个企业整体竞争力的总和。

品牌的品，代表功效、品质与质量、安全；品牌的牌，代表招牌、形象与寓意、关系。品质靠技术与精神，关系靠沟通与文化。品牌内涵丰厚，不仅是一个标志和名称，更蕴含着生动的精神文化层面的内容，品牌体现着人的价值观，象征着人的身份，抒发着人的情怀。品牌的多少与强弱，已成为衡量一个企业、地区乃至国家市场竞争力和综合实力的重要指标。

国内有学者认为，所谓品牌，也就是产品的牌子，它是销售者给自己的产品规定的商业名称，用作一个销售者或是销售者集团的标识，以便于同竞争者的产品相区别。广义上的品牌包括三个层次，一是商标，主要指法律意义；二是招牌，主要指经济或市场意义；三是口碑，主要指品质、品位、格调，强调文化或心理意义，从一定层面上讲，所有商标都是品牌或品牌的一部分。

LOGO

LOGO，是商标或者徽标外语logotype的缩写，体现其特点和形象，起到识别和推广作用，是一个品牌的灵魂，是让其从千万同行中区别开来，增强品牌个体识别性的重要途径之一。

LOGO好比一个人的颜值，如果一个人长的有特色，消费者就能很容易记住；如果长得没个性，那么意味着消费者不容易记住。在企业形象传播过程中，LOGO是应用最广泛、出现频率最高，同时也是最关键的元素，通过不断的刺激和反复宣传，给受众留下深刻印象。然而LOGO并不就是商标，只有申请注册，经过核准成为注册商标，才能受到法律保护。

商标与品牌的区别

商标和品牌大体一致，商标侧重于法律保护，品牌侧重于要素整合。正如“中国品牌日”LOGO所展现的那样，“品”字蕴含“品级、品质、品位”之意。商标为品牌的创新创造、工匠精神、文化内涵、质量特性等内在要素转化为市场竞争力、文化影响力和情感吸引力，发挥桥梁纽带、传播引导特别是符号化作用，而要市场不受干扰、商誉不受打击、品牌不受伤害，最有效、最直接的办法就是申请商标注册，获得商标法专用权保护。商标和品牌主要有“五个方面”不同。

其一，内涵不同。商标是品牌中的标志和名称部分，品牌是一个综合的象征，也包括了商标，其不仅仅是一个易于区分的名称和符号，而是赋予其形象、意义，使其具有生命力。

其二，主体不同。商标权利主体是企业或个人，品牌更多是在客户心中。商标专用权是企业或个人所有，品牌则是在消费者的头脑中。

其三，范畴不同。商标是法律概念，品牌是市场概念。前者强调对生产经营者合法权益的保护，主要表现在通过商标专用权的确立、续展、转让、争议仲裁等法律程序，保护商标所有者的合法权益。在发生与商标有关的纠纷时，可通过法律手段来维护权益。后者强调经营者与顾客之间关系的建立、维系与发展，引导顾客按牌购物、据牌消费，逐步建立顾客品牌忠诚度。主要包括品牌名称、品牌标志等。商标强调的是如何合法地申请，合法地使用宣传，品牌则强调的是帮助更好地销售，建立顾客的信赖感。

其四，保护不同。商标要经过申请注册和审批，核准后受到法律保护，而未经注册的商标不受法律保护。品牌则自己设计和起名即可，不需要行政机关审批。

其五，限制不同。商标有国别限制，品牌没有国别限制。每个国家都有商标法律，在一国或地区注册的商标仅在该国或地区范围内使用受法律保护，超越国界或地区就失去了该国或地区保护的权利，如需要跨国或地区保护，则需要注册马德里国际商标等。品牌，则不受国别或地区限制。

商标与 LOGO 的区别

其一，权利的归属不同。LOGO的著作权归全体设计者所有，如公司委托设计者设计LOGO且约定其著作权归公司所有，那么其著作权归委托公司所有；商标的所有权归商标权人所有，任何单位和个人不得侵犯。

其二，权利的取得不同。LOGO作为美术作品，创作完成自动获得著作权；商标，必须经过行政机关的审核才有专用权。

其三，受保护的法律不同。LOGO受《著作权法》保护，商标受《商标法》保护。如果LOGO申请注册商标，经核准后，则同时受《著作权法》和《商标法》保护。

其四，受保护的期限不同。著作权受保护期限一般是50年，商标通过续展方式可无限期拥有专用权。

综上所述，简单理解，商标是一个法律术语，品牌是一个经济术语，LOGO是一个通俗用语。商标是品牌的灵魂和支撑，是品牌的识别标识，是对品牌进行法律保护的重要载体；品牌源于商标，又超越商标，品牌的内涵更广泛一些；LOGO是对品牌的深化美化，是商标的图形表现形式。注册商标是对品牌和LOGO最好的保护，是品牌和LOGO的护身符。三者极其相似，都是一种标识，一种重要的知识产权类别，一种无形资产。

因此，商标、品牌和LOGO深度耦合、共生共荣，一旦使用于商品或服务，LOGO就是品牌，品牌就是商标。如果说质量是企业的“命根子”，那么商标、品牌和LOGO则是企业的“脸面”，须臾不可小视。虽然它们之间各有区别，却联系紧密，故应将品牌和LOGO申请注册和登记，因为只有法律坚实的保驾护航，商标、品牌和LOGO方能欢快地起舞，行稳致远。

商标品牌设计为什么要在独创性上下功夫

随着经济的飞速发展，特别是全面加强知识产权保护工作力度上升到国家战略高度，知识产权的重要性日益凸显，人们的知识产权意识不断增强。作为知识产权“三驾马车”之一的商标，是企业产品和服务质量、管理水平、信誉和形象的载体，其重要性不言而喻。

据统计，目前我国的商标累计申请量、累计注册量以及有效的商标注册量均居全球前列。随之而来的是商标的申请注册核准则越来越难，申请注册的商标因与在先注册商标相同和近似等原因驳回率增大，成为申请主体不得不面对的一个现实问题。本书仅以图形商标申请注册为例，作以浅显分析。

商标品牌独创性设计源于“法律规定”

图形商标，是指仅由图形构成的商标，它是商标的一种形式，是指用几何图形或其他事物图案构成，使用在商品或服务上的标志。图形商标有着无限的变化空间和易于表达的视觉外观，生动形象。图形商标有四个主要特点：一是比较直观，二是艺术性强，三是富有感染力，四是不受语言限制，无论在使用什么语言文字的国家和地区，都便于识别与传播、记忆。

为了提升图形商标注册申请核准通过率，商标设计尤其需要在独创性上下功夫。因为，商标的独创性与显著性密不可分，离开独创性就谈不上商标的显著性。

《商标法》第一章总则部分，用两条规定凸显了商标的显著性，足见显著特征对于商标的极端重要性。第九条“申请注册的商标，应该有显著特征，便于识别，并不得与他人在先取得的合法权利相冲突”。第十一条“下列标志不得作为商标注册：仅有本商品的通用名称、图形、型号；仅仅直接表示商品的质量、主要原料、功能、用途、重量、数量及其他特点的；其他缺乏显著特征的。前款所列标志经过使用取得显著特征，并便于识别的，可以作为商标注册”。可见，商标法的宗旨表明，显著特征是构成商标的核心，是商标的生命和灵魂，是商标存在的基石，同时也是商标申请人个性化的突出表现。因此，商标品牌独创性的设计尤其重要。

商标品牌独创性设计的“三大优势”

独创性，也称原创性或初创性，是指商标经独立创作产生而具有的非模仿性、非抄袭性、非复制性和差异性，意味着商标必须是首创的，前所未有的，凝结着自己智力创造的心血和成果，既不是抄袭、模仿、复制、翻译和“山寨”他人的商标，也不是贪图省事，“拿来”他人现成的商标、外观设计等在先权，是实实在在自己的创新创造，属于“独立创作，源于本人”，当然独立创作并非指单人创作，也可以合作创作。

独创性强的设计，天然具备“三大优势”：一是易识别，能够让消费者在众多同类商品和服务商标品牌中依据一般的判断常识，轻松地识别出来；二是易传播，便于在大众传播媒体和消费者口头传播，能够超越地域、时空限制而快速传播，实现声名远扬；三是易记忆，一件设计独创、显著特征明显的商标，易使消费者引起美好联想和精神愉悦，令人过目不忘，常驻心间。

著名国画大师齐白石创作山水画，始终以“胸中山水奇天下，删去临摹手一双”为追求，坚持“用我家笔墨，写我家山水”，开辟出新奇独特的图式构成与创作技法，千古留名、闻名中外。

隔行如隔山，但隔行不隔理。绘画如此，商标品牌设计更是如此，不能满足于“追尾巴”“照镜子”“修修改改”，照葫芦画瓢。没有自己的创新，就难逃因与他人重名、近似或“长得像”而“撞车”，遭遇驳回的厄运。

商标品牌独创性设计需要提高“自主创新能力”

精彩源于创新，创新永无止境。虽说商标品牌资源是有限的，但人的创新创造却是无限的。只有不断提高自主创新能力，加强学习、勇于探索，在商标品牌设计的独创性上下功夫，以“清冷板凳”的沉静稳坐、“刨根问底”的上下求索、“磨杵成针”的独具匠心，就一定能够推陈出新，一定能够“领异标新二月花”，一定能够在“奇计妙招”上有所灵感、有所发明、有所创造。

故宫博物院设计的院徽标识，“宫”字的一点取材于“海水江牙”和“玉璧”的图形元素，两个“口”正好符合紫禁城“前朝后寝”的建筑理念，下边不封口寓意皇宫过去是封闭的，现在是开放的，意蕴深远。

2022年3月，经核准注册的“莆田鞋”图形集体商标，也是别具一格。“P”落地生根、拔地而起，“T”向上延伸、指向远方，一根红色鞋带，串起“莆田”两字的拼音首字母。整体构思独特、设计新颖，简洁明了、飘逸洒脱，鲜艳耀眼、内涵丰富，既彰显了地域属性，也体现了行业特色，更寓意着莆田鞋业转型升级的决心和信心，让人印象深刻。

“耐克”的商标为一个粗犷的对勾，造型刚健有力，除了给消费者以震撼的视觉冲击以外，还代表了奋斗不息的运动精神。

总之，以图形商标申请注册，应提前做足功课，进行广泛的市场调研、查询、设计等，深入了解消费者的兴趣爱好、习惯，同类商品的长处和不足，以及商标注册的法律法规等要求。在此基础上，或发动员工集思广益，或聘请专家设计，从中优中选优。如此，才能防止商标品牌设计“千标一面”，真正做到“百花齐放”“百家争鸣”，而对于个别挖空心思“傍名牌”“搭便车”的投机者，因为其商标品牌所具有的独创性强，不易摹仿、复制，只能望而却步，即使发生侵权行为也容易认定，有效得到法律救助。

“保护知识产权就是保护创新”，两者相互促进、融合共生。实践反复证明，唯有不断在自主创新上寻求突破，砥砺自立自强之志，锤炼独创独有之能，才能让心仪的商标品牌踩上法律的节奏，才能把创新主动权、发展主动权牢牢掌握在自己手中。

商标品牌创造应多从优秀传统文化中汲取智慧

文化是一个国家、一个民族的精神家园，体现着一个国家、一个民族的价值取向、道德规范、思想风貌及行为特征。传统文化是文明演化而汇集成的一种反映民族特质和风貌的文化，是各民族历史上各种思想文化、观念形态的总体表现。

世界各国、各民族都有自己的传统文化。中国的传统文化有儒家、佛家、道家、墨家、法家、兵家等，具体包括古文、诗、词、曲、赋、民族音乐、民族戏剧、曲艺、国画、书法、对联、灯谜、酒令、歇后语以及民族服饰、生活习俗，具有世代相传、民族特色、历史悠久、博大精深四个方面的鲜明特点。中华优秀传统文化是中华民族的精神命脉，是5 000年中华文明的结晶，是中华民族的独特标识。

习近平总书记强调，“要推动中华优秀传统文化创造性转变、创新性发展，以时代精神激活中华优秀传统文化的生命力”。当前，在知识产权强国建设背景下，知识产权作为激励文化创新的核心要素，其战略性、基石性意义日益彰显。知识产权是文化产业的立身之本，也是创新之基。推动中华优秀传统文化创造性转化、创新性发展，意义重大。本节谨以古诗词中的取名为例，旨在抛砖引玉，为汲取中华民族优秀传统文化提供启发和参考。

古诗词音律优美、抑扬顿挫，具有独特的语感、美感、情感，是先人智慧的结晶，是我国传统文化的重要组成部分，是中华民族文化艺术宝库中一颗璀璨的明珠。可以说，从咿呀学语时诵读“锄禾日当午，汗滴禾下土……”开始，古诗词就渐渐融入每一位中国人的血脉之中。

现代社会，一件商品的质量和价值更多寄托在这件商品的商标品牌上。

特别是随着时代发展，商标品牌正在从区分商品和服务来源的标志逐渐成为企业品质、信誉文化的象征。可以说，商标品牌无可置疑地成为市场经济中最耀眼的一颗“星”。

因此，为自己的商标品牌取一个好名字愈发重要。笔者研究发现，一些商标品牌或直接取自古诗词，或利用谐音加以改进，因悦耳好听、朗朗上口，内涵丰富、寓意深刻，易记易看、过目不忘，具有联想性，利于品牌宣传，等而备受欢迎。试举几例如下。

“平林圆月”，取自冯延已《蝶恋花》：“独立小桥风满袖，平林新月人归后。”意思是我独立在小桥的桥头，清风吹拂着衣袖，只有远处那一排排树木在黯淡的月光下影影绰绰，与我相伴。其景唯美，其情唯深，指定使用在高度审美的商品或服务项目上，有助于留人驻足，引人入胜。

“白云边”，取自酒仙李白《游洞庭湖五首·其二》：“南湖秋水夜无烟，耐可乘流直上天。且就洞庭赊月色，将船买酒白云边。”“白云边”酒原名“高河大曲”，更名后又精心打造了“往事越千年，好酒白云边”的广告语，让人顿生历史穿越感，市场占有率不断攀升，成为我国浓酱兼香型白酒代表之一。

“比翼鸟”，取自白居易《长恨歌》：“在天愿作比翼鸟，在地愿为连里枝。”作为一种爱情鸟，比翼鸟代表着夫妻恩爱。指定使用在男女服饰或者婚庆服务项目上，可感受到浓浓的爱意，同时也寓意生活幸福美满。

“花想容”，取自李白《清平调·其一》：“云想衣裳花想容，春风拂槛露华浓。”意思是你的容貌服饰是如此美艳动人，以至连白云和牡丹也要来为你装扮，春风骀荡，轻拂栏杆，美丽的牡丹花在晶莹的露水中显得更加艳冶，你的美真像仙女一样。如此美景、如此意境，令人陶醉、流连忘返。指定使用在表达美丽美好的商品或服务项目上，可谓独具匠心、别具一格。

“惊鸿”，取自曹植《洛神赋》：“余告之曰：其形也，翩若惊鸿，婉若游龙，荣曜秋菊，华茂春松。”和陆游《沈园》“伤心桥下春波绿，曾是惊鸿照影来。”“惊鸿”多形容女性轻盈如雁之身姿，惊鸿一瞥意思是身形轻盈娇艳的女子摄人心魄的目光，可谓“一瞥是惊鸿，芳华乱浮生”。指定使用在眼镜等用品或服务项目上，诗意绵绵、含情脉脉，动人心弦、促人留恋。

“谷兰”，取自萧统《陶渊明集序》：“兰之生谷，虽无人而犹芳。”“谷”意味着峡谷和幽境，“兰”指兰草，素雅清香。指定使用在香水、化妆品等商品或服务项目上，彰显高档，体现雅致。

“娇雪”，取自辛弃疾《念奴娇·赋白牡丹和范廓之韵》：“欲笑还愁羞不语，惟有倾城娇韵。”娇，指美好可爱；雪，指纯洁动人。指定使用在女性衣物、装扮等商品或服务项目上，招人喜欢、印象深刻。

“旅思”，取自范仲淹《苏幕遮（碧云天，黄叶地）》：“黯乡魂，追旅思。夜夜除非，好梦留人睡。”旅，代表出行在外；思，代表思念，暗示即使出门在外，也要思念家中亲人。指定使用在旅游或房地产相关商品或服务项目上，让人感受到家的味道，韵味深远。

“知禾”，取自陆游《冬夜读书示子聿》：“纸上得来终觉浅，绝知此事要躬行。”和孔平仲《禾熟》：“百里西风禾黍香，鸣泉落窦谷登场。”意喻不仅要善于从书本上汲取知识，更要勤于实干、勇于创新，才能禾黍飘香、稻谷满仓，收获丰收的喜悦。指定使用在植物护肤品等商品或服务项目上，耳目一新、别有风韵。

“百度”，取自辛弃疾《青玉案·元夕》：“众里寻他千百度，蓦然回首，那人却在，灯火阑珊处。”意思是我在人群中寻找她千百回，猛然回头，不经意间却在灯火零落之处发现了她。指定使用在网络技术和信息服务等项目上，耳熟能详、恰到好处。

还比如“学思”，取自《论语》“学而不思则罔，思而不学则殆”。

“峥嵘”，取自杜甫《羌村三首其一》：“峥嵘赤云西，日脚下平地。”

“思博”，取自屈原《离骚》：“思九州之博大兮，岂惟是其有女？”

“如水”，取自杜牧《秋夕》：“天阶夜色凉如水，坐看牵牛织女星。”

“紫言”，取自李白《望庐山瀑布》：“日照香炉生紫烟，遥看瀑布挂前川。”

“丹青”，取自文天祥《过零丁洋》：“人生自古谁无死，留取丹心照汗青。”

“梅妆”，取自欧阳修《诉衷情·眉意》：“清晨帘幕卷轻霜，呵手试梅妆。”

“金缕衣”，取自唐朝《金缕衣》：“劝君莫惜金缕衣，劝君惜取少年时。”

“春风”，取自贺知章《咏柳》：“不知细叶谁裁出，二月春风似剪刀。”

“冲天”，取自韩非子《韩非子·喻老》：“虽无飞，飞必冲天；虽无鸣，鸣必惊人。”

“芳菲”，取自陈亮《水龙吟·春恨》：“恨芳菲世界，游人未赏，都付与、莺和燕。”

“香凝”，取自吴文英《风入松·听风听雨过清明》：“黄蜂频扑秋千索，有当时、纤手香凝。”

“竹心”，取自白居易《池上竹下作》：“水能性淡为吾友，竹解心虚即我师。”

“宛芳”，取自张若虚《春江花月夜》：“江流宛转绕芳甸，月照花林皆似霰。”

“战千里”，取自王维《老将行》：“一身转战三千里，一剑曾当百万师。”

“博文”，取自《论语·子罕》：“夫子循循然善诱人，博我以文，约我以礼，欲罢不能。”

“弦思、彩云归”，取自晏几道《临江仙·梦后楼台高锁》：“琵琶弦上说相思，当时明月在，曾照彩云归。”

“帆影”，取自李白《黄鹤楼送孟浩然之广陵》：“孤帆远影晴空尽，唯见长江天际流。”

“梦如”，取自苏轼《正月二十日与潘郭二生出郊寻春忽记去年是日同至女王城作诗乃和前韵》：“人似秋鸿有来信，事如春梦了无痕”。

……

不仅在我国，日本企业亦比较讲究通过中国传统文化汲取智慧。如“资生堂”商标，“资生”两个字取自《易经》“至哉坤元，万物资生，乃顺承天”。之前，他们所使用的一只老鹰图形商标，后来考虑到对于化妆品而言，匹配度不高，即改成了山茶花的样子。

值得注意的是，从优秀传统文化中汲取智慧，特别是从古诗词中取名作为商标品牌使用时，应注重考虑指定使用的商品或服务项目的特点，以及顾客的喜好，不要触犯传统文化、民族习俗等禁忌；在申请注册商标时，则要考虑是否违反社会主义道德风尚、是否容易产生不良社会影响、是否导致消费者误认、是否具备商标显著特征，以及有无在先权利障碍等商标审查审理规定。

总之，我国古典诗词根植于中华民族的灵魂深处，传承着千百年来人们的聪明才智，展现着我们悠久的历史文化，蕴含着丰富的人生哲理，从中汲取智慧和营养，为商标品牌取名，用优秀传统文化打好底色，不仅会让人感受到一种源远流长的文化魅力，而且能与指定使用的商品或服务精准对应、高度匹配，则锦上添花、事半功倍。

企业注册商标及注意事项

商品未动，商标先行，乃为商之道、营销之方。

商标注册，看似简单，其实不然，操作不当，学费高昂。前有可口可乐公司的“蓝色风暴”商标侵权案、索尼爱立信公司的“索爱”商标争议案，后有New Balance公司的“新百伦”商标侵权案、“红牛系列商标”归属案……一些公司的前车之鉴，代价沉重、教训沉痛。

须知，商标是一个企业的“脸面”，一般来说人们看到商标就会直接联想到这个企业及其产品或服务，就像人如其名。一个好的商标，不仅仅是一个企业表面象征，它还蕴含着企业的品牌形象、文化内涵、商品和服务的质量等，更承载着企业的法律根基。

商标注册的法律考量

《商标法》是商标注册的根本依据。按照法律规定，一件商标从提出申请到拿到商标注册证要经过“形式审查、实质审查和公告”三个程序。据国家知识产权局商标局最新通告，一般情形下，审查期限已缩短至4个月，达到国际先进水平。商标注册保护期限为10年，届满可以申请商标续展，在此续展后商标专用权期限延长10年，可反复续展延期使用。

商标审查人员主要审查的是申请注册的商标是否违反了《商标法》的禁止性规定，是否与他人的在先权利相冲突等，试举几例。

《商标法》第十条规定，下列标志不得作为商标使用：

“（七）带有欺骗性，容易使公众对商品的质量等特点或者产地产生误认的。”本条中的带有欺骗性，是指商标对其指定使用商品或者服务的质量等特点或者产地作了超过其固有程度或与事实不符的表示，容易使公众对商品或者服务的质量等特点或者产地产生错误的认识。

具体包括十个方面内容：（1）容易使公众对商品的质量、品质等特点产生误认的；（2）容易使公众对商品的功能、用途特点产生误认的；（3）容易使公众对商品的种类、主要原料、成分等特点产生误认的；（4）容易使公众对商品的重量、数量、价格、生产时间、工艺、技术等特点产生误认的；（5）商标由地名构成或者包含地名，申请人并非来自该地，使用在指定商品上，容易使公众发生产地误认的；（6）商标文字构成与我国县级以上行政区划的地名或者公众知晓的外国地名不同，但字形、读音近似足以使公众误认为该地名，从而发生商品产地误认的；（7）商标由我国县级以上行政区划的地名之外的其他地名构成或者含有此类地名，使用在其指定的商品上，容易使公众发生商品产地误认的；（8）商标包含国家名称，申请人并非来自该国的，使用在其指定的商品上，容易使公众发生商品产地误认的；（9）商标包含企业名称，该名称与申请人名义存在实质性差异的；（10）商标由他人姓名构成，未经本人许可，易导致公众对商品来源产生误认的。例如“中法”指定使用在葡萄酒上，“极品”指定使用在矿泉水上，“功夫酱”指定使用在糖、食盐上等，均易使公众产生误认，不得作为商标使用。

“（八）有害于社会主义道德风尚的或者有其他不良影响的。”社会主义道德风尚，是指我国人们共同生活及其行为的准则、规范以及在一定时期内社会上流行的良好风气和习惯；其他不良影响，是指商标的文字、图形或者其他构成要素对我国政治、经济、文化、宗教、民族等社会公共利益和公共秩序产生消极的、负面的影响。例如“观音”“七·七”“中国星”“街头霸王”等。

第十一条，“下列标志不得作为商标注册：（一）仅有本商品的通用名称、图形、型号的；（二）仅直接表示商品的质量、主要原料、功能、用途、重量、数量及其他特点的；（三）其他缺乏显著特征的。”如“脑基因”指定使用在“医用营养饮料”上、“纯净”指定使用在食用油上，“50kg”和“好香”指定使用在大米上等。诚然，前款所列标志经过使用取得显著特征，并便于识别的，可以作为商标注册。例如“六个核桃”指定使用在无酒精饮料上，“酸酸乳”指定使用在酸奶上等。

商标注册的条件和流程

我国申请人注册商标，须是自然人、法人或者其他组织。现实中，这里的自然人，需有个体工商户营业执照。外国人或者外国企业在我国申请商标注册时，国家知识产权局将按照其所属国与我国签订的协议或者共同参加的国际条约，或者按对等原则办理。

申请注册的商标应具备五个基本条件：一是申请注册的商标必须具备构成要素；二是申请注册的商标应具备显著性；三是申请注册的商标不得使用法律所禁止使用的标志；四是申请注册的商标不得与他人在同一种或者类似商品或者服务上已经注册或者初步审定商标相同或者近似；五是申请注册的商标不得与被撤销或者注销未满一年的注册商标相同或者近似。

商标注册须准备以下申报材料，一是商标注册申请书，含有商标图样和注册商标所要使用的商品或服务范围；二是委托书（如果委托代理机构的话）；三是主体证明材料（个人的身份证及个体工商户执照、公司的企业法人营业执照）等。

申请注册的流程，一是递交申报材料，二是等待形式审查，审查合格后下发商标受理通知书，如形式审查不通过，需要补正或重新提交申请；三是进入实质审查环节，如实质审查不通过，则视情需要补正，或驳回复审。涉及同日申请的，还需要提交在先使用证据，或进行协商，协商不成的进行抽签等；四是初步审定后公告，如有提出异议，则进入异议期；五是公告期满后，可拿到商标注册证书，将商标打上“R”或“注册商标”标识进行使用，也可不标注。

以上业务，申请人可以自己办理，也可以委托专业商标代理机构或律师事务所办理，可以在网上办理，也可以在就近的商标注册业务受理大厅办理。无论采用哪种方式，在提请申请前，应听取专业人士建议，到“中国商标网”查询在先注册情况，评估风险。

商标注册的误区和陷阱

商标注册比较顺利的情况下，整个过程大约历时7个月，申请人须经常关注商标的状态变化，及时接收国家知识产权局下发的文书，认真按照要求做好回应，避免出现意外情况。实践中，要注意以下误区和陷阱。

一是盲目注册。有些申请人或代理机构缺乏事前的调研论证和统筹谋划，临时动议，拍脑袋决策，想到什么就注册什么，存在盲目侥幸心理，结果浪费了人力、财力和精力。

二是盲区注册。有些申请人或代理机构缺乏专业素养，特别是在查询检索在先商标注册情况时，马虎大意，只查现在不查以往，只查相同不查近似，只查部分不查整体等，在商标注册上“栽了跟斗”。

三是拖延注册。《商标法》第三十一条规定：两个或者两个以上的商标注册申请人，在同一种商品或者类似商品上，以相同或者近似的商标申请注册的，初步审定并公告申请在先的商标；同一天申请的，初步审定并公告使用在先的商标，驳回其他人的申请，不予公告。可见，早一天申请和晚一天申请，不是哥哥和弟弟如何一起长大的问题，而是成为弟弟后能不能生存的问题。

有鉴于此，找家靠谱的代理公司尤为重要，即选择有资质有信誉有实力的商标代理机构。在国家知识产权局备案的代理机构（包括律师事务所），都可以在官网上查到，虽然备过案也不能保证其靠谱，但不备案就更不靠谱了。识别其靠不靠谱，关键是做到“四个不轻信”，即“不轻信确保注册成功的承诺，不轻信加急办理的意见，不轻信交纳官费以外费用的忽悠，不轻信走捷径的说法”。如此，方能避免“陷阱”，将商标注册风险降到最低。

进山先探路，出海先试风；凡事预则立，不预则废。商标注册既不是一件小事，也不是一件简单的事；既要消除一蹴而就的幻想，也要消除心急意乱的焦虑，而是要主动学习了解商标品牌知识，提前做足功课，眼光放远点、思路放宽点、布局好一点、考虑全一点，真正让心仪的商标品牌为企业发展保驾护航。

食品商标起名的技巧和策略

我国自古有“一字千金”“名准意盛”“名正言顺”“名副其实”“好名如金”“美名远扬”等古语，说明了起名的重要性，商标品牌起名更是如此。

人名对于人品，商标对于商品，声誉载道，情理相通。就像一个人终其一生珍惜自己的名誉一样，一件商品的质量和价值更多寄托在这件商品的标识上。

一般商标，包括文字、图形、字母、数字、三维标志、颜色组合和声音等，以及上述要素的组合。食品商标的名称，大多以简单明了的文字为主。当然，考虑到国际化需求，也可取英文或阿拉伯数字的靓名，这样易于被任何地域、肤色、人种、文化的人们所认知和接受。本文仅以文字商标起名为例，下面几点可作参考。

食品商标起名总体原则

不管什么商标，总体上是为了让消费者易看、易记，达到朗朗上口、过目不忘，易推广、易传播的目的。特别是一个好的商标名称，能给自己一个好的心态，给人一个好的暗示和引导。

一是简洁、简约，易读、易懂。用词要简单明了、通俗，不宜运用生僻字、不美好的词，还要便于读写。比如拼读简单、音律优美，容易记忆和口头传播的商标名称，像娃哈哈、喜之郎等。

二是要把握特点、突出重点、契合要点。结合食品特点、品牌重点和行业要点，精心选择适合自身的商标名称，例如，“贵州茅台酒”侧重于展示身份，让人了解这是贵州的特产，也让人想到该地时会记住它；山东天久实业集团打造的“天久”商标品牌，寓意“天长地久”，让人们更加熟悉他们是“蛋白肽原料供应商”。

三是考虑消费对象心理和市场传播规律。凡是商品都有一定的消费对象，给食品商标起好听的名字，既要考虑消费对象心理，也要考虑市场传播规律，才能受到欢迎，提升市场占有份额。如儿童食品，要考虑儿童心理，像大白兔奶糖、旺仔等。

四是努力做到匠心独具、独树一帜。食品商标起名，独创性非常重要，如果能做到兼顾“造词”与“含义”，效果更好，会收到强化独特性和显著性，以及赋予商标积极想象的双重效果。有时凭主观意想、杜撰的臆造词，且极具有独创性和显著性，便于记忆传播。如麦辣、可比克，以及河南豫蒙晋商贸有限公司的“元昇源”牌牛羊肉（“元”是万物之始，“昇”指每天有进步，“源”指出发目的和落实目标一致，寓意深刻而丰富）。

五是提前查询、修改完善、多个方案、及早注册。商标起名确定后，要第一时间进行查询，防止有相同或近似的商标等在先权利障碍。如有相同或近似等在先注册商标，则可听取专业人士意见，尽快修改完善，然后第一时间申请注册。同时，不妨建立“商标池”，有几个备用名称，减少与别人“撞车”的可能性。如“宽”牌酱油，与“宽宽”“真宽”“好宽”“优宽”等，用在同一类别上，均存在导致混淆的可能性。

商标注册应把握“三先三后”

一款网红奶茶，很多人都不陌生，即使没有喝过，大多数人也都耳闻目睹过，这就是风靡大街小巷的“喜茶”。但时针倒回，却鲜有人知道“喜茶”的原名叫“皇茶”。

为什么“喜茶”的经营者放弃花费大量经费宣传具有一定知名度的“皇茶”呢？根本原因在于“喜茶”的创始人“大意失荆州”，确定“皇茶”名称后，既没有及时查询是否可以申请注册商标，也没有在使用前就申请注册商标，面临维权困境。其教训深刻、代价高昂。

因此，对于企业来说，特别是食品行业，商标就是企业的脉门。商标注册必须具备基本的法律素养，特别是知识产权素养。实践中，应把握“三先三后”。

一是先分析判断，后确定名称。商标起名时，应先分析判断是否存在禁止注册和在先权利情形。“皇茶”中“皇”字带有皇室色彩，其含义容易被理解为“皇室专供的茶”，用在奶茶饮料上，夸大了产品特点，违反《商标法》第十条第一款第七项：“带有欺骗性，容易使公众对商品的质量等特点或者产地产生误认”，故不适合作为商标使用。除了禁止注册情形外，还需查询是否存在已经注册的相同或近似商标。否则，如果起到了好名字，就直接申请注册商标，被驳回的可能性很大。如经查询，存在已注册的相同或近似商标，则可考虑重新起名或优化完善，也可购买他人已经注册的商标，避免潜在的法律风险。对于跨国企业，在商标名称的定位与设计上还应充分研究当地文化特征、地域特征、购买需求、生活形态，进行适应性的引入或改进。可口可乐的商标，是其公司在进入我国市场后，委托既精通语言文字又谙熟消费心理的华裔设计的中文译名，采取双声叠韵的方式，音、义配合绝佳，读起来朗朗上口，让人联想到美味与快乐；宝洁公司的“safeguard”商标翻译为“舒肤佳”，采用了音义结合的方法，赢得消费者认可。

二是先申请注册，后宣传推广。2012年5月，“皇茶”创始人创建蓬江区皇茶饮品店，之后陆续成立江门市蓬江区皇茶餐饮管理有限公司等企业，不断扩大“皇茶”影响力。直到半年后才开始申请注册商标，却撞到了法律的“天花板”。由于忽视注册商标的重要性，进退维谷，被迫改名，前期“皇茶”广泛宣传推广和不断使用，积累的商誉付诸流水。我国商标注册制度以注册在先为原则，如果未经注册直接在现实中使用，一方面无法受到法律周全保护，另一方面面临被他人抢注风险。总而言之，一旦有了纠纷，就很难维护应有权益。

三是先合法使用，后防范搭便车。商标注册成功后，要依法按照核准注册的商品或服务范围进行规范宣传和推广使用。积累到一定知名度后，还要防范他人搭便车、傍名牌行为。随着“喜茶”的质量和服务越来越好，其经营的市场份额也越来越大，个别不法人员和企业打起了“歪主意”。“喜皇茶”“叹喜茶”“rayalstea喜茶”“喜茶皇茶”“御喜茶”等多个与“喜茶”相近似的商标，陆续提出申请注册，这就既需要审查人员依法审查，也需要“喜茶”的商标专用权人及时关注、严密监控、依法维权。

食品商标起名第二、质量第一

虽然商标起名很重要，但更重要的还是商品或服务的质量。任何品牌的崛起，无不遵循质量第一、起名第二的发展规律。

走过了80多年时光的老字号——北冰洋汽水，许多北京人并不陌生。“玻璃瓶、金属盖，醒目的雪山、仰头眺望的白熊……”这是北冰洋汽水经典形象。1936年，北冰洋的前身北平制冰厂成立。1951年，“北冰洋”商标注册，持续使用到今天。老字号走红，品质是关键。橙橘香气、气足沙口、余味绵长……

有食必有酒，食酒必相伴。拥有“四百年老窖飘香、九十载金牌不倒”美誉的泸州老窖，以“让中国白酒的质量看得见”作为理念，在产品质量上始终精益求精。泸州老窖特曲60版作为泸州老窖品牌旗帜产品，更是承载着历史的荣耀，肩负着泸州老窖“浓香正宗·品牌复兴”的历史使命，被消费者亲切称为“老县长”，原真保存了60年代特曲酒形象，盛装泸州老窖高等级优质酒体，成为一个时代独特记忆。

数字注册商标“一二三四”

数字是表示、划分或计算出来的量，是对客观世界进行量化和记录的结果，是对客观事物的逻辑归纳，是表示客观事物的未经加工的原始素材，是信息的表现形式和载体。数字和信息不可分离，数字是信息的表达，信息是数字的内涵。比如1.75是个数字，而某人身高1.75米，就是信息。

人类最早用来计数的工具是手指和脚趾，之后又发明了打绳结、刻画记数等方法，在兽皮、兽骨、树木、石头上刻画记数。这些记数方法和记数符号慢慢转变成了最早的数字符号。

“历史”也只是一系列时间上的数字，数字可以代表财富、健康、重量等任何事。从小对数字就不够敏感的笔者，自认文字感觉比数字感觉要好，但接触了大量数字商标后，笔者对数字有了新的认识——“善用数字来说话”，特别是用来申请注册商标，不失为一个好的创意。

翻阅《商标法》，第一章第八条规定“任何能够将自然人、法人或者其他组织的商品与他人的商品区别开的标志，包括文字、图形、字母、数字、三维标志、颜色组合和声音等，以及上述要素的组合，均可以作为商标申请注册”。由此可见，从商标的构成元素来看，数字是可以用来申请注册商标的。这种数字商标，便是指用阿拉伯数字、罗马数字或者是中文大写数字所构成的商标。比如活力28、361°、999胃泰、58同城、九阳豆浆机……

由于使用极具代表性的数字组成的商标，简洁有力，发之有声，易读易记易传播，让人印象深刻，特别是有的含义丰富、意味深远，运用得当，可谓数字有名、一鸣惊人，颇受申请人和消费者欢迎。比如问世于1940年的“414”毛巾，取“试一试”“使一世”的谐音；创建于1989年的“三一”集团，源于创业初期提出的“创建一流企业、造就一流人才、做出一流贡献”

的企业愿景。此外，还有著名的香水“香奈儿5号”，就是Coco Chanel女士把她的幸运数字5定为此款香水的名字；世界上最大的主题公园连锁品牌“六旗乐园”，则是以历史上飘扬在德克萨斯的六面旗帜而命名。在实践中，用数字申请注册商标，笔者认为应把握“四个注意”。

一是注意不能带有欺骗性。《商标审查审理指南》规定，容易使公众对商品或服务的种类、重量、数量、质量、价格、品质、成分、生产时间等特点产生误认的数字，或包含此类数字的名称和标志等，不宜注册为商标，如“明嘉靖十八年”（指定使用“珠宝首饰”）、“华虎50支”（指定使用“香烟”）等。

二是注意不能缺乏显著性。我国《商标法》第九条规定：“申请注册的商标，应当有显著特征，便于识别，并不得与他人在先取得的合法权利相冲突。”仅直接表示商品或服务的重量、数量、时间、年份、有效期限、保质期等特点数字，以及过于简单或过于复杂的数字，仅由电话、门牌号等要素构成的、普通形式的阿拉伯数字等，均属于没有显著特征。如“9”“五百年”等。如果以特殊形式表现该数字，例如特别的数字形状、颜色或背景突出，或者该阿拉伯数字使用在不以数字做型号或货号的商品上，则具有显著性。建议申请注册时增加特殊设计或汉字说明，增强其显著性，或者赋予其特殊含义。

三是注意不能有害于社会主义道德风尚或者有其他不良影响。具有政治意义的重要纪念日、特殊历史事件、国家重大工程代号、军事武装集团的代号或番号等数字构成的名称或标志，容易造成政治上不良影响，不得注册为商标。如“九一八”，1931年9月18日夜，发生了“九一八事变”，日本在我国东北蓄意制造并发动一场侵略战争；“512”，5月12日是汶川地质灾害纪念日、国际护士节；“双12”，可理解为“双十二”，又称“西安事变”。1936年12月12日，张学良和杨虎城为达到劝谏蒋介石停止内战、一致抗日的目的，在西安兵谏；“419”，四一九，网上常被用来指代一夜情，易产生不良社会影响。还有很多特殊数字是不能申请注册的，像“110”“119”“120”“12345”

等都是与我国公共服务相关的数字，亦不能注册为商标。

四是注意不能与在先注册的商标相同或近似。《商标法》第三十条规定："申请注册的商标，凡不符合本法有关规定或者同他人在同一种商品或者类似商品上已经注册的或者初步审定的商标相同或者近似的，由商标局驳回申请，不予公告。"因此，用不同字体数字申请的商标，如果与在先注册的商标含义相同，则近似，如"3515"与"三五一五"近似；"666"与"三个六"近似。如果数字相同，排列相同，则不管字体如何，判近似，但"007"与"770"不近似。如果是数字与数字+文字，整体有含义，则不近似，如"18"与"青春18（十八）""年年十八"等不近似；整体无含义的，则近似，如"18"与"华伦18"。如果是数字+文字组合的商标，含义相同或近似，则近似，如"第七大洲"与"第七大陆"近似；含义不相同，如"三月花"与"五月花"，则不近似。

诚然，诸如以上使用数字元素申请注册商标的情形，既有统一的审查标准，也有个案的具体分析，还应结合实际情况，坚持具体问题具体分析，综合判断。

申请注册肖像商标的注意事项

《商标法》第八条规定："任何能够将自然人、法人或者其他组织的商品与他人的商品区别开的标志，包括文字、图形、字母、数字、三维标志、颜色组合和声音等，以及上述要素的组合，均可以作为商标申请注册。"以人物的图像、图形申请注册商标进行使用和保护，就是我们常说的肖像商标，也是一种图形商标。比如大家耳熟能详的"陶碧华老干妈""王守义十三香""王致和豆腐乳"等肖像商标，尤其受食品企业欢迎。

什么是肖像

《民法典》第一千零一十八条第二款规定："肖像是通过影像、雕塑、绘画等方式在一定载体上所反映的特定自然人可以被识别的外部形象。"本条款明确了肖像的概念，实质上扩展了肖像权客体，扩大了肖像权的保护范围。可见，肖像作为外部形象，不仅限于面部容貌、侧脸，也应包括体貌、背影、局部特写，乃至漫画形象、游戏形象、人体部分形象、集体肖像中的个体等，如足以让普通公众将其与某一特定自然人相联系，那么该特定自然人对该形象享有肖像权。肖像权保护建立在满足“可识别性”标准的基础上，即得以在外部形象与特定自然人之间建立对应联系。

《商标审查审理指南》指出：“肖像是指通过摄影、绘画等艺术手段将他人的形象进行再现，包括照片、肖像画、视频等表现形式。”商标审查实践中，对肖像的判定以体现面部形象为主。“从社会公众的认知习惯和特点来看，自然人的面部特征是其体貌特征中最为主要的个人特征，一般情况下，社会公众通过特定自然人的面部特征就足以对其进行识别和区分”。如自然人真实面貌的照片，或明显与真实人物对应的卡通、绘画形象等。但“人形剪影，除身体轮廓外，并未包含任何与特定自然人有关的个人特征，该剪影并不具有可识别性”，自然人不能就其享有肖像权。关于损害他人在先权利的规定，认定系争商标是否损害他人肖像权，应当以相关公众容易将系争商标在其注册使用的商品上指向肖像权人或者与肖像权人建立对应联系为前提。

注册肖像商标的“三大优势”

肖像商标由于独一无二，不仅辨识度高、显著性强，而且给消费者一种亲切感、愉悦感、安全感，无疑拉近了产品和消费者的距离，易获取信赖感。综合分析，肖像商标有“三大优势”。

一是显著性强。以人物肖像作为商标主体，具有极强的辨识度。俗话说“千人千面”，使用肖像注册商标可以让商标具有很高的显著特征，增强了辨识度，可以给消费者留下深刻的印象。

二是亲切愉悦。大多数选择用人物肖像申请注册商标，或亲切和蔼，或真挚诚恳，或笑容满面。消费者看到的是鲜活的人物形象而非冰冷的文字，无形中赢得消费者的好感。

三是安全信任。使用创始人或有一定影响力的人物头像作商标，是一种诚恳的表现。因为商品或服务一旦出现质量问题，消费者首先会对这些人物产生不好的印象。敢用肖像作为商标，体现了企业为消费者提供优质产品和服务的决心和敢于接受消费者监督的勇气，会让他们更有安全感。

注册肖像商标的“四种情形”

一是使用本人的肖像。这是肖像商标最为常见的一种。一方面，由于人的形象通常具有唯一性，因此使用自己的肖像作为商标，一般不会与他人的商标相同或者近似。另一方面，由于人体生理结构，特别是同一种族的人的生理结构比较近似，不可避免存在人与人之间外在形象或者肖像近似的情况，这在现实生活中是存在的，并且人还可以通过装扮、整容、美容等方式改变自己的形象，因此也不能绝对排除使用自己的肖像作为商标可能与他人已作为注册商标的肖像近似，从而被禁止注册和使用的可能。

二是使用他人的肖像。将他人的肖像作为商标进行注册的，应该予以说明，如同姓名一样，使用他人的肖像作为商标，应当取得肖像权人的同意或者授权，应当签订肖像使用授权书并公证，包括肖像权人的姓名以及身份证号，被授权人名称以及授权事项，肖像权人签字及签署日期，此外还需附肖像权人身份证复印件。

三是使用并非真实的人物肖像。若商标图样中的人物图形并非真实的人物肖像，只是创作画或电脑制作的虚构的人物形象，应当在商标说明栏中予以说明。

四是使用已经死亡人物肖像。应附申请人有权处置该肖像的证明文件，证明文件应包括作为商标图形申请的肖像人肖像。

注册肖像商标的“六个禁区”

事实上，并非所有的肖像都可以注册商标，以下禁区务必引起重视，不得作为肖像商标进行注册。

一、未经授权的他人肖像。《中华人民共和国民法通则》第一百条规定，公民享有肖像权，未经本人同意，不得以营利为目的使用公民的肖像，未经许可将他人肖像申请注册商标的，肖像权人有权自商标注册之日起五年内对此商标提出无效宣告。

二、侵犯他人著作权的肖像。《著作权法》规定，肖像的创作者（摄影者或者绘画者）享有肖像作品的著作权，肖像权人在使用肖像作品时不得侵犯创作者的著作权，而著作权人在行使著作权时，也不能侵犯肖像权人的肖像权。

三、侵犯他人在先权利的肖像。虽然每个人的相貌都不尽相同，但是现代整形技术日益发达，人们可以根据喜好去改变自己的外貌，导致出现越来越多的“撞脸”现象，再加上双胞胎、多胞胎本来就让人难以辨别，所以依然存在在先近似肖像商标的可能性。另外，带有他人商标的肖像也属于侵犯他人在先权利的范畴，例如第39784352号“翟氏秋哥”商标，申请注册在第35类“广告”等服务项目上，该肖像衣服上含有阿迪达斯的LOGO，侵犯了阿迪达斯有限公司在先注册的商标权利。

四、易产生不良影响的肖像。常见的带有不良影响因素的肖像商标包括伟人、烈士、政治人物、宗教人物肖像等。为保护相关人物的名誉和荣誉，维护民族共同记忆和民族精神，弘扬社会主义核心价值观，维护良好社会风气，这类肖像亦不得注册商标。

五、易使消费者产生误认的肖像。若过世公众人物仍具有颇大的影响力，易使消费者将商品的品质特点与已过世知名人士或其在行业内的生产工艺产生关联联想，从而误导消费者的，不得注册商标。

六、未满十周岁的未成年人的肖像。《广告法》中规定，不能利用未满十周岁的未成年人作广告代言人，因此未满十周岁的未成年人的肖像注册商标，用于广告宣传亦是禁区，亦不得注册商标。

另外，肖像涉及当事人权益。在商标注册中如何准确界定肖像的范围，尤其是“特定自然人可以被识别的外部形象”；如何审理涉及死者肖像权的商标案件；对肖像权的适用是否仍以损害可能性为前提等问题，还需要不断深入研究和讨论。

动物图案注册商标需注意两点

温顺可爱的白兔、憨态可掬的熊猫、冷酷狂傲的鳄鱼、勇猛无畏的老虎……

一个个形态各异、性格迥异的动物图案，有的给人亲切感、安全感，有的让人心生美好寓意吉祥，有的让人感到庄严肃穆、慷慨激昂……但无疑都让人过目不忘、印象深刻。

巧用动物图案来申请注册商标，由于其特点明显、辨识度高、显著性强，在先近似商标相对较少等原因，成功注册的概率比较高，对于品牌运营来说亦有助于赢得用户、打开市场。

根据《商标法》第八条的规定，任何能够将自然人、法人或者其他组织的商品与他人的商品区别开的标志，包括文字、图形、字母、数字、三维标志、颜色组合和声音等，以及上述要素的组合，均可以作为商标申请注册。

显然，动物图案是由图像、图形的形式组成，是可以作为商标的构成要素进行申请注册，如报喜鸟、三只松鼠、蚂蚁金服等。阿里巴巴集团，曾被网友戏称为“阿里动物园”，包括“天猫”“菜鸟”“飞猪”“丹鸟”“虾米”“大鱼”“神马”等，涵盖了数十种以动物图案注册的商标……

然而在实践中，笔者认为并不是所有动物图案都可以注册成商标，即使注册成商标也不可违法违规使用，有些“禁区”“底线”是不能突破的，有两点事项需要特别注意。

首先，要遵守相关的法律法规。《中华人民共和国野生动物保护法》第三十一条规定：“禁止为出售、购买、利用野生动物或者禁止使用的猎捕工具发布广告。禁止为违法出售、购买、利用野生动物制品发布广告。”第五十条规定：“违反本法第三十一条规定，为出售、购买、利用野生动物及其制品或者禁止使用的猎捕工具发布广告的，依照《中华人民共和国广告法》的规定处罚”。

突然而至的新冠疫情给人类带来了侵袭影响，疫情笼罩下，痛定思痛，拒绝野味成为大多数人的共识。2020年2月24日，全国人大常委会出台了野味防控的最严禁令《关于全面禁止非法野生动物交易、革除滥食野生动物陋习、切实保障人民群众生命健康安全的决定》。比如有些恐怖、暴力、血腥等动物的图案用于注册商标，则可能涉嫌具有不良影响，审查员会以《商标法》第十条一款（八）予以驳回。

其次，要尊重相关的风俗信仰。不同国家、不同地区有着不同的风俗或信仰，对于不同的动物有不同的理解和信仰。在注册国际商标时，需要“因地制宜”“因地施策”，尊重相关国家或地区人群的风俗信仰。比如在印度、斯里兰卡等国家，大象是吉祥和庄严的象征，但在欧洲一些国家，大象却是“笨蛋”的同义词，英国就忌用大象图案；在古埃及神话中，有关于鳄鱼神的传说，因而埃及将鳄鱼视为神圣不可侵犯的动物，不喜欢将鳄鱼图案作为商标注册和使用。

总之，欲将动物图案申请注册商标，申请人应当理性和谨慎，坚持“有所为，有所不为”的原则，切实选择得当、注册得理，使动物图案商标为品牌发展“如虎添翼”。

关于慎用成语申请注册商标的思考

成语，是指汉语词汇中定型的词，由于众人皆说，成之于语，故称成语。成语有“四个显著特点”，一是结构紧密，有固定结构，一般不能任意变动词序、抽换或增减其中成分；二是形式简单，以四字居多，也有一些三字和多字；三是意思精辟，往往隐含于字面意义中，在语句中作为一个整体应用；四是历史悠久，大多来自古代经典或著作、历史或口头故事，被人们长期沿用，是中华传统文化中一颗璀璨的明珠。

成语，由于言简意赅、指向明确，朗朗上口、内涵丰富，使用广泛、耳熟能详，易记易看易传播，被一些市场主体选择申请注册为商标，成为商标领域一朵“奇葩”。比如指定使用在第20类金属家具等商品上的“龙凤呈祥”，指定使用在第33类酒等商品上的“国色天香”，指定使用在第36类资本投资等服务项目上的“乘风破浪”……

然而，实践中运用成语注册商标，不仅受限于商标显著特征的认定等问题，也包含其他多方面因素的制约，情况相对复杂，笔者尝试简要谈一点粗浅看法。

“自带光芒”受青睐

基于成语的众多优势，用其注册商标可以说是“自带光芒”，所以备受一些申请人青睐，特别是对于含有谐音字、生僻字、碑文、方言字以及各种书法汉字的成语，如果运用得当，便可作为商标设计中的神来之笔。

须知，商标最基本特点是区分商品或服务的来源，必须具有区分度和显著性，容易被消费者识别。同时，商标不仅是一种商业符号，还是一种文化符号，具有文化宣传导向作用。因此，用成语注册商标有两大好处。

一是利于消费者识别和接受。特别是用于特定范围内的商品或服务，能给消费者留下清晰明确印象，便于将商品或服务从众多提供者中区分出来。如指定使用在第30类食品上的“津津有味”，会让人自然联想到产品的味道好；指定使用在第43类饭店等服务项目上的“海错江瑶”，由于其含义泛指美味佳肴，不仅寓意美好，而且契合服务内容，让消费者过目不忘。

二是利于商标品牌宣传和推广。用成语注册商标，更能使企业品牌从普通商标中脱颖而出。将成语内涵注入企业品牌文化中，可大大增加品牌识别度、美誉度，能引发大众的兴趣与联想，产生共鸣。如指定使用在第9类电脑等商品上的“十全十美”，给客户一种产品十全十美的美好印象。又如指定使用在第18类钱包等商品上的“一帆风顺”，指定使用在第41类流动图书馆等服务项目上的“二泉映月”，指定使用在第20类窗帘杆等商品上的“三阳开泰”，指定使用在第39类导航等服务项目上的“四通八达”……

“三种情形”被驳回

使用成语注册商标的好处显而易见，然而大众广泛知晓的成语注册商标的成功率并不高，主要原因是其独创性不强。《商标法》列举了不得作为商标使用和注册的情形，与此相关的主要有三种。

第一种是第十条一款（七）“带有欺骗性，容易使公众对商品的质量等特点或者产地产生误认的”。如果使用的成语指定使用的商品或服务项目，有夸大事实成分，容易导致相关公众对产品、服务质量或者产地产生误认的，不得作为商标使用和注册。如“货真价实”“价值连城”“物美价廉”“名列前茅”等。

第二种是第十条一款（八）“有害于社会主义道德风尚或者有其他不良影响的”。包括对成语的不规范使用和滥用。不良影响，是指会对我国政治、经济、文化、宗教或民族等社会公共利益和公共秩序产生消极、负面的影响。

以下四个方面应引起注意。

一是随意模仿篡改成语的文字构成。比如“有焙而来”和“有备而来”、“心满意竹”和“心满意足”、“析时如金”和“惜时如金”、“丰和日丽”和“风和日丽”、“美仑美奂”和“美轮美奂”、“小蹄大作”和“小题大作”、“食全食美”和“十全十美”，都是前者对后者的个别文字随意模仿篡改。七件申请商标虽有借鉴成语的含义，并结合行业特点进行了一定的“创新创造”，但成语的不规范使用和滥用，却容易导致社会公众特别是青少年对于规范成语的认知，是对成语使用秩序的破坏，有损社会公共利益，易产生不良影响。

二是不规范书写成语中的汉字。包括缺少笔画、文字有缺失和含有自造字的不规范使用等。《商标审查审理指南》将“不规范书写汉字”的商标明确列为禁止注册和使用的范畴，但也并非一概而论，两种情况较为特殊。①书法体文字。主要指毛笔字中汉字的书写，因有极强的个人色彩和风格，不乏异体字、变造字甚至无法识别的汉字，且属于著作权法意义上的作品，商标审查中则会更多地从作品的层面而非文字的意义上去识别，一般不认定具有不良影响。还有《国家通用语言文字法》将书法艺术作品、手写字等，作为使用规范汉字的例外情形等。②图形化文字。对成语中的文字进行艺术化设计，既凸显个性和美感，又能给消费者留下深刻印象。在没有改变原汉字认知习惯情况下，通常也会进行正常审查。

三是违反社会主义道德风尚。社会主义道德风尚，是指我国人民共同生活及其行为的准则、规范以及在一定时期内社会上流行的良好风气和习惯。对于违反社会主义道德风尚的词汇，不得作为商标注册和使用。如“吃喝玩乐”“花天酒地”“纸醉金迷”“情窦初开”等，表示消极低迷、荒淫腐化和极端奢侈、格调不高等意思。

四是对政治产生不良影响。如“解放思想”“实事求是”，既是典型的具有深刻历史渊源的成语，又是极富时代特征的政治语言，具有特定的政治内涵，易对政治产生不良社会影响。

第三种是第十一条“……仅直接表示商品的质量、主要原料、功能、用途、重量、数量及其他特点的；其他缺乏显著特征的。前款所列标志经过使用取得显著特征，并便于识别的，可以作为商标注册”。

如前所述，商标的基本特性是区分商品或服务的来源，需具备显著特征。成语具有特定含义及使用语境，在特定类别的商品及服务内容上并不必然具备区分不同来源的作用，或是区分作用不够明显。比如用“厚德载物、笃学不倦、上善若水、慈孝于行、万事如意、新年快乐”等通用成语申请注册商标，由于其意思是为人做事、治学修养、日常祝福等，缺乏商标显著特征，不予核准注册。又如“五谷丰登”指定使用在谷物等商品上，仅直接描述了商品的内容特点，缺乏显著特征；“数不胜数”指定使用在剃须刀等商品上，容易被识别为商品的数量特点，单纯作为商标注册同样缺乏显著特征。

“全面分析”慎选择

汉字，落笔成画留下五千年历史，一撇一捺蕴含哲理故事。正确和规范使用成语，是对中华传统文化传承和弘扬的应有之义。合理适度巧妙运用谐音梗变造现有形式“活学活用”注册商标，虽可取得“标新立异”效果，但笔者提示，其前提是必须严格遵守法律法规有关要求，把握好成语的含义和外延，保证成语“原汁原味”规范使用，分析其是否具有区分商品或服务来源的显著特征，尤其不得使用存在明显书写错误的字体字形和成语误用，各种艺术字也要正确美观，易于辨认，从而提高注册成功率。

总之，虽然成语作为商标注册具有普通文字不可比拟的优势，但也有诸多限制条件。在不同的时期、不同的情形、不同的商品和服务项目上，会有不同的审查结论，就算是同一成语注册商标，每一件也都有其特殊性。

申请注册商标是个“技术活”，特别是使用成语注册商标，应当结合具体情况具体分析，提前做足“功课”，全面分析、充分论证、慎重选择。

广告用语申请注册商标的“奥妙”

“广告”是英文“Advertising”的译名，是舶来词，最初的意思是引人注意，带有通知、诱导、披露的意思，后来拓宽为“使某人注意到某件事”或“通知别人某件事，以引起他人的注意”。作为一种古老的社会现象，广告在人类社会中无所不在、无时不有。从利用姿态、声音、火光，到运用语言、文字、图形等，不断扩大着广告传播的深度和广度。

广告用语，又称广告词，则是通过各种传播媒体和招贴形式向公众介绍商品或文化等服务内容的一种宣传用语。由于简短易记、特点突出、号召力强、辨识度高等，对消费者可起到促进、劝服、增强、提示等作用。

如果说，企业广告宣传的对象和核心是商标，那么宣传行为则大多涉及广告用语，就像商标是产品的“名片”，广告用语则是商标的“形象包装”。商标与广告用语的关系，有时可用“如虎添翼”“比翼双飞”来形容。

为使“广告用语”这个翅膀更有力量，帮助“商标”飞得更高更远，故作为商标申请注册的广告用语也愈益增多，如西凤酒的“西凤定制 如您所愿”、西少爷的“肉夹馍　好吃看得见”等广告用语。关键在于，广告用语作为商标注册，必须具备注册商标的条件和要求。那么在审查中，哪些广告用语能够被核准注册商标，哪些广告用语不能被核准注册商标，有什么解决对策呢？笔者结合实践，作以浅显分析。

那些被驳回的“广告用语”

《商标法》第十一条规定：下列标志不得作为商标注册：（1）仅有本商品的通用名称、图形、型号的；（2）仅直接表示商品的质量、主要原料、功能、用途、重量、数量以及其他特点的；（3）其他缺乏显著特征的。前款所列商标标志经过使用取得显著特征，并便于识别的，可以作为商标注册。

《商标审查审理指南》指出："表示商品或者服务特点的短语或者句子，普通广告宣传用语，缺乏显著特征，不得作为商标注册。"例如"让养殖业充满生机"，指定使用在饲料等商品上；"一旦拥有 别无所求"，指定使用在"计算机软件设计"等服务上。前者因直接表示了使用商品的效果，后者因直接表示了服务内容特点，被予以驳回。

又如，莱雅公司（L'Oreal）"你值得拥有！ BECAUSE YOU ARE WORTH IT！"指定使用在化妆品等商品上；BP股份公司"不仅贡献石油"，指定使用在工业用油等商品上；卡夫公司"麦斯威尔"的"滴滴香浓，意犹未尽"，指定使用在咖啡、茶等商品上；埃克森美孚（Exxon Mobil）的"因为我们也是驾车人士"，指定使用在汽油等商品上；建设银行的"给每个梦想找个家"、沃尔玛公司"SAVE MONEY LIVE BETTER省钱省心好生活"及沃尔玛企业标志（图形）、英特尔（Intel）的"与你共创明天"、东鹏特饮的"累了困了喝东鹏特饮"、美的"有凉感无风感"等广告用语，在审查中均被驳回。

其实，还有诸如一些传播热度特别高的流行语、歌词等，作为商标注册的成功率也很低，如"蓝瘦香菇""像阵风吹过""像雾像风又像雨"等，也被依法驳回。

那些被核准的"广告用语"

《商标审查审理指南》同时指出"但与其他要素组合而整体具有显著特征的除外"，例如"世纪行 一旦拥有 全程无忧"，指定使用在保险等服务项目上，则具有显著特征，可以注册商标。

又如，阿迪达斯（ADIDAS）的"NOTHING IS IMPOSSIBLE"，核定使用在服装、鞋等商品上；花旗集团（CITI）的"YOUR CITI NEVER SLEEPS"

（您的花旗从不歇息），核定使用在银行、金融等服务项目上；通用电气（GE）的“GE梦想启动未来”，核定使用在医疗仪器和器械等商品上；建设银行的“建筑有鲁班 服务有建行”，核定使用在金融等服务项目上；YKK株式会社的“YKK看似简单　其实不然”，核定使用在拉链等商品上；卡夫公司的“麦斯威尔Maxwell House滴滴香浓，意犹未尽”，核定使用在咖啡、茶等商品上；戴比尔斯（De Beers）的“钻石恒久远　一颗永流传”，核定使用在宝石等商品上；“累了困了乐摩吧”，核定使用在计算机网络上的在线广告等服务项目上，均获准注册。

广告用语注册商标的对策分析

广告用语欲注册商标使用，需关注“三个关键词”，即显著性、独创性、合法性。实践中，应把握“五个注重、一个力避”。

一是注重简约。字数越多，越容易被认定为普通广告用语。简约，才易看易记易传播，符合注册商标的基本要求。例如，中国移动的“我能”，核定使用在电话业务等服务项目上；强生公司的“因爱而生”，核定使用在香皂等商品上；BP股份公司申请的“不仅贡献石油”和“超越石油”，前者被驳回，后则被核准。

二是注重抽象。广告用语所表达的语句，不要涉及产品与服务的任何名称或特点。若有涉及，那么其描述也应当是隐含的、间接的，是写意而非白描。如耐克公司在箱包等商品上的“JUST DO IT”和麦当劳公司在肉食品等商品上的“我就喜欢”，上述语句没有牵涉任何产品与服务的特点，被予以核准；银行等常用“全年无休”“随时随地恭候您”等，由于直接表示了服务的特点，均被驳回。

三是注重独特。广告用语中的词汇与词汇之间尽量不要有较为固定的语言意义上的关联，最好有一个或更多的相对于指定商品或服务较为独特的词汇，或者至少在词汇排列组合上采用特殊的顺序和方式，以达到组合词汇的独创性以及词汇本身的显著性。如“亲近生活，美化生活”，核定使用在化妆品等商品上，其中起首部分的“亲近”与“生活”之间没有语言意义上的固定关联；“科技 取悦你”，核定使用在电视机等商品上，“科技”与“取悦你”之间没有语言意义上的固定关联，且“取悦”针对“电视机”等商品，本身就具有一定的显著性；“生活着的千年古镇”，核定使用在观光旅游等服务项目上。虽然“千年古镇”“生活”本身显著性相对较弱，但语句结构、词汇排列顺序以及表达方式较为特殊，由此形成一种抽象写意的表达以及显著性。

四是注重主标。在广告用语中嵌入企业的主标，是一个有效的做法。关键是主标本身要有较强的独创性和显著性，若有知名度，则会更好。主标在商标中出现的比例和位置，应当醒目、显著，或在起首位置，或相对“较大”。主标最好是文字，而非图形，因为广告用语本身是文字，能赋予、提升广告用语显著性的要素。如“豫酷 发现不一样的中原美”，核定使用在教育、文化活动等服务项目上；若采用突出的外形特征，赋予其明显的标志性质，将进一步强化其显著性。如“士力架　随时随地添能量”，核定使用在饼干等商品上。

五是注重使用。根据《商标法》第十一条二款规定，长期宣传推广和实际使用，形成的高知名度会赋予广告用语以显著性，使得广告用语与企业自身产生一一对应关系，进一步强化其显著性，亦可以获准注册。如“只溶在口 不溶在手”，核定使用在巧克力等商品上。

一个力避，就是力避选用纯描述性或仅直接表明商品或服务的功能、用途等特点的词汇，就是太普通或太常用的广告用语，不宜注册商标。如“怕上火喝王老吉”，指定使用在果汁、水（饮料）等商品上，容易使消费者对商品功能、品质等产生误认，不予核准注册；“好变频 格力造”，指定使用在空气调节装置等商品上，虽然嵌入了主标“格力”，但“好变频”这样的句式及词汇显著性太弱。同时避免使用“未来”“希望”“智慧”“财富”等词语，以上单独注册可能获准，但当组合使用时，容易因其常用性而使语句变得普通。例如“与你共创明天”其中的“共创”“明天”都是较为常见的广告词汇，由此形成的语句亦较为普通。

总之，由于广告用语与商业的关联非常密切，其作为商标能否获准注册，微妙细腻、奥妙无穷，需要全面分析、慎重斟酌。

浅析人物姓名申请注册商标的审查

姓名，由人的姓氏和名字组成，是人类区分个体、给每个人特定的名称符号，是通过语言文字信息区别人群个体差异的标志。每一个人都拥有属于自己的名字，这是区别于他人的标识。按照《商标法》第八条“任何能够将自然人、法人或者其他组织的商品与他人的商品区别开的标志，包括文字、图形、字母、数字、三维标志、颜色组合和声音等，以及上述要素的组合，均可以作为商标申请注册”。

显然，姓名作为文字的一种，可以作为商标注册。姓名商标，通俗讲就是指以有名的自然人的姓名作为商标或者商标的主要部分申请注册的商标。人物姓名，有很多分类方法，笔者仅以社会角色和成就区分，有政治领袖人物、当代公众人物、英雄烈士人物、知名历史人物、影视著作人物、普通人物等姓名，既包括户籍登记中使用的姓名，也包括笔名、艺名、译名、别名、化名、雅号、绰号等；既包括国内人物姓名，也包括国外人物姓名；既包括在世人物姓名，也包括去世人物姓名；既包括真实人物姓名，也包括虚构人物姓名……

不同的人物姓名，拥有不同的资源，有些公众人物因其对社会有较大影响力，在消费者心中有一定公信力，其姓名因此拥有更多社会资源，承担更多社会责任，引起更高社会关注，产生更强社会影响。因此，用人物姓名注册商标能够快速打开市场并在短期内提升商标品牌知名度，进而获得巨大商业财富，成为不少申请人选项。

《民法典》第五章第一百一十条“自然人享有生命权、身体权、健康权、姓名权、肖像权、名誉权、荣誉权、隐私权、婚姻自主权等权利”。其中“人格权篇”对自然人的姓名权做了明确：“自然人享有姓名权，有权依法决定、使用、变更或者许可他人使用自己的姓名，但是不得违背公序良俗。”以及规定了“具有一定社会知名度，被他人使用足以造成公众混淆的笔名、艺名、网名、译名、字号、姓名和名称的简称等，参照适用姓名权和名称权保护的有关规定”。《中华人民共和国民法通则》规定公民享有姓名权，禁止他人干涉、假冒或者盗用，如果公民的姓名权受到侵害，可以要求赔偿损失。

那么实践中，针对不同类型的人物姓名申请注册商标，该如何审查？笔者就此作以浅显分析。

政治领袖人物姓名

《商标法》第十条第一款第（八）项：“有害于社会主义道德风尚或者有其他不良影响的”标志不得作为商标使用。《商标审查审理指南》对“其他不良影响”做了定义：“是指除了有害于社会主义道德风尚之外的情况，一般是指标志的文字、图形或者其他构成要素具有贬损含义，或者该标志本身虽无贬损含义但由该申请人注册使用，易对我国政治、经济、文化、宗教、民族等社会公共利益和公共秩序产生消极、负面的影响……”同时专门规定：“与我国党和国家领导人姓名相同或近似的，与公众知晓的其他国家、地区或者政治性国际组织领导人姓名相同或近似的”属于具有政治上的不良影响。

因此，根据上述法律和规定可以看出，“政治”二字在商标审查中被作为“不良影响”之首。党和国家的领袖人物、活跃在政界的外国领导人以及已故的革命家、政治家等姓名，不得作为商标注册。即使善意使用，也会使消费者对其商品或服务来源产生误认，对其本人或后人造成伤害，对社会产生不良影响。此类人物姓名注册商标，涉及违反商标法的禁用条款，应予以驳回。

当代公众人物姓名

公众人物亦称公共人物，是指一定范围内拥有一定的社会地位，具有重要影响，为人们所广泛知晓和关注，且能因此从社会中得到巨大利益，并与社会公共利益密切相关的人物。如企业家、艺术家、体育冠军、社会活动家、网红、歌星、明星等。公众人物因享有广泛的社会影响力和号召力，一言一行引起社会关注，牵动社会舆论。

特别是随着经济社会的发展，通过名人效应追求名人效益的现象越来越多。一方面，商家通过公众人物的社会知名度，可以提升商品在市场上的消费者关注度，扩大品牌影响力；另一方面，公众人物将自己的姓名作为商标，使用在与其知名度相关的商品或服务上，也会提升自己影响力，使自己“姓名”具有更高的经济价值，成为更“值钱”的无形资产。故对用当代公众人物姓名注册商标的审查，既要参照政治领袖人物姓名注册商标的审查，又有其不同要求。

一般情形下，公众人物自己申请或他人取得许可用其姓名申请注册商标，如无在先权利障碍，可以正常审查；反之，未经公众人物授权而将其姓名注册商标，通常会被驳回；特别是对于攀附公众人物、“搭便车”“傍名人”，恶意申请注册商标，侵犯其合法权益的商标申请，会被驳回。如2010年，浙江某公司在体育活动器械等商品上申请注册“邓亚萍”，江西某公司在谷类制品等商品上申请注册“郭晶晶”商标，鉴于二人为乒乓球和跳水领域知名运动员，被以“易产生不良影响”为由予以驳回。2021年10月，华为技术有限公司在众多类别上申请注册的“姚安娜”商标，因取得本人授权，被予以核准；同年，上海某公司在美容等服务项目上申请注册的“姚安娜”商标，则以“易使消费者产生误认”为由，予以驳回。他人未经本人授权，申请注册“董明珠”商标，同样被以“易使消费者产物误认”为由，予以驳回。2020年，“乔丹商标案”再审判决，则首次确立了国外公众人物对国内特定名称享有商标化权益。

当然，虽然公众人物有公众影响，但也有受众范围、知名度等差异问题。特别是随着传媒、职业经纪人行业等快速发展，演艺界的偶像型人物出现频率大大加快，使得“公众人物”影响层面越来越细致、受众群体的划分越来越小，除一些具有广泛社会影响、长久社会号召力的公众人物外，不乏昙花一现人物。因此，在商标审查时，会有不被审查人员知晓，或者不被审查人员认可的“公众人物”姓名，在没有权利人允许使用其姓名授权情况下被注册为商标。“公众人物”姓名权利的保护，主要依靠姓名权利人的自我主张、自主保护。

然而，实践中出现的并非以公众人物的户籍姓名，而是以笔名、艺名、译名、别名和化名等特定名称来主张姓名权的，则需分析该特定名称是否具有一定知名度，与该自然人是否建立了稳定对应关系等因素综合判定。同时，未经许可使用公众人物的姓名申请注册商标的，或者明知为他人的姓名，却基于损害他人利益的目的申请注册商标的，应当认定为对他人姓名权的损害。

英雄烈士人物姓名

《中华人民共和国英雄烈士保护法》第二十二条：“禁止歪曲、丑化、亵渎、否定英雄烈士事迹和精神。英雄烈士的姓名、肖像、名誉、荣誉受法律保护。任何组织和个人不得在公共场所、互联网或者利用广播电视、电影、出版物等，以侮辱、诽谤或者其他方式侵害英雄烈士的姓名、肖像、名誉、荣誉。任何组织和个人不得将英雄烈士的姓名、肖像用于或者变相用于商标、商业广告，损害英雄烈士的名誉、荣誉。”

对于与烈士姓名相同或者含有烈士姓名的标志，应当结合该标志的构成要素、指定的商品和服务项目、申请人所在地域与该烈士的关联程度等因素，综合判断该标志的注册和使用是否可能损害烈士的名誉、荣誉或产生其他不良影响。如刘胡兰、董存瑞、黄继光、李大钊、杨靖宇等英雄烈士的姓名，在商标注册审查中依据和参照中华英烈网《烈士英名录》，主要适用《商标法》第十条第一款第（八）项，属于禁止作为商标使用的情形。

三种情形例外，一是烈士姓名本身有其他含义，不易使社会公众与其产生联想，不易损害烈士荣誉名誉和公众爱国情怀的；二是申请人姓名、企业字号、社会组织简称与烈士姓名相同，但不易使社会公众与烈士姓名产生联想，不易损害烈士荣誉名誉和公众爱国情怀的；三是该姓名商标与烈士姓名相同或者含有烈士姓名，但无法与特定烈士形成对应关系的。另外，还有一种特殊情形，就是该烈士姓名注册时间在《中华人民共和国英雄烈士保护法》施行之前等，可不适用前款规定。以上如“万家福”“周班长”“宋代”等，但不包括姓名商标与知名度较高的烈士姓名相同的情况等。

知名历史人物姓名

历史上因某一事件或成就等而被社会广泛知晓的人物，通常称为知名历史人物。比如为公众所熟知的民族英雄、能工巧匠、帝王将相、才子佳人等，都是知名历史人物的范畴。知名历史人物由于知名度较高、文化底蕴较深，更因其历史作用而影响着当今公众，故其姓名被人注册为商标。如指定使用在食用油脂等商品上的“秦始皇”、广告等服务项目上的“岳飞”、锻造机械等商品上的“鲁班”、门帘等商品上的“貂蝉”等，或取其名震天下，或取其刚直不阿，或取其精工细作，或取其倜傥婀娜，与其指定商品或服务项目相得益彰，其寓意为不同层次消费者所接受。正常情况下，此类商标在审查中同于普通商标，大多涉及是否与在先权利相冲突的问题。

知名历史人物姓名，包括其谥号、别称等注册商标，同样不能违反《商标法》第十条第一款第（八）项的规定。虽然人去世了其姓名权利也随之消失，但人身权中的人格问题依然存在，还会影响其后人的利益。例如，指定使用在眼镜等商品上的“溥仪”、酒（饮料）上的“鲁迅”，均以“易产生不良影响”为由予以驳回。鲁迅美术学院申请的指定使用在培训等服务上的“鲁迅美术学院”，鉴于名义一致，则被核准注册。

2019年，北京市高级人民法院发布的《商标授权确权行政案件审理指南》明确了对于已故知名人物的保护，关键是知名领域与特定商品、服务分类之间的联系紧密程度，以及知名人物对商品、服务的质量、工艺等特点的把控力。

影视著作人物姓名

随着影视剧的热播，影视著作人物姓名注册商标的价值也日益突显。影视著作人物姓名，既有真实人物姓名，也有虚构人物姓名。

法律对于商标注册有明确规定，不得损害他人现有的在先权利，也不得以不正当手段抢注商标。在用影视著作人物姓名申请注册商标时，关键是要看是否获得授权，看是否具有知名度和影响力，看是否与权利人建立有稳定的一一对应关系，看是否具有区分商品和服务来源的显著特征。同时，还要分析其指定使用的商品和服务类别等。

例如“哈利·波特”，作为畅销小说中的人物名称，已为公众所了解。他人明知“哈利·波特”人物名称的知名度而申请注册商标，违反诚实信用的公序良俗。在该案中，虽然没有从侵犯其在先著作权的角度去审查，但审查员认为“哈利·波特”人物名称知名度的取得，系作者本人投入大量劳动和资本获得，故由此带来的商业价值亦应由作者本人享有，同时防止消费者产生误认，故予以驳回。

又如，“陆小鸡”是古龙作品中人物角色陆小凤绰号，“风四娘”“江小鱼”“宋甜儿”是古龙作品中人物姓名；“张无忌”“蓉儿”是金庸作品中人物姓名。古龙、金庸作为一代武侠小说巨匠，其笔下的江湖既是深入人心、流传之广的文学经典，更有着较为持久的影响力。再如指定使用在第5类人用药、牙科用药等商品上“皮皮鲁”商标，取自我国当代著名童话作家郑渊洁创作的《皮皮鲁和鲁西西》。以上姓名商标，未经作者授权同意，将其作为商标申请注册易产生不良影响，一般情形下，应予以驳回。

当然，一方面强调对影视著作人物姓名著作权的保护，另一方面也要注意防止侵害社会公众对公共文化资源的合理利用。

普通人物姓名

普通人物姓名如果不违反《商标法》规定，可以注册商标。以个人身份注册商标需要提供个体工商户的营业执照、身份证等；农村承包经营户可以以其承包合同签约人的名义提出商标注册申请，申请时应提交签约人身份证和承包合同；其他依法获准从事经营活动的自然人，可以以其在有关行政主管机关颁发的登记文件中登载的经营者名义提出商标注册申请，须提交经营者的身份证和有关行政主管机关颁发的登记文件等。

此外，人物姓名注册商标的审查，需特别注意，与恐怖主义、邪教组织、黑社会名称或其领导人物姓名相同或近似的，历史上臭名昭著、倒行逆施、卖国求荣、伤风败俗等人物姓名，艺术创作里为人熟知的反派或行为不佳的人物姓名等，不得作为商标注册。

总之，并不是每个人的姓名权都能获得保护，判定能否注册商标，是否损害他人姓名权，应当考虑该姓名权人在社会公众当中的知晓程度。还有一些特殊情形，如不宜被明显识别为人物姓名的“姓名”，像“方向”“高尚”“远大”“丛林”等，也可能被作为普通商标进行审查。

笔者最后想说的是，抢注他人姓名为商标，损人不利己、费力不讨好，在给他人添乱的同时，浪费国家公共资源。即使注册成功，也会面临法律风险，实际使用了可能还要承担赔偿责任。

以上，仅为笔者一家之言，人物姓名商标的审查，表现多样、情况复杂、个案性强，还需要结合具体情况具体分析、综合判定，不可一概而论。

白酒商标品牌起名的“十大特点”和“三大禁区”

生活中与百姓息息相关的衣食住行方面的商标品牌十分广泛，白酒是其中之一。在我国，白酒文化源远流长、博大精深。目前，数万家白酒企业，数十万个品牌，且不断有新的品牌产生，同时也有许多品牌成“昨日黄花”。随着市场经济飞速发展，白酒的品名已成为吸引消费者眼球、赢得青睐，从而实现更多销售，产生更大经济效益的重要手段。

“好的名称是白酒成功的一半”。一个好的酒名，既能体现制造工艺的特征和原材料的独特，又能塑造出白酒卖点与个性，缩短与消费者之间距离，或让人感受到一种文化，或让人感受到一种韵味，或让人感受到一种享受，或让人感受到一种回忆，或让人感受到一种亲和，意蕴深远、余味日新。因此，自古以来，起名就是一门既简单又高深的学问。一个好的名字，绝对是前无古人，后无来者。笔者就此作以归纳梳理，以期抛砖引玉，为白酒行业商标品牌起名提供参考。

十大特点凸显不同品位

综观形形色色的白酒名称，虽历经风云演变，但围绕深挖白酒文化，以主打“健康牌”“情感牌”“文化牌”等为主题始终未变，已形成行业起名一大趋势。对其简要分类，主要有以下“十个方面”的特点。

一是以企业所在地或核心产区特征起名。如贵州茅台，取自贵州省仁怀市茅台镇；泸州老窖，取自四川省泸州市；杏花村汾酒，取自山西省汾阳市杏花村；剑南春，取自四川省绵竹市剑门关之南；孔府家酒，取自山东省曲阜市；郎酒，取自四川省古蔺县二郎镇；古井贡，取自安徽省亳州市古井镇；景芝白干，取自山东省安丘市景芝镇；趵突泉酒，取自山东省济南市；宝丰酒，取自河南省宝丰县……

二是以原料、质量和风格特色起名。如高粱酒，取自高粱为主要原料；五粮液，取自以高粱、大米、糯米、小麦和玉米五种粮食为主要原料；四特酒，取自米香、清香、浓香、酱香四种风格；衡水老白干，取自衡水的老白干香型；九江双蒸，取自二次发酵二次蒸馏；玉冰烧，取自米酒加肥猪肉浸泡；洋河大曲，取自酿酒的发酵剂为大曲；五子益肾酒，取自主要原料由五子衍宗丸和三才封髓丸两方组成……

三是以生产方式或工艺特点起名。主要是以“坊”“窖”“池”等起名，让人感到该酒年代悠久、底蕴深厚。如贡醉坊、泸州老窖酒、平坝窖、水井坊酒、千年酒坊酒、伊力老窖酒、国坊老窖酒、月池酒……“二锅头酒”，取自在蒸酒过程中掐头、去尾、保留中段，故称“二锅头”……

四是以诗词歌赋、历史故事起名。如“醉流霞”，取自孟浩然“金灶初开花，仙桃正发花。童颜若可驻，可惜醉流霞”；女儿红和状元红酒，取自宋代绍兴民间故事，当时家家会酿酒，生女儿的美其名曰“女儿红”，生儿子的则喜称“状元红”，以兆吉祥等；古井贡酒，讲述了曹操煮酒论英雄用的此酒和明代万历年间此酒为进贡宫廷之酒的故事；迎驾贡酒、扳倒井、蒙古王酒、大宅门酒、十面埋伏酒、精五门酒、兵马俑酒……背后都有一定的典故。

五是以文化诉求和人文情感起名。有的以表达文化情感取名，如今世缘，取自缘文化，倡导结缘、顺缘、修缘、惜缘。金六福，取自六六大顺、幸福安康；舍得，取自“天下智慧皆舍得，智慧人生，品味舍得”。表达一种人生态度或处世哲学；有的以表达民俗情感取名，如藏羚羊酒、伊力金酒、王朝奶酒、金骆驼酒、唐古拉酒、隐者醉酒、天寨村酒等；有的以表达区域情感取名，如醉香江酒、宿迁人酒、黑土地酒、北大荒酒、刘老根酒、庄稼汉酒、草原马王酒……

六是以帝王将相、才子佳人、人文墨客起名。古代，帝王将相是上层统治者，才子佳人是有才华美貌的男女，人文墨客是风流雅士，备受追崇。如杜康酒，取自魏武帝《短歌行》“慨当以慷，忧思难忘。何以解忧，唯有杜康”。据记载，杜康是夏朝国君，传说中的“酿酒师祖”。又如两相和酒、曹操酒、宋太祖酒、百年诸葛酒、华佗酒、诸葛酿义酒、钟馗酒、秦始皇酒、君临天下酒、太白酒、关公坊酒、文君井酒、屈原大曲酒……

七是以佛教道教等宗教文化起名。不同宗教文化，各具特色，亦包含慈悲、博爱、和平等之义，在一定时期和人群中影响深远。以此取名，如老子酒、庄子酒、八卦鸳鸯酒、小糊涂仙酒、酒妖酒、酒鬼酒、酒神酒……

八是以历史年代和特殊数字起名。特殊的历史年代和数字，逝去的是时间，留下的是情怀，暗藏的是故事，容易引起共鸣。如1573酒，取自生产该酒的窖始建于公元1573年；其他的还有1915酒、百年香江酒、八百岁酒、道光廿五酒、百年皖酒、六百岁酒、1952晋原酒、清宫酒、永隆弦酒……

九是以时代特征和特定场所起名。一个时代有一个时代的特征，一个地标有一个地标的象征。以此取名，亦能达到自带流量的效果。如国藏汾酒、国宾酒、中华鼎酒、国粹酒、钓鱼台酒、蓝色经典酒、神舟酒、世纪金酒……

十是以动植物名称或其他方式起名。历经春夏秋冬、风雨洗礼，不同动物和植物的名字，寄托着先人的智慧，代表着不同的意义。以此取名，同样有不同凡响的效果，如桂花酒，取自中秋团圆、延年益寿的美好寓意；卓淘酒，意喻杰出和卓越，不断创造新的工艺和品质；又如古鹤松酒、红杉树酒、牡丹酒、醉猿酒、真龙酒、锦花龙酒……亦表达一定的祝福和愿景。

“三大禁区”尤须谨慎规避

商标，作为区分商品和服务来源的标志，只有经过国家有关部门核准注册，才受法律保护。据有关部门统计，目前在第33类白酒等商品上申请注册商标近200万件，经核准注册商标超过100万件。《商标法》对申请注册商标有严格的审查审理标准，作为白酒名称，申请注册商标时需谨慎规避“三大禁区”。

一是第十条一款（七）“带有欺骗性，容易使公众对商品的质量等特点或者产地产生误认的”。如果使用的名称在指定使用的商品或服务项目上，有夸大事实成分，容易导致相关公众对产品、服务质量或者产地产生误认的，不得作为商标使用和注册。如“名酒”“好酒”“国酒”“真酒”“驰名”“珍品优选”等。

二是第十条一款（八）“有害于社会主义道德风尚或者有其他不良影响的”。不良影响，是指会对我国政治、经济、文化、宗教或民族等社会公共利益和公共秩序产生消极、负面的影响。如初心、使命、特种兵、军魂、八一、罗汉、央府、开国大典、建国1号、领航、盛世、高考等。还包括对词语、成语的不规范使用和滥用等，如食全食美、大国工酱……

三是第十一条“……仅直接表示商品的质量、主要原料、功能、用途、重量、数量及其他特点的；其他缺乏显著特征的。前款所列标志经过使用取得显著特征，并便于识别的，可以作为商标注册”。特别是具有特定指向的名称和与白酒内在品质、通用工艺技术相关联的名称等，如原浆、原窖、回沙、润粮、年份、跑窖、五甑法、双轮底、封窖、醇厚、陈酿、去头去尾、旋窖、中酒、基酒、质净、××帝、××君、××王、标准级、信用度、一斤半、原产递、明坊老酒、回健国茅、珍藏国悦、酱酒典范、五谷丰登等。一般情形下，不得作为商标注册。

同时，国家知识产权局印发《打击商标恶意抢注行为专项行动方案》，画出了恶意抢注商标“红线”，分别是：①恶意抢注国家或区域战略、重大活动、重大政策、重大工程、重大科技项目名称的；②恶意抢注重大自然灾害、重大事故灾难、重大公共卫生事件和社会安全事件等突发公共事件相关词汇、标志，损害社会公共利益的；③恶意抢注具有较高知名度的重大赛事、重大展会名称、标志的；④恶意抢注行政区划名称、山川名称、景点名称、建筑物名称等公共资源的；⑤恶意抢注商品或服务的通用名称、行业术语等公共商业资源的；⑥恶意抢注具有较高知名度的公众人物姓名、知名作品或者角色名称的；⑦恶意抢注他人具有较高知名度或者较强显著性的商标或者其他商业标志，损害他人在先权益的；⑧明显违背商标法第十条规定禁止情形以及其他违反公序良俗，对我国政治、经济、文化、宗教、民族等社会公共利益和公共秩序造成重大消极、负面社会影响的；⑨商标代理机构知道或者应当知道委托人从事上述行为，仍接受其委托或者以其他不正当手段扰乱商标代理秩序的；⑩其他明显违背诚实信用原则的。如“傍名牌”商标，茅五剑、多粮春、吾良液、午栏山、蔺郎、沪洲老窖、大午粮液、尖庄剑楠村；“蹭热点”商标，冰墩墩、全红蝉、钟南山、火神山、方舱、季克良、元宇宙等。

除上所述，还有“两个不可”需要注意，一是不可过度申请防御性商标，如××春（夏秋冬）、××酒12生肖、××村（院）1–99号、××酒致敬最美劳动者（各行各业）等；二是不可滥用商标专用权。如1994年，北京某酒业技术开发公司就北京牛栏山酒厂使用其注册的“甑流”商标，向北京二中院起诉，索赔500万元。经过二审，北京高院以《商标法实施条例》第四十九条规定“注册商标中含有的本商品的通用名称、图形、型号，或者直接表示商品的质量、主要原料、功能、用途、重量、数量及其他特点，或者含有地名，注册商标专用权人无权禁止他人正当使用”为由驳回该公司诉讼请求。

综合以上分析可以看出，一款好酒的推出，关键是优良的品质，其次是有个好的名称和广告用语，当然也包括合适的价格、广泛的销售渠道等。如五粮液，由唐代的“重碧酒”，到宋代的“荔枝绿”酒，之后是明代的“杂粮酒”“姚子雪曲”。如此佳酿，取名杂粮，似嫌似俗。晚清举人杨惠泉，从神秘的“五粮配方”，传统的“脚踢手摸”，繁复的“泥窖固态发酵、跑窖循环、续糟配料、混蒸混烧、量质摘酒、按质并坛”独特酿造工艺中受启发，更名为五粮液。后通过讲述“玉液琼浆天上有，吴刚捧出桂花酒，问君五粮根何在，酒仙下凡宜宾走”等故事，表达美美与共、吉祥开泰等丰富内涵。其广告语“天地精华、民族精神、世界精彩，中国的五粮液、世界的五粮液”日益深入人心。走过一个世纪的“五粮液”，已然成为百年品牌。

“国和”，取自“天地人和，方能国和。”其包装以“和”为设计理念，传递“天地人和”的文化理念，天圆地方乾坤瓶，体现“天乾”“地坤”“人和”；瓶体将万和字体以活字印刷凹凸工艺与方瓶瓶型融入结合，致力于打造“天和、地和、人和”系列高端酱香型白酒；其另一与众不同之处，则是负责生产安全和品质保障的是一支以退役军人为主体的骨干力量。

蓝色经典系列之海之蓝，取自人的胸怀像大海一样宽广，其包装选用大海一样的蓝色，寓意给人一种幻想、一种纯净、一种向往；天之蓝，取自比大海高远的是天空，其外包装采用银色与蓝色相搭配，寓意天之宁静高远、云淡风轻的博大意象，极具视觉冲击力；梦之蓝，取自比天空更博大的是梦想和情怀，其包装则以经典、时尚、尊贵、高雅的姿态示人，寓意梦想成真、心想事成。其广告语“世界上最宽广的是海，比海更高远的是天空，比天空更博大的是男人的情怀”，成为一个时代独特记忆。

“龚氏洞庄”，为创始人用其姓氏，加上取自“挟赤壁万古之名，承三国文化渊源，饮洞庄豪杰之酒”。寓意此酒知日月，见兴亡，明道义，理万代千秋功成垂败，如江上春花秋月，可不醉乎？洞庄1736为五粮浓香型白酒，其酒体晶莹剔透，香气浓郁，口感醇厚，入口甘美，入喉净爽，回味悠长。

“真艺”，取自“用真心把酒酿成一种艺术”，在繁华喧嚣的世间坚守宁静，传承先辈匠人手艺，秉承认真、纯粹、没有杂念的酿酒技艺和生活方式，其广告语“见真心、喝真艺”言简意赅，直抵人心，让人充满了心灵的感受和眷恋，一言胜过千万语。

“名不正则言不顺，言不顺则事不成”。实践表明，我国白酒商标品牌的大花园里百花齐放、精彩纷呈，创意绝伦、各领风骚。对此，白酒企业应从中汲取智慧和力量，举一反三、提前布局，多管齐下、赢得商机，为新时代白酒行业创新发展增添新的光彩。

运用——商标品牌之谜

用

商标是用的，不是炒的

——评“火神山”“雷神山”商标被抢注？

2020年年初，网上流传“钟南山”被申请注册商标，“火神山”“雷神山”也被抢注……

通过官网查询得知，“火神山”商标有10件，全部申请于2020年2月3日，所选类别在第5类医药、第10类医疗器械、第30类方便食品等。

“雷神山”商标有16件，申请时间为2020年2月3日、2月4日，所选类别在第5类医药、第9类科学仪器、第10类医疗器械、第12类运输工具等。

早在2004年12月24日，某医药保健有限公司申请的第5类“钟南山”商标，就被商标注册部门予以驳回。2018年12月28日，某文化旅游发展有限公司申请第35类“钟南山”商标，也被驳回。

须知，注册商标最根本的目的是，使用商标时能够得到法律保护。最根本的作用是与同行业中的其他公司产品进行区分。

根据2019年新修正公布的《商标法》第十条第一款第八项，“有害于社会主义道德风尚或者有其他不良影响的”标志不得作为商标使用。将政治、经济、文化、宗教、民族等领域公众人物姓名等申请注册为商标，即属于“其他不良影响”。

《规范商标申请注册行为若干规定》第八条第五项“申请注册的商标与知名人物姓名、企业字号、企业名称简称或者其他商业标识等相同或者近似的情况……”是商标注册部门在判断商标注册申请是否属于违反《商标法》综合考虑的重要因素。

钟南山，作为中国工程院院士、著名呼吸病学专家、2003年抗击“非典”先进人物，荣膺第十一届光华工程科技奖成就奖，属于公众人物。

火神山、雷神山，则是在举国抗击疫情中火速建设的两家医院的名称，作为武汉抗击新冠疫情的重要阵地，彰显了中国速度、中国精神，具有特殊意义。

如果注册商标是为了“蹭热点”“傍名牌”“搭便车”，或者出于猎奇心理、囤积牟利、先注先得再高价出售，甚至以此要挟他人与其进行商业合作等，则涉嫌恶意抢注，需要承担相应法律责任。如果代理人知道或者应当知道委托人的恶意申请行为，还提供代理服务的话，也要承担相应法律责任。

商标是用的，不是炒的。申请人应依法依规申请注册商标，做到申请前有思考，注册后有使用，商标代理机构应依法依规从事商标代理业务。对上述申请注册商标行为，相信商标注册部门会明察秋毫、火眼金睛，依法依规作出裁决。

经商有道，营销有方。无论是企业还是商标代理机构或是申请人，都应当坚守正确的市场经济价值观，不被利益冲昏头脑。特别是当前特殊的形势下，尤需在集中精力、全力以赴做好疫情防控工作同时，依法依规、一心一意开展生产经营活动，切不可把心思和精力用错了地方。

加强商标品牌建设　提升企业影响力

近年来，党中央、国务院高度重视品牌建设和知识产权工作。习近平总书记多次作出重要指示，强调要提高企业自主创新能力和国际竞争力，推动中国制造向中国创造转变，中国速度向中国质量转变，中国产品向中国品牌转变，有力指导和推动了全社会凝聚品牌发展共识，营造品牌发展氛围，提升中国品牌影响力。

当前，中国经济已由高速增长阶段转向高质量发展阶段，在推动经济增长动能转换过程中，商标品牌越来越成为重要的战略资源。生活讲品质，购物看商标，消费重品牌，越来越成为人们日常生活的普遍选择。

可口可乐前董事长伍德鲁夫有一句名言："假如我的工厂被大火毁灭，假如遭遇到世界金融风暴，但只要有可口可乐的品牌，第二天我又将重新站起。"这说明品牌是无形资产，具有较强的竞争力。

近代有"头顶马聚源，脚踩内联升，身穿瑞蚨祥，腰缠四大恒"，都是北京老字号。头戴马聚源的帽子，脚穿内联升的鞋子，身披瑞蚨祥的衣裳，腰缠四大恒的银。腰缠是指银票，不是腰带；马聚源，北京做帽子的老字号，绝技是三针定帽顶的圆形小球；内联升，北京做鞋子的老字号，手工千层底，百纳垫；瑞蚨祥，北京布匹行当八大祥，瑞蚨祥、瑞生祥、瑞增祥、瑞林祥、益和祥、广盛祥、祥益号、谦祥益之一，以成衣、床上用品见长；四大恒，恒利、恒和、恒兴、恒源。至今，这些老字号的商标品牌依然被人们念念不忘、津津乐道。

商标品牌是企业的"脸面"

众所周知，商标是企业走向市场、参与竞争的通行证，是一种无形资产，是指商品的生产者、经营者在其生产、制造、加工、拣选或者经销的商品上或者服务的提供者在其提供的服务上采用的，用于区别商品或服务来源的，包括文字、图形、字母、数字、三维标志、颜色组合和声音等，以及上述要素的组合，具有显著特征的标志。

我国《商标法》规定，经商标局核准注册的商标，包括商品商标、服务商标和集体商标、证明商标等，商标注册人享有商标专用权，受法律保护。

品牌是制造商或经销商加在商品上的标志，由名称、名词、符号、象征、设计或其组合构成，是具有经济价值的无形资产，用抽象化的、特有的、能识别的心智概念来表现其差异性，从而在人们的意识当中占据一定位置的综合反映。品牌是市场运作的必然产物，是一个企业整体竞争力的总和。

可见，如果说质量是企业的“命根子”，那么商标品牌则是企业的“脸面”，须臾不可小视。

商标品牌建设“四两拨千斤”

商标品牌如此重要，然而一些创业者却常常“没想到、顾不上、不知道”，结果付出了沉痛教训。“皇茶”改名“喜茶”，根本原因在于没有及时查询该商标是否可以申请注册，也没有在使用前就申请注册商标。持续使用了多年的“皇茶”，一朝改名，原来积累的商誉几乎丧失殆尽。

事实上，消费者认识一家企业，通常从其产品开始，而记住一家企业，往往是从商标开始。商标是企业进入市场的名片，承载着品牌商誉和企业形象。像“盼盼”“伊利”“娃哈哈”“三只松鼠”等，已经深入人心、家喻户晓。

商品未动，商标先行。作为企业，应在统筹谋划研发产品的同时，一并统筹谋划加强商标品牌建设；在重视顶层设计和战略发展的同时，一并重视知识产权发展和人员配备；在加强产品质量和开拓市场的同时，一并重视加强商标品牌的布局和培育。

商标作为品牌建设的基石，经核准注册后，其优势和益处体现在实施积极有效的商标品牌战略，其基本路径体现在将商标注册规划作为品牌战略的逻辑起点，将商标使用作为品牌战略的基本路径，将商标权利维护作为商标品牌战略的根本保障。实践反复表明，商标品牌建设有效，可以“四两拨千斤”。

一是商标注册引领品牌创建。产品有了商标才能更好宣传推广和抢占市场份额，便于消费者认牌购物。拥有了商标专用权，在遭受商标侵权时，就可以依法维权。

二是商标注册赋能品牌升值。注册商标是质量的象征，大多数消费者认为使用了注册商标的商品或服务质量更可靠，容易增强信任度、积累美誉度，有助于增强竞争力，打开国际市场。目前，越来越多商场超市，特别是电商平台均要求销售的商品必须使用注册商标。

三是商标注册实现更多价值。经核准注册的商标，可对其价值进行评估，可通过转让许可给他人使用，可质押转换实现经济价值。同时，也是办理质检、卫检、条形码等必要条件，是申请国家免检、省市名牌、质量认证等前提条件。

总之，企业只有重视加强商标品牌建设，方可不断增强产品或服务的市场黏性，提升品牌影响力，助力产品或服务增值。诚然，商标品牌建设是一项长期系统工程，必须在抓好质量的前提下，持续用力、久久为功，才能打造更多立得住、叫得响、具有广泛认可度的商标品牌，助推企业发展壮大。

讲故事是品牌传播的最佳方式

故事，是指通过叙述的方式讲述一个带有寓意的事件，或是陈述一件往事，由于其语言生动活泼、耐人寻味，寓理于事、饶有兴趣，潜移默化、娓娓道来，令人难忘、备受欢迎。愚公移山、毛遂自荐、岳母刺字、三顾茅庐等，这些我们耳熟能详的故事背后，凝聚的是精神和文化，让世代找到认同，让文明得以延续。

纵观社会历史发展，在确保商品或服务具有优质品质的前提下，就其品牌传播而言，故事已成为传达价值的良好载体，善于讲故事无疑是品牌传播的一种最佳方式。尤其是在信息技术迅猛发展的今天，是否会讲故事、是否善于讲故事，影响着品牌传播的效果和效益，决定着品牌发展的生命和活力。

善于讲故事是一种本领和智慧

善于讲故事，是古今中外著名政治家、思想家的共同特点，更是中国共产党领袖的过人本领。习近平总书记就是善讲故事的大家。无论是会议发言，还是调研谈话，无论是出访演讲，还是撰写文章，他都善于以事说理、用事明理，用故事来打动人、说服人，用故事来启发人、引导人。在故事中，展现着“中国智慧”和“中国风格”。

习近平总书记讲自己在陕北插队时，听说一个知青有《浮士德》这本书，就走了30里路去借书，后来那位知青又走了30里路来取书。“30里借书，30里讨书”的故事感人至深、催人奋进。

在出访美国演讲忆及梁家河变化时，习近平总书记说，那时候，我和乡亲们都住在土窑里、睡在土炕上，乡亲们生活十分贫困，经常是几个月吃不到一块肉。我了解乡亲们最需要什么！后来，我当了这个村子的党支部书记，带领乡亲们发展生产。我了解老百姓需要什么，我很期盼的一件事，就是让乡亲们饱餐一顿肉，并且能够经常吃上肉……

一个小故事不仅让世人感知到了梁家河的今昔小变化所折射的中国发展大变化，也让世人体悟到了他不变的执政“初心”，更让人增强了对“中国特色社会主义事业”和“以人民为中心”这个“品牌”的认可和信心。

可见，人类天性爱交流，想要了解他人故事。故事具有跨越任何障碍，传递所需要植入对方内心情感的力量。讲故事，就是这样一种力量强大、历史悠久、在世界各地都普遍存在的人类活动。我们都是听着故事长大的。世易时移，人生人死，沧海桑田，但故事一直绵延不绝。记忆可以被抹去，故事却永恒。无论对国家、对企业还是个人，巧妙地应用故事通常都会取得事半功倍的效果。

讲故事的品牌传播效率更高

“故事”的力量如此巨大，作为知识产权重要组成部分之一的商标，其名称、标志的创造、运用、传播和管理等，更应在“讲故事”上下功夫。

谈起“宝芝林”，大家津津乐道。据说，黄飞鸿有一个叫伍铨萃的弟子，是文人出身，1892年中了进士，他曾经送给黄飞鸿两句诗：“宝剑腾霄汉，芝花遍上林”，而黄飞鸿在创办跌打医馆时就取了该诗两个开头的字和最后一个字作为医馆的名称，后来成为该医馆的商标品牌。

还有“钟牌414”毛巾，始创于1937年。当时，为了减轻外国不法企业对中国商品的欺压，保障老百姓的日常生活必需，中国国货公司老板李康年与人合资兴办了中国萃众制造股份有限公司。生产毛巾等物品，货号取“试一试”的谐音“414”，用意是请大家来“试一试”“使一世”。产品问世前，商标由厂方登报征集，在数百件征稿中选中一个用“萃众”二字拟成钟形标识，其含义是钟牌（萃众）产品，发之有声、声宏广传，一鸣惊人、广为人知。为了打开销路，厂方在电台、报纸、车站等各种渠道大做广告，在影片公司摄成“414毛巾”生产电影，在各影院片前放映，广告则用“柔软耐用，拔萃超众”八个字，给人留下深刻印象。

依云水，讲述了患有肾结石的法国贵族喝了此水奇迹痊愈，拿破仑三世及其皇后赐其名的故事，并挖空心思找到了唐朝李贺《河南府试十二月乐词·七月》“星依云渚冷，露滴盘中圆”和白居易《题王处士郊居》“半依云渚半依山，爱此令人不欲还”的诗句，使其更富诗意和文化附加值，成为一种高端与尊贵的“独特符合”。须知，高端品牌销售的是感觉和文化，是以商品为纽带传递给消费者的品质化、符号化的生活方式和梦想。不管消费者喝到的依云是否真正源自阿尔卑斯山，而一旦相信了依云的故事，消费者购买的就不再是商品本身，而是依云品牌200年的传奇，喝下去的是其背后的梦想，喝依云是在喝一种生活方式，促使其把矿泉水卖成了奢侈品。

“一股浓香，一缕温暖”，是南方黑芝麻糊在媒体宣传中营造的温馨氛围，深深感染着每一位观众；王石讲述了一个登山的故事，为万科节省了亿万元的广告费；香奈儿的创业故事，促使其成为时尚界一个举足轻重的品牌……

可见，讲故事就是传播，就是扬名。一个有好故事的产品，更容易畅销不衰，一个有好故事的人，更容易被记住，那些大量名人传记火爆的背后便是例证。这些，都是被我们忽略的心理学效应的反射。

讲故事需要讲究战术和艺术

自古，“东湖虽大无佳话，西湖故事传天下”。传统的“酒香不怕巷子深”的观念需要改变，好的商品和服务被更多人知道，才能创造更多财富。

善于讲故事，还要注重巧妙讲故事。讲故事，犹如带兵打仗，需要讲究战术和艺术，最重要的是坚持“三贴近”原则，即贴近实际、贴近生活、贴近群众。

从百姓日常生活或地域、人文、史书等方面的书籍上寻找灵感，包括从老人们口耳相传的典故、闲谈杂议中受到启发，从中取其名称或标志，是一些成功商标和品牌的源头。因为这可以让其品牌与一些事件或人物建立联系，容易让消费者用心去感受或联想到其品牌的形象和价值。

在故事中，要注重提炼归纳和概括，突出其价值引领，既要讲品牌成长的经历，也要讲品牌彰显的精神；既要讲发生在品牌方面的大故事，也要讲发生在品牌方面的小故事；既要讲品牌的老故事，也要讲品牌的新故事；既要讲具体事件，也要讲具体人物；既要注重故事升华，也要注重提供故事证据。针对不同场景不同群体，讲述不同的故事，真正让一个品牌故事，成为一张闪亮的名片，一扇美丽的窗口。

同时，笔者认为，中国元素和中国文化一直是世界舞台上耀眼的篇章。一个中国品牌，不用中文，而用英文，其实辨识度是不高的。对于本身就是中国故事组成部分的商标和品牌，无论是老字号还是现在命名的，都不应盲目崇拜大牌的光环，便宜又好用才是消费者下决心购买的关键，而朗朗上口、内涵丰富、美观醒目、广为传播才是商标品牌的优选。

“红双喜”是专业的运动器材品牌，成立至今有100多位中国乒乓球世界冠军用此球拍夺冠。1961年，当时为了筹办在北京举行的世乒赛，有运动员提出可不可以用中国的器材，得到了各界人士响应。1959年，上海有了红双喜这个名字。其寓意有两层含义，一是庆祝我国拿了第一个世界冠军，二是庆祝新中国成立10周年。

“65岁跌宕人生，75岁重新出发，85岁硕果累累，褚橙——褚时健种的冰糖橙，24：1黄金甜酸比。中国人喜欢的甜，是苦尽甘来的甜，是逆袭成功的喜悦。人生终有起落，精神终可传承”。褚橙通过广告讲述的故事，让人热血沸腾，重新唤醒了人们记忆中的那份感动。人们在购买褚橙时，已经和橙子本身没有太大关系，而是在向这种生活态度致敬，在向褚时健致敬。

家喻户晓的“华为”，取自“中华有为”。其品牌标志由图形和“HUAWEI”拼音、“华为”文字构成，是公司核心理念的延伸，体现出华为坚持以客户需求为导向，持续为客户创造长期价值的核心理念；灵动活泼，具有时代感，表明华为以积极进取的心态，持续围绕客户需求进行创新，为客户提供有竞争力的产品与解决方案；饱满大方，表达了华为稳健发展，更加国际化、职业化；在保持整体对称同时，加入光影元素，显得更为和谐，表明华为坚持开放合作，构建和谐商业环境，实现自身健康成长。华为的故事，吸引了全世界的目光，在助力其在成为民族品牌领军者的征途上发挥了重要而独特的作用。

基于以上案例分析，讲好品牌故事，可概括为“四种方法”。一是用故事传递价值。僵硬的品牌价值传递和道德说教很难让人心甘情愿地接受，通过故事情节来潜移默化地传递品牌价值就能起到“润物细无声”的绝妙效果。比如华为的“狼性文化”、谷歌的“自由文化”等，都是通过一个个品牌故事的积淀而赢得消费者信赖。二是用故事讲述情怀。吃到橙子，就想到了褚老，激发了奋斗信心，就会多买几箱送给自己和亲友，褚橙成为一种“励志橙”，让人吃出了人生百味。三是用故事展现历史。北京同仁堂是全国中药行业著名的老字号，创建于1669年（清康熙八年），自1723年开始供奉御药，历经八代皇帝共188年，其诚信品质、专业传承、强大的生存和发展力创造了一个又一个奇迹。四是用故事构筑梦想。皇明太阳能的故事告诉消费者：“我们卖的不是太阳能，而是蓝天和白云”；福特汽车故事的梦想是：“我们要让人人都拥有一辆汽车。”

讲好品牌故事，不仅要讲好品牌本身的价值，还要讲好经济价值、社会价值、文化价值，让品牌形象更加丰富，更加打动人的心智。实践表明，文学是故事的延展和加工过程。借助人文气息，让品牌与文学碰撞出更多内涵，与消费者建立更亲密的情感连接。在看得见的品牌中，让人感受到看不见的思想、文化和品位的力量。

总之，善于讲好商标品牌故事，善于传播知识产权声音，更好激活和释放知识产权的经济潜能，让中国品牌成为全球市场营销的主旋律，成为展示文明大国、负责任大国形象的主渠道，任重道远、意义深远，需持续用力、久久为功。

简析“沙县小吃”品牌运营之道

有段时间，有关“潼关肉夹馍”和“逍遥镇胡辣汤”商标纠纷事件，在商标品牌界闹得沸沸扬扬，引起社会广泛关注。表面上看，两者极为相似，但本质显然不同。潼关肉夹馍协会的问题在于，是想把作为集体商标注册的地理标志，变成普通集体商标来维权和使用；逍遥镇胡辣汤协会则相反，是想把普通商标当成集体商标来维权和使用，都犯了不该犯的认知错误和维权误区。

普通商标，又称一般商标，相对驰名商标而言，在商品和服务分类中共有45个类别。可以依法授权许可他人使用，收取合理费用，普通商标的商标所有权归申请注册主体所有；集体商标，是指以团体、协会或者其他组织名义注册，仅供该组织成员在商事活动中使用，以表明使用者在该组织中的成员资格的标志。集体商标所有权归集体成员所有，加入集体的成员均可使用，集体外其他人不可使用。地理标志，是指标示某商品来源于某地区，该商品的特定质量、信誉或者其他特征，主要由该地区的自然因素或者人文因素所决定的标志。相类似的集体商标有镇江香醋、安溪铁观音、西湖龙井、金华火腿、绍兴黄酒等，产品类别以具有地域特色的农作物为主。通俗理解，集体商标的作用，是为组织范围内的品牌背书。

“沙县小吃”，同样作为集体商标，为何遍地开花、名扬四海，却少有类似纠纷。从其发展壮大的历程看，知识产权在其中发挥了重要作用。其“一张大嘴”吃四方的品牌运营之道，值得学习借鉴。

隔行如隔山，但隔行不隔理。从野蛮生长到自主品牌，是大多数企业的发展路径。回顾盘点“沙县小吃”，从无到有，从小到大，从弱到强，从强到优的成长之道，不难看出其中亦走过弯路。比如初期，商标品牌意识淡化、IP战略不够清晰、人员组织不够健全、业务能力不够全面、使用管理不够规范、依法维权不够有力等。经过整改、追赶、升级，其运用“大嘴吃八方，还是这里香”卡通似的LOGO开疆拓土、攻城夺寨，今天的“沙县小吃”近十万家，营收超百亿元。笔者初步简要归纳以下六点做法，可圈可点。

其一，高度重视，深入开发挖掘。知识产权，发端于生活中随处可见的无形资源。沙县小吃历史悠久，源远流长，起源于夏商周、晋、宋中原黄河流域中华饮食文化，在民间具有浓厚历史文化基础，尤以品种繁多、风味独特、经济实惠著称。其传统文化、制作方法等一脉传承，延续至今，本身就是一座巨大的无形资源宝库。如食材来源、食材处理、美食制作、经营模式、店铺商号、装潢设计，乃至特色餐具、桌椅板凳和员工服饰等，都与众不同，蕴藏着无穷无尽的知识产权财富，有待全面深入系统地开发挖掘，运用不同的知识产权获取保护和使用。改革开放以来，在国家政策引领下，沙县政府、餐饮社团和小吃经营者等，不断提升思想认识，主动思考开发，全面深入挖掘，依法申请保护，逐渐形成了沙县小吃知识产权的“秘笈图”。

其二，提前布局，夯实权利基础。只有掌握在自己手里的东西，才能成为核心竞争力，知识产权尤其如此。1998年3月，沙县小吃获准注册相关服务商标；2005年，获准注册“沙县小吃同业公会及图形”集体商标；2015年，获准注册“沙县小吃及图形”集体商标；如今，沙县小吃已在全世界数十个国家和地区完成商标注册。现在，放眼各地大街小巷，绝大多数沙县小吃都共同采用或悬挂着一个类似于圆形百分比“吃豆人”的图案作为视觉标识，成为深入人心的沙县小吃形象。日益全方位、立体化的商标注册布局，有力彰显了一家地方小吃品牌从“小作坊、夫妻店”模式向品牌化、连锁化变化发展进程，助力沙县小吃由粗放经营到产业化发展、品牌化管理之路。

其三，建章立制，规范标准质量。小智治事，大智治制。2008年，沙县小吃同业公会联合行业专家策划起草行业经营标准以及外出经营主打品种的企业标准，先后制定《沙县小吃餐饮门店经营规范》等；2016年，《沙县小吃餐饮门店经营规范》修订为福建省地方标准面向全国发布；据介绍，三明市将进一步强化沙县小吃商标品牌体系建设，重新修订《沙县小吃集体商标使用管理规则》，明确沙县小吃同业公会作为商标所有权人履行法定的入退会审批办理和监督权责，沙县小吃集团公司履行日常质量管理、品牌推广运营、入退会审查、核发和缴销商标许可使用权证等具体商标使用管理权责。

其四，宽进严管，贴心服务扶持。集体商标的使用，关键是成员参与的广度深度和积极性。沙县小吃品牌规范化管理，发展初期秉承少收费、后收费等模式，以真心贴心暖心积极提供所需服务，帮助会员单位统一商标、统一技艺、统一形象，节约运营成本，提高服务实效，实现成功转型。同时，通过开办技能培训学校，开展技艺制作传承与保护，以实际行动彰显协会管理的黏性，使其加盟店越来越多，让发展参差不齐、经营各异的门店实现经营水平提升。

其五，宣传推广，加强品牌培育。培育一个好品牌不是一朝一夕的事情，商标注册只是基础前提，后期宣传推广更为重要。沙县小吃从挖掘提炼核心价值、增强传播能力、提升品牌质量等方面持续发力，使其不断增强品牌的知名度、美誉度。特别是通过政府、协会、会员单位等团结合作、多年运营，“沙县小吃旅游文化节”（每年12月8日）、“美食月”等一系列有深度、有影响力的推介活动，形成品牌效应，愈发深入人心，区域品牌等衍生价值不断提升。

其六，依法维权，守护正规形象。知识产权创造后，重在运用、保护和管理，依法维权是其重要内容。2006年，沙县成立“沙县小吃商标品牌维权办”，加强沙县小吃集体商标许可使用管理，每年组织人员深入全国各地开展商标维权行动，有效净化了市场，守护了沙县小吃品牌正规的形象。

在传承中坚守，在坚守中创新，在创新中保护，在保护中发展。如今的沙县小吃在知识产权保驾护航下，已迈上品牌化、标准化、连锁化、产业化、规模化、数字化发展的康庄大道，日益绽放出更加璀璨的光华。

从“一根鞋带”看莆田鞋企如何走向未来

好风凭借力，送我上青云。但假如借的是“歪风”，可能一时得势，占便宜，终究会埋下隐患，暗藏摔个大跟斗的危险。2022年，广受争议的“莆田鞋”，痛定思痛，浴火重生，决心以申请注册集体商标为新起点，走出“山寨”品牌阴影，走上自主品牌之路。此举，将映照出怎样的未来？笔者尝试从知识产权创造、运用、保护和管理的视角，作以分析和展望。

“一根鞋带”寓意深远

“P”落地生根、拔地而起，“T”向上延伸、指向远方，一根红色鞋带，串起“莆田”两字的拼音首字母。整体构思独特、设计新颖，简洁明了、飘逸洒脱，鲜艳耀眼、内涵丰富，既彰显了地域属性，也体现了行业特色，更寓意着莆田鞋业转型升级的决心和信心，让人印象深刻。

这是一件图形集体商标，由莆田鞋业协会申请，经国家知识产权局审核注册，核定使用在运动鞋、休闲鞋、旅游鞋、皮鞋等商品和服务项目上。从知识产权创造的质量上看，应为此件原创独创、充满智慧的商标点赞。

所谓图形商标，是指以图形形式区分商品或服务来源的标志。《商标法》指出，集体商标是指以团体、协会或者其他组织名义注册，供该组织成员在商事活动中使用，以表明使用者在该组织中的成员资格的标志。通俗讲，就是团体注册，成员使用，主要是为组织范围内的品牌背书。

“一根鞋带”获得法律授权确权，宣告莆田鞋业有了“新名片”，标志着其致力于将“贴牌”“高仿”“假冒伪劣”标签一步步清除，着手从“莆田制造”向“莆田创造”转变，开启穿自己的鞋，走自己路的新征程。其如何运用、保护和管理知识产权的探索，将对全国许多地区有着深远意义。

“一条大道”通向未来

实践证明，知识产权的创造、运用、保护和管理等全链条建设是一项长期工程，牵一发而动全身。知识产权作为无形资产，犹如企业的命根子，在企业发展中具有核心推动作用，没有知识产权就没有现代企业。在知识产权时代的今天，仿冒产品的生存空间越来越被挤压，“山寨”品牌已走到穷途末路。

事实一再表明，穿别人的鞋，走自己的路，可能走得快，却走不远，早晚会走弯路，绕远路。只有穿自己的鞋，走自己的路，才能走得远，走得稳。别人的鞋再好，穿十年、二十年，始终是别人的鞋。从红牛到战马，从华强北到莆田鞋，有技术有质量有销售渠道，就是没有品牌的悲剧，不止一次敲响了警钟。

亡羊补牢，犹未为晚。无论是莆田市政府，还是鞋业协会、鞋企等，在国家实施知识产权强国战略的新形势下，知识产权意识明显增强，思路清晰而坚定。据悉，未来“莆田鞋”将立足当下、着眼未来，采用“1+N”创牌策略，“1”指的是政府和协会统一引领、统筹，“N”是指各企业众创联销，在打造莆田鞋区域品牌同时，帮助有实力的企业孵化自主品牌。这种集体商标授权方式，一如当年的沙县小吃，可以让企业缩小打造品牌的成本。有了集体商标保驾护航，企业就不用单打独斗，还能集结各方资源，发展自有品牌，提升竞争力。

道阻且长，行则将至。自主品牌是企业发展绕不过去的一道坎，只要下定决心走出“山寨”，沉下心来打造自己的品牌，精心做好知识产权创造，高效做好知识产权运用，严格做好知识产权保护，科学做好知识产权管理，打通知识产权全链条，打造值得公众信赖的真品牌，莆田鞋企完全能走出一条通向未来的康庄大道。

笔者相信，假以时日，在“莆田鞋”集体商标品牌引领下，必将照亮新的国货之光，“让中国人都穿得起名牌鞋”一定会成为现实，一个关于中国鞋业成功转型的美好预言也一定会载入史册。

时间是最好的老师。新版“莆田故事”，值得拭目以待。

浅析如何防范注册商标“通用名称化”悲剧

商标是一个企业声誉的载体和生命力的体现，也是开拓市场的有力竞争武器，是重要的无形财产。然而，刀不磨会生锈，人不学会落后，已经核准注册的商标不规范使用也可能会被撤销，这里指的是变成了“通用名称”。

《商标审查审理指南》指出“注册商标成为其核定使用商品的通用名称，是指原本具有商标显著特征的注册商标，在市场实际使用过程中，退化为其核定使用商品的通用名称”。比如手机、拉链、尼龙、鲁锦、XEROX、摩卡MOCC、留声机、chapstick护唇膏、油毡、迪邦、电扶梯、thermos热水瓶、金俊梅、席梦思、雪花粉、氟利昂和圣塔泰雕、咖啡伴侣等。

所谓“通用名称”，是指表示某一商品或服务的种类或者型号的通常名称或者约定俗成的称谓，就是按国家标准、行业标准规定或者被公众普遍使用的名称、图形、型号，其中名称包括全称、简称、缩写、俗称等。作为一类商品或服务的统称，通用名称因不具有识别商品或服务来源作用，缺乏显著特征，而较难以被作为注册商标使用。

一个词汇若原本用来指代一类商品或服务，无法区分商品或服务来源，那么被禁止注册商标并无不妥。但偏偏有一些词汇，原本十分“显著”，也已经被核准注册为商标，只是“使用不当”“管理不善”“保护不力”“维权不当”等，随着人们越来越多地频繁使用，显著性弱化，却变成了指代同类商品或服务的普通名词，也就是“通用名称”，成为原商标权利人的“噩梦”。如何有效防范注册商标“通用名称化”悲剧发生，笔者尝试作以简要粗浅分析。

悲剧之过

商标注册后，在市场上广泛传播、使用，使其和产品或服务形成一一对应关系，并不断扩大影响力，提高品牌知名度。如此，原本无可厚非，也是大多数商家普遍做法。然而，如果方法不当，做得“太优秀”，也会给自己带来商标被淡化的风险。

“谷歌”，是一家非常成功的互联网公司，其商标注册后，成为世界上成长最快的全球品牌之一。2008年至2009年，谷歌的商标价值增长了25%。然而，随着“谷歌（Google）”一词的经常性使用，广告标语“我们谷歌得更好”随处可见，员工、代理商不知道如何正确使用商标，有的甚至将其商标用作动词或名词，对于错误的商标使用亦无应对措施。久而久之，其商标完整性逐步被淡化，失去独特性。2006年7月，《韦氏大学词典》将首字母小写的“Google”定义成一个动词而收入该词典，解释为“使用Google搜索引擎，在国际互联网上获得信息”。毫无疑问，“谷歌”已越来越成为公共资源。

“席梦思”，是美国人扎尔蒙·吉尔伯特·西蒙斯（Zalmon Gilbert Simmons）创造的世界上第一张弹簧床垫，并以其姓氏为字号创建了Simmons公司，申请注册为商标。20世纪30年代，Simmons公司在上海设立分公司，根据Simmons的发音取中文名“席梦思公司”。1998年电影《没事偷着乐》中，结婚的张大民为腾出婚房，安排老母亲睡在了“席梦思”床垫上，使“席梦思”得以广泛传播。随着“席梦思”床垫的家喻户晓，百姓已普遍认为席梦思指代弹簧床垫，而在现代汉语词典中，席梦思是西式弹簧床的泛称，弹簧床被直接称为席梦思。事实上，席梦思已构成约定俗成的通用名称。

“U盘”，是深圳市朗科科技股份有限公司（以下简称“朗科公司”）发明的一项产品，并申请了专利。1999年，他们申请注册了“优盘”商标。当时，整个计算机行业还没有“优盘”这一概念和名称。字母“U”与汉语中的

"优"发音完全相同，所以"优盘"商标在使用时根本无法与"U"盘名称相区分，显著性本身较弱。之后一段时间，加之管理不当，许多同业经营者、计算机从业人员、消费者等都把"优盘"用作了计算机移动存储器商品的通用名称。

"84"消毒液，是北京第一传染病医院（后改名北京地坛医院）研制的能迅速杀灭各类肝炎病毒的消毒液。因是1984年研制的，故取其名"84"肝炎洗消液，后更名"84"消毒液，是一种含氯消毒剂，核心成分是次氯酸钠，主要用于物体表面和环境等消毒，是杀灭新冠病毒的有效制剂，在2003年抗击"非典"疫情等公共卫生事件中发挥了巨大作用。但是，北京地坛医院没有及时申请注册商标，各地也出现了许多来源不同的"84"消毒液。在向多家企业技术转让许可合同中，该医院也未对"84"名称特殊约定，以至于"84"消毒液作为该类商品的名称被普遍使用，且各个受让企业在使用该商品名称同时，并标明了各自商标。后来，市场上仅凭"84"消毒液名称已不能区别该商品来源，导致"侵权"纠纷不断。最高人民法院在判决中认定，"84"成为消毒剂产品上的一个通用名称。

判定之据

在判断是否是约定俗成的通用名称时，首先依据《商标法》第十一条规定："下列标志不得作为商标注册：（1）仅有本商品的通用名称、图形、型号的；（2）仅直接表示商品的质量、主要原料、功能、用途、重量、数量及其他特点的；（3）其他缺乏显著特征的。前款所列标志经过使用取得显著特征，并便于识别的，可以作为商标注册。"之所以如此规定，一方面因为通用名称反映了商品的属性，无法起到识别商品来源作用；另一方面，若有某一主体将通用名称注册为商标获得专用权，将会造成公共资源被垄断、同行业其他经营者利益受到损害的后果。

其次，最高人民法院曾在《关于审理商标授权确权行政案件若干问题的规定》第十条指出，相关公众普遍认为某一名称能够指代某一类商品的，应当认定为约定俗成的通用名称；被专业工具书、辞典等列为商品名称的，可以作为约定俗成的通用名称参考。

同时，原则上还应当以全国范围内的相关公众的通常认知为判断标准，并注重其广泛性和规范性的特点。对由于历史传统、风土人情、地理环境等原因形成的相关市场固定的商品，在该相关市场内通用的称谓，亦可认定为通用名称。

实践中，在某件具体注册商标是否属于通用名称的判定上，相关权利人应把握该商标成为通用名称的时间点。《商标审查审理指南》指出“判断注册商标成为其核定使用商品的通用名称的时间点，一般应以提出撤销申请时的事实状态为准，案件审理时的事实状态可以作为参考”。因此，选择正确的程序和法律条款并收集相关证据，才能更好地实现其权利主张。

剖析之因

注册商标“通用名称化”，虽然是一个潜移默化的“温柔杀手”，但无风不起浪，事出必有因。剖析悲剧的发生，其原因是多方面的，既有企业缺乏专业人才等自身原因，也有媒体不当宣传等外部原因。概括起来，主要有以下五个方面的原因。

一是概念模糊不清。须知，一件商品的包装上，通常有商标名称、商品名称和通用名称、广告用语等多种标识，其作用亦各不相同，务必既清楚其各自的价值、意义和使用要求，又把握好其相互之间的联系，合法合理科学组合使用，使之相得益彰，而不是“两败俱伤”。

二是显著特征不强。商标的显著性是商标的根基与精髓。如果注册商标原本显著性不强，加之与其近似的商标比较多，则更易使消费者产生混淆。其核准注册之初，便为日后退化为特定商品的通用名称埋下了隐患。

三是使用管理不当。权利人缺乏清晰稳定的商标品牌战略，不了解不掌握规范的使用方法。有的直接把商标名称当成了商品名称来使用，且在商品包装上放大商标标识，而不与商品名称相联系，让消费者误认其商标名称就是商品名称；有的只注重高强度的广告宣传，提高商品的知名度，却忽略和降低了商标名称的显著性。如果其商品长期处于垄断地位，没有或少有同类商品与之竞争，则更易沦为此类商品的代名词。“iPad”就存在被消费者用以指代“平板电脑”的风险。以上案例，也大多如此。

四是对手恶意打压。同行业的恶意竞争，有时也会故意将其商标名称当成商品名称来使用，误导消费者将其商标名称当作商品名称而非商标。此时，商标权利人必须十分敏感、及时研判、果断应对。“吉普”，曾经作为越野车的一款品牌，就是因为同行业长期作为越野车的代名词使用，久而久之，消费者将二者一一对应，成为越野车的“通用名称”。

五是其他原因导致的淡化。行政部门、行业系统和各类媒体对其不规范地宣传和使用，不正确地支持和影响，同样会造成注册商标显著特征日渐淡化。如不加以及时应对，同样后患无穷。特别是在化学、电子、医药等领域，商品名称比较拗口，一般消费者只知道其别名。这些领域是商标淡化的多发地带，如“氟利昂”“阿司匹林”等。

应对之策

注册商标“通用名称化”，看似悲情无解，实则“有药可医”。只要加强商标品牌知识学习，健全综合管理体制机制，增强系统保护能力，从重视商标的选择、设计以及宣传、包装、使用和维权等做起，就能够防患于未然。

一是建立商标品牌战略。企业从创立之初就要充分认识到商标的重要性，设立商标部门，配备专业人才，全面谋划商标注册布局，制定运用、保护和管理等各类方案。创设商标前对其商品或服务的已有名称、通用化名称的评估、消费者的称呼倾向等深入调研，选择和设计显著性较强的标识申请注册，使商标与商品或服务定位匹配的同时，降低商标发展成为通用名称的概率。如要进军国际市场，则还需设计与之匹配的英文商标。

二是规范使用管理商标。权利人在商标使用过程中，一定要注重防范“三性两化”，即防范“模糊性”“贬损性”“曲解性”和“商号化”“动词化”使用。对内，可制定商标使用指南，对员工和代理商进行培训。对外，在推广使用上，既要进行广告投入，增强商标知名度，增加商标附加值，又要防止商标名称和商品名称的混淆；既注重在宣传推广中强化其作为商标的角色，又要在遇到商标侵权时，果断采取维权措施，切实预防“温水煮青蛙”，不断削弱和侵蚀商标显著性。尤其需要防止为图标新立异而过分强调商标、忽略特定的商品名称的广告，绝对不能贪图市场快速推广而用简单易记的商标替代专业复杂的商品名称进行宣传。新商品上市时尚不存在通用名称的，更应一并标注商标、商品名称。比如“不是所有牛奶都叫特仑苏”的宣传用语，就较好地避免“特仑苏”商标被淡化。同时，以主商标为中心设立系列商标，商品多元化发展，而不是随意扩展主商标的使用范围和任意授权他人贴牌。如果允许劳斯莱斯饭店和劳斯莱斯咖啡馆、劳斯莱斯裤子和劳斯莱斯糖果等存在，那么10年之后将再没有劳斯莱斯商标。因为在商标体系中，对某一商标的多重使用会破坏商标标识所具有的区别能力。

三是注重市场调查监控。保持敏锐的市场嗅觉，善于学习借鉴优秀商标品牌的使用管理经验，举一反三，提高商标使用管理效益。对商标的使用情况，及时进行市场调查和监控，一旦发现不良苗头和倾向，果断采取有效措施“查漏补缺”，完善管理，消除隐患。

四是把握主动积极维权。一方面可通过防御性注册商标扩大专用权的保护范围，有效防止其他竞争者试图在其他类别商品或服务项目上使用该商标进而分散其显著性；另一方面可主动创造通用名称，对于新商品而言，与其被动预防其商标淡化，不如未雨绸缪主动创造一个易懂易记的通用名称。同时，当发现市场有不规范和不依法使用自家商标时，要勇于制止，善于捍卫商标专用权。特别是当有同行大规模使用自家商标从事商业行为时，可视情集中进行诉讼，既能宣传企业、扩大影响，又能强化商标、维护权益。

总之，企业在使用商标的过程中，应尽量采取“××（商标）牌+××（商品名称）”的形式，在商品上注明正在申请注册的商标符号“TM”或已经核准注册的商标符号“R”，或者写明“××牌”，时时处处留意不给自家商标通用名称化的时间和空间。

疫情下逆势飞扬的商标品牌“六大招法”

一场突如其来的新冠疫情，各行各业都按下了暂停键，不少企业茫然不知所措。困难面前同时孕育机会，只有善于准确识变、科学应变、主动求变，方可化危为机。盘点疫情下逆势飞扬的那些商标品牌，了解最新的品牌升级趋势，对非常时期企业发展至关重要。本文仅以一家之言，浅显分析，供其参考。

其一，品牌升级、迎合喜好。《礼记・大学》中：“苟日新，日日新，又日新。”疫情常态化形势下，一成不变的商标品牌、宣传广告会出现加速老化和过时现象。勤于变化、不断革新的品牌尤显重要。每一次品牌升级，都是对过往的一次超越，也是对消费者忠诚度的体现，可谓牵一发而动全身。成功的品牌升级战略能吸引大众注意力、传递品牌精神，抢占用户心智，起到四两拨千斤的效果。分析其成功案例，有三个共性方法。一是紧跟时尚潮流趋势，设计风格上简洁，使其更具现代化和国际范。如杜蕾斯、宝马等，这些更新后的品牌LOGO，减少了原有元素，从视觉直观上更加简洁扁平化，多了现代化的美感和大气。二是延续原先IP元素，让品牌更多变，转向更年轻的客户市场。在品牌具有代表性和独特性的IP元素上进行深挖掘再加工，在原有认知基础上更加多元化，既能够顺利继承品牌资产，又能输出更多文化价值。比如伴随着移动支付方式兴起，支付宝的品牌LOGO经历了三次重大变革，但每一次变革都为消费者带去更加安全的支付体验和勇于创新的品牌印象。其疫情版LOGO，贴心暖心，既巧妙增加了品牌和公众的接触，又彰显了承担社会责任的担当精神，提升了品牌感知度。三是发展新的品牌战略，开拓新业务，包容性更高。让品牌快速进入更精确、更细分的领域，必须精准锁定消费群体，确立新的品牌战略，起步即获得竞争优势。比如全新的微信公众号LOGO，不再使用微信经典的对话气泡，而是改用三个绿色月牙状环绕组成的扁平化图标，原先的“微信公众平台”改名为“公众号”，对打造独立的品牌定位优势更加凸显。

其二，用爱赋能，增强美誉。无论大灾，还是小害。灾害面前，最需要的是爱。所以，每逢灾难发生后，第一时间要找到真实的痛点，善于用爱赋能，为品牌快速增强美誉度。比如漫长假期，无学可上，是许多家长的痛点。北京新学道教育集团董事长梁勇，带领团队主动克服各种困难，在为疫情中的学生开通线上课程同时，还将免费学习课程范围陆续扩展到全国中小学生。总校长郝少林带头开设“为女儿办学的爸爸”视频号，传播教学辅导，组织家校互动，分享读书体会和育儿经验等，很快成为网红教育博主。又如，一些企业积极捐款捐物，既是履行社会责任，也是升级品牌的有利契机。“茶活力”草本饮料，诞生在疫情常态化的2021年，对疫情带来的危害和影响感同身受，他们携手“水象公益”，先后向武汉、上海、深圳、北京等地方政府、医疗机构和广大志愿者，捐赠60多批次500多万瓶，价值4 000多万元的茶活力草本饮料。“爱心”的背后，让消费者看到了企业强大的生产、物流和组织等综合实力，使一款原本名不见经传的新锐品牌，很快赢得市场赞誉，塑造了良好品牌形象，如点点萤火，成燎原之势。中联天盛建设工程集团董事长张业庆带领广大员工，不仅为公司驻地捐赠大量防疫物资，还联合中联商会、孙店商会，为家乡捐款捐物近百万元，支持疫情防控和经济发展，让“居中联合，天予之盛”的品牌文化实至名归、声名远扬。

其三，发力线上，强化内容。疫情的影响，显而易见。对此，一些企业积极调整策略，优化渠道，做好内容，发力线上。面对新冠病毒，大众亟须相关知识。比如一直做科普视频的回形针团队，制作了一个名为“关于新冠肺炎的一切”的视频，3 000万+次观看，爆粉量几十万；又如太平鸟通过线上直播、春季特别折扣等“云购物”方式与消费者互动，探索多元的零售模式；再如拉夏贝尔围绕消费者的全场景社交互动体验，构建完善全渠道营销管理体系，一方面加大线上业务营销推广力度，满足特殊情况下的市场消费需求；另一方面，继续探索新的零售路径，包括且不限于微信营销、网络直播、会员营销等方式。

其四，勇于跨界，主动出击。面对市场突变，有的选择了彷徨观望、坐等转机，有的甚至怨天尤人、消极怠工。实践表明，只有挖掘需求，顺势而为，另辟蹊径，勇于跨界，主动出击，方可化被动为主动。比如新东方教育科技集团，面对疫情多发频发和教培“双减政策”等导致的多重困境，冷静应对现实挑战，理性分析现状前景，在妥善处理裁员、退还家长辅导费用、捐赠学生桌椅的同时，未雨绸缪，谋划转型，布局线上直播带货。俞敏洪一如既往坚守“老实人”风格，对每一件食品亲自品尝、对每一件物品亲自把关，树立了“东方甄选”不求数量重质量的品牌形象。又如，为了保障口罩等亟需产品的供应，江苏卡思迪莱服饰有限公司等纺织服装企业积极跨界，将生产线拉长至生产口罩、防护服等防护用品，在优先满足国内市场需求同时，还出口到韩国等国家和地区，既弥补了疫情造成的损失，又开拓了新的业务板块。雅戈尔、柏堡龙、红豆、水星家纺、华纺股份、报喜鸟等也都临时改线转产口罩、医用防护服、医疗器械等业务。市场监管部门信息显示，仅2020年1月，全国共有60多个行业超过3 000家企业变更经营范围，新增“口罩、防护服、消毒液、测温仪、医疗器械”等内容。三年多来，这些公司跨界发展，在一定程度上提高了自身应变、创新和研发等能力。

乐一享三®

其五，创新模式，开创先河。时代在发展，生活在变化，没有一成不变的成功模式。为配合疫情防控需要，中国石化北京石油及时推出并日益丰富“一键到车”业务，主动与小汤山、首农农场等主要蔬菜供应企业取得联系，利用加油站网点多、供应渠道快捷的便利，推出了“安心买菜”业务，为首都市民提供安全卫生快捷便利优惠的新鲜蔬菜。易捷超市则推出“不下车，不开窗；三天量，一整箱，一键送到后备箱”。看似意料之外，实则情理之中的好创意，既开创了企业运营先河，又收获了真金白银。

其六，换位思考，更有成效。任何时候、任何地方、任何企业，想顾客之所想，急顾客之所急，解顾客之所难，都是有效的经商之道。疫情下，百姓购物、做饭、聚餐等受到一定影响，而餐厅停业导致食材的处理成为新的难题。有没有两全其美之计？眉州东坡、海底捞、金狮麟等餐饮企业，一方面引导厨师、服务员转身售货员、快递员，当街销售食材或送菜上门，不仅展示了食材的选购标准，让消费者感受到品质讲究，而且借此进一步提升服务意识；另一方面平价甚至低价卖给周边潜在客户，既缓解疫情期间食材供应不足的难题，也履行了社会责任。比如，一些连锁餐厅利用公众号等自媒体主动宣传，让小活动大传播，向更多人展示品牌魅力。又如，西贝的贾国龙凭借诚实守信的经营态度、老乡鸡的束从轩手撕员工请愿信等，广受好评，品牌影响力大增。

事实再次表明，只要思想不滑坡，办法总比困难多。企业发展，实实在在为顾客解难、踏踏实实为员工着想才是硬道理。

疫情之下，竹叶青牌绿茶和自嗨锅牌自热食品，一个是老牌标兵，另一个是品牌新秀，前者密切与“健康”关联，后者密切与“便利”相关，都做到了销量不降反增。分析其原因众多，但以下几个方面，颇有代表性。

竹叶青峨眉高山绿茶，产自世界绿茶之源峨眉山的高山茶园。这里，终年云雾缭绕，恰到好处的光照和温度让竹叶青茶叶中茶氨酸、茶多酚形成黄金比例，营养价值远高于平地绿茶。加以传统文化的积淀与沿袭，竹叶青已不仅是高端绿茶领导品牌，更是人们在每一个平稳或坎坷之时，获得并传递慰藉与力量的情感符号。疫情之下，他们以“四招秘诀”迎接挑战、战胜难关，打响品牌升级战。

一是推出“非常时期，多喝竹叶青”广告。面对新冠病毒，提升免疫力是有效办法之一。国家卫健委发布的新冠防治营养膳食指导指出，“保证充足饮水量”，并提到“主要饮用白开水或者淡茶水”，对于一般人群防控也提倡饮用白开水和茶水。“神农尝百草，日遇七十二毒，得茶而解之”。绿茶药用已有4 000多年历史，有利于增强免疫力。竹叶青的孕育、生长等自然和人文因素，使其更具提升免疫力价值。

二是推出“高端茶叶、健康‘国礼’”产品。茶作为中国“国礼”，已超过1 500年的对外贸易史。对立足于高端市场的竹叶青来说，与茅台“国酒”角色类似。当健康与品质成为消费需求的中心，身兼“国礼”与“健康心意礼”双重属性的竹叶青，品牌层面的溢价优势，在疫情常态化下更加凸显。

三是始终坚持“精益生产、质量至上”。“雾锁千树茶，云开万壑葱，香飘千里外，味酽一杯中”，竹叶青集峨眉之精粹，只选择600—1 500米高山茶园，山地低温让茶叶更有风骨，有更多时间积累更多养分，叶绿素、氨基酸等营养物质含量明显增加，口感比平原茶更鲜爽甘醇。坚守“高山、明前、茶芽”三大标准，从第一颗茶芽选择开始，就具备奢侈品级别的精挑细选和茶文化千百年来的匠心内涵。“精益”不只在于原料，更在于工艺，每一盒竹叶青背后，都是现代科技与工匠精神的美妙结合。

四是始终坚持“特色战疫、担当作为”。危难之际，彰显本色。疫情突袭，竹叶青董事长唐先洪作出“三大承诺”，一对茶农不压价、不欠款，二对员工不裁员、不减薪，三对消费者保证春茶按时上市。同时，他们捐资200万元支援一线医疗建设，真心实意多方关心员工和顾客健康，引领全员参与扩展线上销售。通过上下齐心、多措并举，使“品牌力转化为企业免疫力”。

自嗨锅牌自热食品，是针对疫情下不便堂食和聚餐等新问题凸显，以及单身、独居、宅家等新场景增加，夜宵、加班、追剧等新经济出现，打造的一款新品。其掌门人蔡红亮和李世玲，作为知名品牌“百草味”的创始人，再接再厉、集智聚力打出“三套组合拳”，助力“自嗨锅”一经上市，便“三挡起步”，成为一匹“黑马”。

健康便利。他们把速食和火锅结合，推出健康又便利的“自嗨锅”牌自热食品，满足疫情下一人仍然能品尝美食的需求，同时帮助年轻人从厨房中解放出来，引领自热锅行业潮流。短短三四年时间，自嗨锅牌自热食品库SKU从2个做到了200多个，除了有颜、有料、有趣、有味的自热锅系列——自热火锅、自热汤锅、自热干锅、自热煮锅等，还有早餐粥、关东煮、螺蛳粉、牛排、蒸菜、复合调味料、卤味、冲泡饮料……完全覆盖人的一日三餐。

品牌时尚。其商标品牌名称，是从产品特点出发，契合消费人群和消费场景，让消费者跟它产生较强关联，可瞬间占领消费者心智。设计上，突出黑色粗体，呈现爆炸式形状，增强辨识度。整体感觉新颖独特、朗朗上口，易记易看易传播，似乎自带流量，天生具有“网红”潜质……在中国文化自信越来越增强的新时代，也适合了年轻消费者对国货新品牌的热情和信任。

整体塑造。他们以“自热火锅界真正的火锅”为核心理念，以“产品力、品牌力、渠道力”为核心竞争力，以“致力于为消费者打造健康放心的自热食品”为目标，以大众喜爱的哈士奇为原型开发多种萌态可掬的卡通IP形象，通过线上线下多渠道布局、多载体广告宣传、多场景营销推介等，其品牌迅速引爆行业、强势崛起。

疫情漫漫，困难重重，依然阻挡不了自嗨锅一路狂奔，在自热食品激烈赛道里，很快成为绝对的头部，把竞争对手远远甩在身后，成为名副其实“独角兽”。

茶叶产业品牌化发展的“六个重点”

茶，原为我国南方的嘉木，是一种保健饮品。茶起源于中国，从唐朝起，茶叶就是我国丝绸之路、茶马古道、万里茶路的核心商品，它穿越历史、跨越国界，深受世界人民喜爱。我国不仅是茶叶原产国，还是茶叶生产与消费大国。

2020年5月，联合国设立“国际茶日”，既体现了国际社会对茶叶价值的认可和重视，也为茶叶产业走向世界提供了契机。然而，当前茶叶产业品类多、品牌少，特别是卓著品牌少、小散品牌多的现状，制约着茶叶产业的发展壮大。未来，推进茶叶产业品牌化发展，有“六个重点”应引起关注。

第一，精准产品定位。自古有“神农尝百草，一日遇七十二毒，得茶而解之”的传说。虽然来自传说，可见茶和药的历史同样渊源，其存在源自强大生命力。茶叶产品定位，就是茶叶在消费者心目中的坐标位置，是自身技术、品质、渠道等多方面的综合反映，对形成独特差异性和顾客强黏性具有重要意义。如普洱茶，定位于降低血脂、减肥的辅助功效，其消费人群则针对普洱茶收藏者、爱好者、脑力工作和老年人等功能需求者；福建省福安市的坦洋功夫茶，专注于食用功能，具有提神消疲、生津清热之效，成为茶中上品佳丽；安吉白茶，聚焦在“珍贵”上，其源头来自宋徽宗赵佶《大观茶论》的观点和描述。绿茶、红茶、黄茶、清茶、白茶和黑茶六大类，各有千秋；茶名1 000多种，各具特色。因此，在市场日益细分化、品牌国际化大背景下，定位越精准，未来越可期。

第二，注重提升品质。过硬的品质始终是茶叶“内核”。现代工业讲究“精益生产”，传统茶行业同样离不开一个“精”字。竹叶青，集峨眉之精粹，只选择600—1 500米高山茶园，山地低温让茶叶更有风骨，有更多时间去积累更多养分。好茶须芽心，竹叶青只采鳞片舒展后的饱满茶芽，得以最大程度保留茶芽“鲜”和“嫩”。由于其坚守“高山、明前、茶芽”三大标准，从第一颗茶芽的选择开始，就具备了奢侈品级别的精挑细选和茶文化千百年来的匠心内涵。其实，不只在于原料，竹叶青在工艺上也是独具匠心，一方面坚持人工选茶，另一方面使用世界最先进精制设备，先后投入近亿元打造数条全自动生产线。可以说，每一盒竹叶青茶叶背后，都是现代科技与工匠精神的美妙结合。产于东岳泰山脚下的“茶之润物”，也始终坚守最新采摘、自然润物理念，满足消费者品一口地道新茶的愿望。

第三，丰富品牌内涵。品牌朗朗上口、独特新颖，具有文化底蕴、丰富内涵和艺术特征，且能够表明产品特征和使用方法、性能等，是产品畅销的前提之一。起名，显得尤为重要。为此，需要对企业形象、产品特点、行业特性、竞争对手深入研究。通常采用比喻法、暗示法、双关法、创词综合法等方法取名。这里仅举三例：一是从茶的特色中取名，像毛尖、太合香、香茗、香韵、香欣、馥郁、怡人等；二是从茶叶生产地区或主要特征中取名，如西湖龙井、六安瓜片、滇红、武夷岩茶、洞庭碧螺春等；三是从古代诗词或典故中取名，像取自“祥光浮紫阁，喜气绕皇轩”的皇轩、取自“寒塘敛暮雪，腊鼓迎春早”的叶迎春、取自“百花仙酝能留客，一饭胡麻度几春”的花里仙，给人或神圣高贵，或与众不同等韵味。其他还有以制茶工艺、采摘时间、动植物名称和香气特点等起名。

好的茶叶品牌名称，还要同时满足俗气、大气、才气标准。这里的“俗”，是指通俗的“俗”，不是“低俗”，而是立足民俗，通俗易懂，令人一目了然，一听便懂，易于口耳相传。如厦门“山国饮艺”，主要经营铁观音，消费者一看就知道其名称是从“三国演义”演化而来；这里的“大气”，是指茶叶承载的精神属性，迎合或引导现代人的精神追求，带给消费者“豁然开朗”的人生境界，促动消费者“怡然自得”的心灵感受。如云南“大益”，茶为健康之饮，以其绿色生态及富含对人体多种有益物质，被誉为21世纪的天然饮品，此为身体之“益”；茶为文明之饮，是修心养性、启迪智慧的媒介，此为精神之“益”；茶为和谐之饮，雅俗共赏，是人与人之间友好、文明交往的桥梁，此为沟通之“益”；这里的“才气”，是指茶叶是文化的载体，巧妙展示茶叶品牌浓郁的文化底蕴。如安吉“世外茗源”，令人联想到陶渊明笔下的世外美景，雅俗共赏，处处彰显其独特品质。

新中国第一枚茶叶商标——“红八中”，由当中艺术化的绿色“茶”字与环绕一周的八个红色“中”字构成，整体结构外圆内方，蕴含着红色中国生产的绿色茶叶畅销四面八方的美好寓意。凭借产业优势及过硬质量，“红八中”茶叶不负众望，实现了其商标设计所憧憬的远销四海八方，向世界展现了新中国的信誉和骨气，成为我国现代茶叶事业的第一张国字头“名片”。总之，讲好中国茶叶品牌故事，对于赢得市场、走向世界，犹如四两拨千斤。

第四，注册商标保护。商标连接着创新和市场，是品牌的主要标志和象征，是品牌获得法律保护的主要形式和载体。从商标申请注册方面看，截至2022年，茶叶商标注册量150多万件，已注册茶叶类地理商标400多件，商标马德里注册约1 000件。主要分为三种类型：一是普通商标，包括商品商标和服务商标。申请主体多元，可以是个体户、公司法人、社团法人等，申请类别多样，例如，茶叶商标在第30类，茶饮料是第32类，茶叶加工是第40类，如吴裕泰、天福茗茶、正山堂等。二是地理标志商标。地理标志，是标示某商品来源于某地区，该商品的特定质量、信誉或其他特征，主要由该地区的自然因素或人文因素所决定的标志，如日照绿茶、普洱茶、安溪铁观音、烟台绿茶等。三是集体商标和证明商标。集体商标，是指以团体、协会或者其他组织名义注册，供该组织成员在商事活动中使用，以表明使用者在该组织中的成员资格的标志。证明商标，是指由对某种商品或者服务具有监督能力的组织所控制，而由该组织以外的单位或者个人使用于其商品或者服务，用以证明该商品或者服务的原产地、原料、制造方法、质量或者其他特定品质的标志，如赣南高山茶、南城麻姑茶、崂山茶、安化黑茶、长清茶等。

注册是最好的保护，保护助力行稳致远。长期以来，茶叶商标侵权纠纷不断，既有假冒他人注册商标行为，也有未经授权使用他人注册商标行为，还有恶意抢注他人知名商标以及傍名牌等行为，既需要有关部门加大规制力度，也需要企业自身增强法律意识，在商标品牌创造、运用、保护和管理等全链条上未雨绸缪、提前布局，切实做好无形资产的保值升值。

第五，优化包装设计。一流的产品离不开一流的包装。一个精美别致的茶叶包装，不仅能给人以美的享受，更能引发消费者购买的欲望。设计者需要在充分了解茶叶的特性、地区的特征、企业的文化、市场的布局、消费群体的特点等因素基础上，合理选择包装材料，创意设计外观形象，增强特色文化韵味，全面体现茶叶质量、艺术水准、实用功能、人文精神等。因此，一个好的产品，在做好“里子”的同时，也要做好“面子”，内外兼优，方可引起共鸣。“贵客到，小罐茶”的广告语，就彰显了其注重礼仪的特色，其包装设计将茶叶与现代文明有机融合，实现“小罐是形，标准化是神”的核心价值，带给顾客“现代、时尚、科技、简洁”体验，让茶文化在新时代展现出新韵味。

第六，灵活营销推介。随着信息技术的发展，加之新冠疫情形势下带来的不确定性增加，茶叶品牌营销与渠道呈现多样化、跨界组合等趋势。一些实体茶叶店关闭，代之而来的是搭建多条线上、线下多元的营销渠道，以及与餐饮、酒店、文旅等行业的跨界合作。另外，产业联盟、品牌联合，是近年来兴起的一种新的营销推介方式，依托知名企业和品牌的各自优势加持，实现抱团取暖效果。营销推介，信心重建是关键，如果能去除不必要的中间环节和过度包装，让产品自身价值成为重心，使茶叶返璞归真，回归本源，让更多普通老百姓都能喝到健康茶、喝得起好茶，亦不失为一种营销推介策略。

互联网行业商标的“四个特殊”

互联网商业，与实体经济相比，具有成本低、形式活、易操作、快捷便利等特点，在现实生活中应用越来越广泛，特别是网红品牌的火爆，更加引人注目。其商标，相对于传统领域，亦具有许多特殊之处，这里的“特殊”，不是指“特权”，仅是指“特别、特点、特有”。本文从四个方面，做以浅显分析。

起名命名特殊

商标起名命名，具有鲜明的行业特色，意在发挥区分商品和服务来源的标识作用。互联网行业商标命名通常使用动物、植物、叠词、通用或描述性、时尚性、奇葩性等词汇，如天猫、拍客、美团、丰巢、饿了么、滴滴打车、蚂蚁金服、便利大本营……

实践中，要注意网络文学中有关名称、游戏公司开发的游戏名称等，一般情形下，其拥有在先著作权，未经权利人许可，不予核准作为商标注册，如植物大战僵尸、戮仙之城、帝国时代、异世邪君、巫神纪、邪风曲、偷天、神魔……

指定类别特殊

互联网行业商标使用指定类别，主要根据具体经营内容，由什么产品或从事何种服务等来确定，一般集中在第9类、第16类、第28类、第35类、第38类、第41类、第42类等。

比如提供互联网产品或技术服务方面，从事生产或开发影像数据、光学仪器、浏览器等商品，应在第9类上申请注册；从事电信服务的，应在第38类上申请注册；从事软件设计与开发、搜索引擎、云计算、质量认证等服务，应在第42类上申请注册。

又如依托互联网提供交易平台、商业信息服务方面，从事互联网广告、商业信息平台、网上商城、黄页等服务，应在第35类上申请注册。

确定核心类别与选择注册类别，主要从四个角度考虑。一是核心业务对应的类别，比如陌陌——社交、交友——第45类；二是产品形态或技术手段涉及的类别，比如UC——浏览器、带搜索功能——第9类、第42类；三是业务所涉及的相关产品，比如天猫——服装——第25类；四是适当扩展范围，比如360贷贷网、王者荣耀等使用类别，可紧跟自身业务发展实际需求，不断扩展类别。

使用范围特殊

网联网行业商标使用范围，主要集中在网站、PC端软件、APP及应用商城、搜索关键词、电商平台、手机游戏、游戏元素、直播带货、网络技术服务、企业管理咨询、自媒体运营等领域。

侵权判定特殊

依据《商标侵权判定标准》，互联网行业商标的侵权判定，因其自身与众不同的特点，亦有特殊之处，比如在商标的使用、类似服务和主观意图等判定上，与其他行业商标相关判定都有所不同，仅举四案为例。

一是，“微信”注册商标侵权案。腾讯公司在第9类“计算机软件”等商品、第38类“通信类服务”等项目上拥有“微信及图”和对应的“Wechat”商标，在相关公众中具有极高知名度。之后，某市微信食品股份有限公司将

“微信”登记为其企业字号，同时使用“微信食品WechatFood”标识开办多家餐饮店、线下商超、线上商城。腾讯公司将其诉至北京知识产权法院。后经审理认定，腾讯公司所拥有的权利商标为驰名商标，判决被告立即停止侵权，并赔偿1 029万余元。

二是，“美团”注册商标异议案。北京三快公司在第35类“为零售目的在通信媒体上展示商品；替他人采购（替其他企业购买商品或服务）”等服务上，享有“美团”注册商标专用权，且经过使用具有一定的知名度。之后，某天然美团电子商务有限公司在第16类上的“纸，木浆纸，卫生纸”上申请注册“美团”商标。北京三快公司对该商标提出异议，后经法院审理认定，诉争商标在纸等商品上的核准注册和使用并不会产生与各引证商标在“替他人推销”等服务上的混淆误认。同时指出，考虑到随着电子商务和经营模式多元化的发展，网络服务向线下实体经济发展亦存在可能，但“法律面前人人平等”，不能为了预留网络经济发展的空间而压抑实体经济，故对该公司异议不予支持。

三是，“嘀嘀打车”案。滴滴公司拥有第38类“嘀嘀”和“滴滴”商标专用权，指定使用在信息传递、计算机辅助信息等电信服务项目上；第35类“嘀嘀”商标专用权，指定使用在替他人推销、商业管理等服务项目上。后某公司基于软件信息平台向社会公众提供“滴滴（嘀嘀）打车”服务，并在提供服务的软件程序乘客端和司机端界面等处显著标注“滴滴（嘀嘀）”字样。滴滴公司起诉其侵权，后经法院审理认定，被告从事业务不属于信息传递、计算机辅助信息等电信服务，亦不属于替他人推销、商业管理等服务。同时，指出划分商品和服务类别，不应仅因其形式上使用了基于互联网和移动通信业务产生的应用程序，就机械地将其归为此类服务，应从服务的整体进行综合性判断，不能将网络和通信服务的使用者与提供者混为一谈，此案未构成侵权事实。

五二九七房管家

凌云光

四是，“块手直播”商标侵权案，北京快手科技有限公司诉某时代映像文化传媒有限公司开发运营的快手直播APP（后命名“块手直播”）侵害其快手商标专用权。一审法院审理认为，某时代映像公司未经许可将被控侵权标识作为涉案APP名称且在涉案APP账单支付页面使用“快手直播”字样，足以造成相关公众混淆。某时代映像公司接到侵权通知后，将快手直播APP名称改为“块手直播”，主观恶意明显，需向快手公司赔偿经济损失120万元。某时代映像公司提起上诉，二审法院判决驳回上诉，维持原判。

品牌联名的优势和劣势分析及注意事项

小罐茶联合故宫食品打造“奉旨喝茶”随享礼盒，以茶为切入点，辅以圣旨、玉玺和乾隆语录“君不可一日无茶”的设计元素，一改茶的老旧刻板，变得更时尚、更年轻，让喝茶变得更简单、更方便，随时随地、尽享茶趣，实现经典传统文化元素与现代生活的创新演绎。这种品牌联名的创新做法，引发人们热议和关注，收获积极的市场成效。

然而，随着市场营销方式的快速更迭、发展，越来越多形式新颖的品牌联名活动活跃于大众消费领域。人们担心过度跨界会透支品牌价值，稀释品牌资产。对此，围绕品牌联名的优势和劣势及注意事项，笔者简要分析，旨在抛砖引玉，供相关人士参考。

何谓品牌联名？

品牌联名是品牌之间创新融合的一种方式，通常指两个品牌在同一商品或服务上联合展示或在宣传活动中共同展示，也是指两个及以上的品牌共同打造出融合了各自品牌特性和文化基因的复合型新产品。商家旨在通过品牌联名，使不同品牌的标识元素、设计理念、审美态度乃至商品特性进行碰撞、融合，从而诞生更具创造力与畅销力的商品或服务项目，借助外力实现互利共赢。主要模式有以下几种。

一是商品整体品牌联名，联名方共同推出兼具各方商品特征的联名商品，并在联名商品上同时使用各方商标，均指示商品整体来源。此为传统的品牌联名模式之一，多见于服装行业。

二是商品组成部分品牌联名，一方将合作方的商品用作联名商品的原料、成分等组成部分，并使用合作方的标识，用以指示联名商品组成部分的来源，是“跨界联名”常用的模式之一。如钟薛高雪糕与泸州老窖白酒推出的联名款“断片雪糕”。

三是著作权品牌联名，一方将合作方的著作权用作联名商品的外观、包装等组成部分，并在商品包装或宣传中使用合作方名称用以指示著作权作者，或使用作品名称用以指示作品，进一步凸显IP价值。

四是专利技术品牌联名，一方使用合作方的专利、技术来生产联名商品，并在商品包装或宣传中使用合作方名称或者专利技术名称，用以指示商品整体的技术特征。如儿童服饰品牌安踏儿童与中国航天联名推出的“热返科技羽绒服”。

五是商品化权品牌联名，商品化权在我国并非法定权利，对其保护源自实践，通常包括对虚拟角色形象符号商业利用的保护，以及对自然人形象（姓名、肖像、声音等）商业利用所形成的财产利益的保护。使用合作方商品化权的联名模式，通常表现为在联名商品中使用合作方的姓名、肖像、虚拟形象符号等商品化权。如男装品牌海澜之家在2020年推出的“李小龙联名系列服装”，即为在服装上使用了李小龙姓名、肖像以及其所塑造的经典电影角色的特征等商品化权。

六是商业赞助品牌联名，一方因获得合作方的商业赞助，而在其提供的赛事、节目等商品或者服务中，使用合作方名称等标识，以指示赞助者。作为常见的市场营销手段，这种模式历史悠久。

也有的将其区分为品牌与非竞争品牌联名、品牌与竞争品牌联名、品牌与渠道品牌联名等模式。

品牌联名优势在哪？

品牌联名，其目的是在不同品类、行业或领域，运用创新性思维，找到双方联结点，更好刺激用户消费，实现互相成就互相推广，主要优势有以下几种。

一是提升品牌知名度。通过合作，让具有很高曝光度或关注度的一方，带动另一方品牌的高关注度，如大白兔与美加净合作，推出联名款的奶糖味润唇膏，有效提升消费者对老字号品牌的关注度。

二是创新品牌新形象。品牌跨度越大，结合点越新颖，带给对方品牌新的联想、感觉和故事，人们好奇心越强，购买的欲望越强烈，为品牌带来的转换率越高。实践表明成功的联名，好产品和好故事缺一不可。好产品应该在设计、功能、品质、价格四个方面达到平衡状态，成为顾客渴望拥有、愿意支付溢价，并且愿意花费时间去购买的产品。而好故事则是能够与消费者建立强烈的情感连接，产生共鸣，有很强的交互性。

三是借势借力借光。通过一方品牌市场领先的产品质量和性能带动另一方，赢得独特的功能或情感链接。如万宝龙与意大利高端轮胎制造商倍耐力合作推出限量联名款旅行箱，采用轻质材料外壳而非镁铝合金；倍耐力的“彩色轮胎”成分在旅行箱上清晰可见，体现了双方秉承的是对创新技术、卓著性能和设计之美的共同追求。同时在市场上，名人或艺术家等参与到品牌联名中，运用得当，给联名产品赋予多层意义标签，助推产品宣传亦会对品牌消费产生巨大的引导作用。

四是扩大市场覆盖度。通过合作，彼此引流把各自的顾客汇聚到一起，覆盖了双方的目标受众，在用户群体上形成互补，成为共同的顾客，如招商银行的个性联名卡QQ钱包卡等。

茶饮界的喜茶，曾与可爱多、盒马、回力等推出过联名产品。据介绍，他们看中的是与喜茶吻合的品牌价值观和社交属性。喜茶在品牌联名上的出发点不是盈利，本质上是品牌文化的输出。他们想要与消费者建立联系，所以寻找更多有趣的方式去呈现产品和品牌，提升品牌的丰富度和纵深感，实现各有所需。

品牌联名的劣势在哪?

任何事物发展过程中，既有优势，也必定会有劣势，关键是要全面分析、扬长避短。品牌联名中，判断不当、合作不力，亦存在以下劣势，可能造成对自身品牌资产的稀释。

一是盲目跟风，过度营销。品牌联名为追求高曝光度，使用同种手段过于频繁，很容易适得其反。寻找联名品牌一定要正确认识自己的核心目的，选择合适自己的合作伙伴，通过多元创新性的方法做营销，避免只做表面文章，把联名当作噱头。

二是忽视产品品质。联名产品往往是品质和创意的结合，一些产品往往将创意点和设计表现作为重点而忽视对于品质的关注。如果质量存在问题，消费者也不会为情怀买单。

三是制约原创性创新。原创能力是企业核心竞争力。目前市场上很多联名产品相互依赖性较强，缺少创新设计，只是对两个品牌代表符号的简单复制，甚至同类产品之间出现了抄袭现象，缺少原创性、独创性。

四是品牌核心价值观缺失。联名建立在对品牌核心价值有正确认识的基础之上才能收到好的效果，为联名而联名只能是急功近利，适得其反。联名应该以消费者为核心，审美为先导，品质为保障，用创造性的手段，做好产品，讲好品牌故事，传递品牌核心价值观，才是吸引顾客。

品牌联名注意事项

任何商业行为和营销模式，无论多么新颖、多么具有创意，通常着眼于有形利益。品牌作为一种无形资产，亦是一种重要的利益。品牌要做好联名，首先要弄清联名的核心特质是什么，尤其需要谨慎评估双方的合作是否对某方的品牌资产造成弱化、丑化和退化等不利影响。

为此，从法律的视角分析，品牌联名必须基于特定的知识产权许可行为而合作，与传统的知识产权许可行为有所不同，品牌联名更侧重于通过联名合作带来更具营销力的品牌效应，这也决定了其商标是否为核准注册商标。由此，在商标法律体系下分析品牌联名相关法律问题，有两项基本的适用前提。

一是联名品牌的商标是否经过国家行政部门授权确权，具有某一商品或服务项目的专用权。

二是品牌联名中的全部或部分行为，是否构成在商业活动中用以识别商品来源的商标性使用行为。同样是著作权品牌联名，有些对于作者名称的使用，不会构成商标性使用，仅为署名行为；有些使用方式，则会使得消费者以此来识别商品来源，构成商标性使用。

比如，央视《朗读者》节目赞助商——白酒品牌青花郎在2021年推出了“青花郎 × 朗读者”联名款白酒，并在瓶身多处标注了“朗读者”字样。此种使用方式，具有被认定为构成在酒类商品上对“朗读者”进行了商标性使用的可能，因此，为避免可能存在的侵权风险，最佳的做法为事先检索“朗读者”栏目是否在酒类商品上拥有“朗读者”注册商标权，若无，则应评估相关侵权风险。

实践中，稳妥起见，双方应在法务部门共同审核下，参照商业惯例，以明确的合同条款，对联名商品及宣传中所涉及的各类标识的使用方式进行详尽规定，约定对应的违约责任。当相关使用方式较为新颖，具有一定创新性，则应当审慎对待，必要时委托专业的法律机构评估风险。具体联名中，应把握以下两点。

一是合作控制在一定范围内。谨慎评估，不能过频。过频的品牌联名可能带来一些负面效应，会让消费者觉得品牌不够严肃，会损害品牌的真实性，改变品牌本身的意义。

二是合作控制在一致层面上。合作是基于能力和优势互补，企业获得有形收益的同时，要注意对品牌资产是否造成不利影响，包括品牌地位反差、品牌联想冲突、品牌价值观不融、品牌个性差异等，否则会适得其反。

品牌联名创新思维

品牌有内涵，创新无止境，联名潜力大。未来做好品牌联名，仍需开动脑筋，有四种方式值得探讨。

一是从短期合作走向长期联盟。创立新的价值共同体，以合资公司或联合品牌的形式存在。合作双方的品牌名称同时出现在组织名称中或新产品上。

二是从“前台”走向“后台”。合作不仅仅是基于品牌资产层面的相互利用，而是通过品牌所拥有的能力和资源的互补，在运营管理的各个可能领域给对方带来新的优势和突破可能。

三是从“正向”走向“反向”。洞察消费者需求，将其与产品匹配，进行联名产品定制。比如京东通过自身海量大数据发现，单身女性消费者对个人护理产品的需求与计生用品的需求有着密切联系，于是促成了高洁丝和杜蕾斯的合作，推出“日日月月”礼盒套装，掌握用户数据并且拥有对其分析的能力是实现反向定制的关键所在。

四是从“商标”走向“知识产权”。商标作为知识产权“三驾马车”之一，随着时代的发展，知识产权延伸出非常广泛的含义，可以是一本书、一个故事、一个卡通形象、一座博物馆，甚至是一场营销事件。知识产权与粉丝间黏性强，它传达着某种信仰或精神品质，能够促使用户主动连接。比如迪士尼在全球授权推出了服装、玩具、食品、文具、出版、电子产品、家居装饰等7大类消费品。而品牌与知识产权联名，是在获得知识产权授权的前提下，开发出同时带有品牌方与知识产权方要素的产品。

总之，关于品牌联名的优势与劣势及注意事项，需要科

学合理把握，因时因地，因商品或服务项目制宜，但需要牢记的是，真正的品牌远不是靠一两次联名操作就能成功的，也不是一两次联名、一两次出圈就能一劳永逸的，而是需要用产品占领用户心智，稳扎稳打，一步一个脚印，靠时间慢慢沉淀品牌资产。因为不管营销的花样玩得多么绚烂出彩，产品和服务质量才是赢得消费者长期认可的根本。否则，即使招来客人，最终也留不住客人。

一位文学青年眼中的著作权与商标权

2022年4月26日，是第23个世界知识产权日，三天前则是第27个世界读书日。读书日设立目的是推动更多人阅读和写作，希望所有人都能尊重为人类文明做出过巨大贡献的文学家、科学家、思想大师们，保护其知识产权。可见读书、著书和知识产权工作联系紧密，渊源至深。

作为一名文学青年，平时喜欢写些文章和随笔、漫记。一个不恰当的自我定位是，在知识产权领域我是比较喜欢写作的，在写作队伍中我是比较了解知识产权的，致力于用通俗化大众化形象化的方式普及知识产权法律法规。世界读书日和世界知识产权日之际，亦引发关于著作权与商标权的点滴思考。

《著作权法》是调整人们在从事文学、艺术和科学作品的创作、传播、利用过程中所发生的各种社会关系的法律规范的总称。全文共六章61条。权利人享有发表权、署名权等17种以上权利，同时列举了未经著作权人许可，发表其作品的等侵权行为，应当根据情况，承担停止侵害、消除影响、赔礼道歉、赔偿损失等民事责任。

《商标法》是调整因商标的构成、注册、使用、管理和保护等过程中所发生的社会关系的法律规范的总称。任何能够将自然人、法人或者其他组织的商品与他人的商品区别开的标志，包括文字、图形、字母、数字、三维标志、颜色组合和声音等，以及上述要素的组合，均可以作为商标申请注册。第三十二条“申请商标注册不得损害他人现有的在先权利，也不得以不正当手段抢先注册他人已经使用并有一定影响的商标”。其中他人现有的在先权利，就包括在先著作权。

两者相同之处是，都属于知识产权的范畴，属于智力劳动的成果，是权利人的无形资产，具有转让、许可、质押等知识产权共有权利。

不同之处体现在六个方面：一是权利主体方面，著作权主体既可以是公民个人，也可以是法人或非法人单位；商标权主体主要是法人，或者个体工商户。二是权利的取得方面，著作权的取得一般自动产生，商标权的产生需要国家行政机关的确认。三是在权利的标的物方面，著作权的标的物为文学、艺术和科学等作品，商标权的标的物为使用商品或服务的商标。四是在权利的独占性方面，著作权中两人分别独立完成同样的作品均可获得著作权，商标权则具有排他性。五是保护期限不同，商标具有10年保护期，到期后可以续展；一般情形下，自然人的作品发表权等保护期是笔者终生及其死亡后50年，法人或者非法人组织的作品、著作权由法人或法人组织享有的职务作品，其发表权的保护期为50年。六是保护的强度不同，特别是在侵权纠纷中，相同情形下商标权的索赔金额相对较大。

当前，随着文学创作的繁荣和影视剧的热播，作品名称和著作人物姓名注册商标的价值也水涨船高。影视著作人物姓名，既有真实人物姓名，也有虚构和虚拟人物姓名。

法律对于商标注册有明确规定，不得损害他人现有的在先权利，也不得以不正当手段抢注商标。在用作品名称和影视著作人物姓名申请注册商标时，关键是要看是否获得授权，看是否具有知名度和影响力，看是否与权利人建立有稳定的一一对应关系，看是否具有区分商品和服务来源的显著特征。同时，还要分析其指定使用的商品和服务类别等。

比如，“陆小鸡”是古龙作品中人物角色陆小凤绰号，“风四娘”“江小鱼”“宋甜儿”是古龙作品中人物姓名；“张无忌”“蓉儿”是金庸作品中人物姓名。古龙、金庸作为一代武侠小说巨匠，其笔下的江湖既是深入人心、流传之广的文学经典，更是有着较为持久的影响力。又如，“皮皮鲁”是我国当代著名童话作家郑渊洁创作的《皮皮鲁和鲁西西》作品中的角色姓名，申请指定使用在第5类人用药、牙科用药等商品上。诸如此类著作中的姓名商标，未经作者授权同意，将其作为商标申请注册易产生不良影响，一般情形下，应予以驳回。

当然，一方面强调对作品名称和影视著作人物姓名著作权的保护，另一方面也要注意防止侵害社会公众对公共文化资源的合理利用。实践中，并不是所有的作品名称和著作人物名称都可以用商标权来保护，主要还是看其是否具备作为商标的属性，比如独创性强不强、显著性强不强、知名度高不高等综合因素。

然而，在众多商标品牌中，取自古诗词和各类著作中的经典词汇比比皆是。如金缕衣——唐朝女诗人杜秋娘的“劝君莫惜金缕衣，劝君惜取少年时”，金子做的华贵的衣裳；比翼鸟——“在天愿作比翼鸟，在地愿为连里枝”，等等，不仅好听悦耳、朗朗上口、过目不忘，而且具有诗意性、联想性、暗喻性，有助于品牌宣传推广。

戏说《狂飙》如何运用无形资产助力“狂飙”

2023年，一部紧贴时代、礼赞人民、彰显正义的电视剧《狂飙》，正如它的名字一样，在影视剧的大潮中一路“狂飙”，好评如潮。各种评论、分析，让人目不暇接，角度不同、结论有异。火热的背后，笔者进行了冷静理性的思考，试着从无形资产运用的视角，作以浅显研究，旨在抛砖引玉，为未来影视剧的创作、拍摄提供一点借鉴。

所谓无形资产，有自然属性和社会属性之分，以“知识”产权化的知识产权属于社会属性的无形资产，也有人将其列为虚拟经济范畴。知识产权，英文为Intellectual Property或Intellectual Property Rights，简称IP，原意为“知识（财产）所有权”或者“智慧（财产）所有权”，也称智力成果权。

根据《民法典》规定，知识产权属于民事权利，是指公民、法人或者其他组织对创造性的劳动所完成的智力成果依法享有的专有权利，受法律保护，不容侵犯。以“无形”来概括知识产权客体的本质特征，以“财产”说明客体的经济效益特点，很好地解释了知识产权客体的特点。知识产权是一种私权，是与物权、债权等相并列的一种民事权利，具有独占性、地域性和时间性特征。因此，知识产权从本质上说，是一种无形财产权，是科技、经济和法律相结合的产物。

可见，无形资产是一种无形财富，是指企业拥有或者控制的没有实物形态的可辨认非货币性资产。没有物质实体，而表现为某种法定权利或技术，主要包括专利权、商标权、著作权、特许权、商业秘密等以知识产权为核心的资产，其他还包括诸如一个人的人品、知识、信誉、声誉、能力、人脉等隐性元素。

纵观《狂飙》的成功，其中一点，就是得益于剧中有意无意运用了大量无形资产，令人深思、给人启发。

剧名来历寓意深

“人无名无所立，物无名无所易”“名不正则言不顺”“名可名，非常名。众妙之门，玄之又玄”。可见，人名对于人品，商标对于商品，剧名对于剧作，声誉载道，情理相通。就像一个人终其一生珍惜自己的名誉，一件商品的质量和价值寄托在这件商品的标识上一样，一部电视剧的火热程度更多与剧名密切相关。剧名，无可置疑成为影视剧中首先耀眼的一颗“星”。

谈到《狂飙》剧名的来历，导演兼编剧徐纪周倍感自豪。他介绍道，起初考虑了多个剧名，都不是太满意。反复思考中，从毛主席1930年创作的一首《蝶恋花·从汀州向长沙》中受到启发。

原文“六月天兵征腐恶，万丈长缨要把鲲鹏缚。赣水那边红一角，偏师借重黄公略。百万工农齐踊跃，席卷江西直捣湘和鄂。国际悲歌歌一曲，狂飙为我从天落”。当时，毛主席和红军在攻城中损失惨重，此文写出了撤围退军时，广大工农群众革命的热情和昂扬的斗志。

词意和本剧主题十分吻合，充分体现了在扫黑除恶战斗中，广大干警雷霆万钧、雷厉风行的英勇作风和毅力，以及我们党刮骨疗毒、自我革命的坚定决心和意志。

强盛崛起有巧力

剧中人物高启强从一介渔夫变身黑老大，有社会环境、个人野心等因素，更有其巧用各种软实力的本事。

其一，高启强从拘留所回到旧厂街，他巧借安欣开车送他的机会，向他人表示安欣是自己的“朋友”。之后的几次接触，他进一步通过“说悄悄话”“拍肩膀”“一起吃饭”等显示两人的亲密程度。无形中，他巧妙地“借势”，利用了安欣的身份和声誉、名誉，为自己“撑腰打气”，立起了自己有“后台”的个人IP。

其二，高启强在得知弟弟想做小灵通的生意后，从不同意到同意，支持弟弟办理电信经营许可手续，得到了法律的保驾护航，使他们合法垄断京海小灵通生意，“商业壁垒”助力他们赢得生意“开门红”。

其三，高启强有了一定实力后，要洗白自己，必须正正规规做生意，他从自己和弟弟高启盛名字的尾字中取名，成立“强盛”集团。公司名称，标识性强，既朗朗上口，又寓意深刻，彰显了他对企业发展的高瞻远瞩和深谋远虑。

衍生 IP 价值大

剧中安欣的一句话，做生意就像打仗一样，一定要多读《孙子兵法》。高启强视为“宝典秘籍”，当成“枕边书”。剧目的播出，同样带火了《孙子兵法》以及《狂飙》同名小说、有声剧等，购买量、阅读量日益暴涨。

剧中拍摄地江门，多处取景地——蓬江长堤历史文化街区、江海区政府大楼、新会人民会堂等，也吸引着越来越多的游客，到此“打卡”留念，可谓“看了一部剧，爱上一座城”。

剧中小吃“猪脚面”，因为家庭的贫穷，妹妹吃肉、弟弟吃面、哥哥喝汤，一幅兄弟姊妹情同手足、相依为命的场景，感人至深、催人流泪，引发了众多粉丝品尝一碗“猪脚面”的人生愿望。

事实证明，无形资产与经济效益、社会效益等，不是加法关系，而是乘法关系。一部影视剧创作之初，就要把无形资产的挖掘、创造、运用、管理和保护贯穿到拍摄、播出等全过程，组建专职或兼职无形资产管理团队，配备专业人员，跟进做好事前、事中、事后服务，倍加珍惜与维护自身IP。真正像重视有形资产管理一样，重视无形资产管理，在管理科学性、思想性和艺术性的实践升华中追求可持续发展价值。

保护——商标品牌之争

保

共同守护英烈的名誉荣誉

2021年5月1日是《中华人民共和国英雄烈士保护法》（以下简称《英烈保护法》）施行三周年。各项制度机制正在发挥作用，法律实施取得了良好的社会效果。

近年来从丑化恶搞董存瑞和叶挺等英烈形象，到某理发店张贴“我要的是桂纶镁，出来的是刘胡兰”的广告语；从质疑雷锋事迹，到抢注见义勇为献出年仅28岁宝贵生命的原某部军官孟祥斌的名字“梦祥斌”和“清澈的爱”商标……少数人肆无忌惮、毫无底线，亟须重拳出击、综合治理。为此，笔者呼吁，应在“三个方面”进一步加大管理力度。

进一步加大宣传引导力度。《英烈保护法》是有效惩治歪曲历史事实、诋毁亵渎英雄烈士等各种行为的法律依据。新闻媒体要结合庆祝建党100周年等重要时间点、重要事件，采取灵活多样的方式方法，向社会公众广泛宣传英雄烈士保护法，在广大民众内心形成法律预警和后果认知，不但“知其然”，而且“知其所以然”，推动营造“保护英烈人人有责”的浓厚氛围。

比如“第二十二条　禁止歪曲、丑化、亵渎、否定英雄烈士事迹和精神。英雄烈士的姓名、肖像、名誉、荣誉受法律保护。任何组织和个人不得在公共场所、互联网或者利用广播电视、电影、出版物等，以侮辱、诽谤或者其他方式侵害英雄烈士的姓名、肖像、名誉、荣誉。任何组织和个人不得将英雄烈士的姓名、肖像用于或者变相用于商标、商业广告，损害英雄烈士的名誉、荣誉。公安、文化、新闻出版、广播电视、电影、网信、市场监督管理、负责英雄烈士保护工作的部门发现前款规定行为的，应当依法及时处理”。

“第二十六条　以侮辱、诽谤或者其他方式侵害英雄烈士的姓名、肖像、名誉、荣誉，损害社会公共利益的，依法承担民事责任；构成违反治安管理行为的，由公安机关依法给予治安管理处罚；构成犯罪的，依法追究刑事责任。”

进一步加大依法惩处力度。无论是《商标法》，还是《广告法》等法律法规，最基本的要求是必须遵守诚实信用原则。傍英烈、谤英雄，恶意用他们的名字、声誉当摇钱树，是一种投机心理，一种违法行为。只有将聪明才智用在树立和提升自身商品及服务质量上，才能真正打造过硬品牌，否则终究是得不偿失，竹篮打水一场空。

英雄烈士的名誉尊严不受侵犯，是法律划定的红线底线。要进一步加大英烈权益保护力度，对侵害英雄烈士名誉荣誉的案件依法从快从严办理，惩处相关违法犯罪行为，坚决捍卫英雄烈士名誉荣誉。对侵害英雄烈士姓名、肖像、名誉、荣誉的行为，依法提起民事公益诉讼，坚决予以打击。

进一步加大综合协调力度。贯彻实施好《英烈保护法》不是一朝一夕的事情，不是一个部门一个人的职能。退役军人事务部门、军队有关部门、宣传部门、司法部门、商标注册部门、知识产权保护部门和市场监管部门等，需进一步加强协调配合，形成工作合力。唯有综合施策，勠力同心、久久为功，才能有效遏制和严厉打击侵害英烈名誉荣誉的行为。

一个有希望的民族，不能没有英雄。《英烈保护法》是一部饱含着广大人民群众对英雄烈士深切尊崇和缅怀的法律。需要人人学习了解，形成思想自觉和行为自觉，共同守护英雄烈士清澈纯净的姓名、肖像、名誉和荣誉，让伟大的英雄精神代代相传、生生不息，激励新时代官兵为强军兴军作出更大贡献。

“傍名牌”被罚5 000万元的启示①

注册商标最根本的目的是受到法律保护，最基本的要求是必须遵守诚实信用原则。

2021年3月，北京小米科技有限责任公司（以下简称“小米”）等与某奔腾电器有限公司（以下简称“奔腾公司”）等侵害商标权及不正当竞争纠纷案引发广泛关注。注册商标“小米”，遭该公司“小米生活”侵权而获赔5 000万元人民币。那么，文字商标侵权如何判定？

“小米生活”注册商标“撞车”“小米”

小米诞生于2010年4月，随着在智能手机和家居等领域的持续发力，以及在知识产权领域的科学规划和布局，小米迅速抢占市场份额。

2011年4月，小米申请注册了“小米手机”“小米”商标，核定使用在第9类“便携计算机、计算机游戏软件”“手提电话、可视电话、手提无线电话”等商品上。之后，小米陆续在第35类广告宣传、第38类电话业务、第42类技术研究、第11类暖器、第45类交友服务、第14类手表、第37类手机维修、第42类工业品外观设计等商品和服务项目上，申请注册了“小米”“米家”“小米手机”“MI”“MIUI”“小米之家”“米家生活”“紫米”“黑米”“红米”“智米”等数千件商标。

树大招风，随着小米市场份额不断扩大，知名度越来越高，“小米”商标品牌也不断升值，引发少数企业“蹭热点”“傍名牌”的投机心理。

其中电子配件生产厂商某奔腾公司就蹭上了热点。2011年11月，该公司

① 竹雨君：《“傍名牌”被罚的启示》，《企业管理》2021年第7期。

申请注册了“小米生活”商标，2015年被核定使用在“电炊具、热水器、电压力锅”等商品上。

2018年，“小米生活”注册商标被原国家工商行政管理总局商标评审委员会以系通过不正当手段取得注册为由，宣告无效。2019年北京知识产权法院驳回该公司的诉讼请求。

此外，其注册的90余件商标中，不仅多件与小米的“小米”“智米”商标近似，还与“百事可乐（PAPSIPAPNE）”“盖乐世”“威猛先生”等知名商标品牌相同或近似。

商标专用权作为民事权利，只能属于授权确权者一方，“小米”与“小米生活”虽在市场上并存了近10年，并不能“哥俩好”。

“小米”作为驰名商标，具有较高知名度、美誉度和市场影响力。虽然“小米生活”注册商标被无效宣告，但某奔腾公司依然使用此商标，通过多家电商平台线上销售侵权商品。

其网页展示的侵权商品不仅种类多、数量大，侵权规模大，多数商品还被市场监督管理部门检测为不合格产品，部分用户亦反映被诉侵权商品质量存在问题。此外，不仅是产品包装设计，该公司的宣传语、推广策略等全方位地模仿小米，恶意攀附小米品牌价值，最终引起纠纷。

法院认定某奔腾公司等实施的商标侵权行为导致小米声誉受损，以侵权获利额为赔偿基数，按照三倍确定赔偿额，予以5 000万元处罚。

判决全面阐述了认定惩罚性赔偿的“恶意”“情节严重”要件以及确定基数和倍数方法，既考虑到被诉侵权商品销售特点，又全面分析了影响惩罚倍数的相关因素，确定了与侵权主观恶意程度、情节恶劣程度和侵权后果严重程度相适应的倍数，体现了严厉打击严重侵害知识产权行为的导向。

这是近三年，国内已公开商标侵权生效判决中的最高赔偿额，是一起明确适用惩罚性赔偿的典型案例，对行业内的商标权益纠纷处理具有指导意义。同时，“小米”与“小米生活”一案也提醒消费者，认牌购物时需明察秋毫，理性消费。

文字商标相同和近似的侵权判定

2020年6月，根据《商标法》《商标法实施条例》的有关规定，国家知识产权局制定印发了《商标侵权判断标准》，成为商标侵权判定的主要依据。其中，关于文字商标侵权判定，以下内容有必要了解。

“第三条　判断是否构成商标侵权，一般需要判断涉嫌侵权行为是否构成商标法意义上的商标的使用。商标的使用，是指将商标用于商品、商品包装、容器、服务场所以及交易文书上，或者将商标用于广告宣传、展览以及其他商业活动中，用以识别商品或者服务来源的行为。”

“第十四条　涉嫌侵权的商标与他人注册商标相比较，可以认定与注册商标相同的情形包括，（一）文字商标有下列情形之一的：1.文字构成、排列顺序均相同的；2.改变注册商标的字体、字母大小写、文字横竖排列，与注册商标之间基本无差别的；3.改变注册商标的文字、字母、数字等之间的间距，与注册商标之间基本无差别的……”

“第十五条　与注册商标近似的商标是指涉嫌侵权的商标与他人注册商标相比较，文字商标的字形、读音、含义近似……”

“第十九条　在商标侵权判断中，在同一种商品或者同一种服务上使用近似商标，或者在类似商品或者类似服务上使用相同、近似商标的情形下，还应当对是否容易导致混淆进行判断。”

“第二十三条　在同一种商品或者服务上，将企业名称中的字号突出使用，与他人注册商标相同的，属于商标法第五十七条第一项规定的商标侵权行为。在同一种或者类似商品或者服务上，将企业名称中的字号突出使用，与他人注册商标近似、容易导致混淆的，属于商标法第五十七条第二项规定的商标侵权行为。”

“第二十四条　注册商标知名度较高，涉嫌侵权人与注册商标权利人处于同一行业或者具有较大关联性的行业，且无正当理由使用与注册商标相同或者近似标志的，应当认定涉嫌侵权人具有攀附意图。”

对文字商标是否近似的判断，涉及因素多且复杂，比如，两个字的话，义、形不同，则不近似，如“天缘”和“天圆”；形同、无义，则近似，如“伟璐”和“伟路”；形同、义不同，则不近似，如“好歌”和“好哥”……

三个字的话，字都相同，无论如何排列都近似；音同，只有一个字形不同则近似，如“美人蕉”和“美人焦”；但含义改变则不近似，如“美人蕉”和“美人娇”；三个字的对应位置有一字不同，义变则不近似，如“花中王”和“花中人”；音不同，对应位置有一字不同，义不变则近似，如“卡斯特”和“卡斯尔”；三个字中有两个或两个以上字不同，但字形相似则近似，如“波司登”和“波可瞪”……

四个字的话，有三个字相同，无论如何排列都近似。但含义改变的则不近似，如“新天国际”和“国际新添”；音同，对应位置有两个或两个以上字相同则近似，如“非拉丹顿”和“非拉单敦”；但含义变得则不近似，如“十全十美”和“食全食美”；由修饰词和主体组成的话，若主体相同则近似，如“京诚一族”和“京诚风范”，但主体不同，修饰词一样则不近似，如“京诚一族”和“朋克一族”……

例如，洋河公司曾针对“家之蓝”商标提出无效宣告，主要理由是认为“家之蓝”与同在第3301类上核准使用“食用酒精、米酒、黄酒、果酒（含酒精）、葡萄酒、烧酒、烈酒（饮料）、利口酒、酒精饮料（啤酒除外）”等商品上的引证商标“梦之蓝”“天之蓝”“海之蓝”近似。

关于文字商标相同或近似的判断，既有统一的认定标准，也有个别案例的具体分析。主要是以商标标志的相同或近似判断为核心，结合商品种类和服务项目的相似程度、商标的显著性和知名度、相关公众的注意程度以及商标申请人的主观意图等因素综合衡量，以是否容易造成相关公众混淆为最终判定标准。

“小米生活”侵权“小米”带来的启示

“小米生活”侵权“小米”带给我们三点启示。

• 投机心理是祸害 •

此举严重破坏市场竞争秩序，必须悬崖勒马。商标是申请人的智力成果，通过合法注册和使用以获取经济效益。如果在商标注册和使用上盲目“傍名牌”以博人眼球，而不是将精力放在树立和提升自身商品及服务质量上，属于本末倒置，得不偿失。别人已合法注册的商标就不要再挖空心思抢注，使用与别人相同或近似的商标。

当前，恶意抢注商标依然花样翻新，不仅耗费注册费用，更浪费人力、物力和公共资源，但无论如何变换“马甲”，也逃脱不了审查员的“火眼金睛”。

• 原创独创是正道 •

保护知识产权就是保护创新。商标作为知识产权的重要内容，每一个注册商标申请人都应坚持原创独创，商标应是当事人的创意成果。

大师齐白石创作山水画，始终坚持“用我家笔墨，写我家山水”，开辟出新奇独特的图式构成与创作技法。隔行不隔理。绘画如此，申请注册商标的名称和图样设计更是如此，必须不断在自主创新上寻求突破，在自立自强上夯基筑台。

随着经济社会发展，商标品牌战略深入实施，商标品牌已经成为企业发展中重要的战略资源。据悉，目前已有3 000多万个有效注册商标。

唯有锐意创新，才能有效防止与已申请注册的商标相同或近似，因“撞脸”而被驳回，因使用而侵权。申请人须在原创性、独创性和新颖性上下功夫，既不抢注他人商标，也不模仿、复制和抄袭，便能大大提高注册成功率，正常宣传推广和使用。

·综合施策是良方·

法律是治国之重器。申请注册商标和使用商标品牌必须踩在法律的节奏上，才能在市场上欢快地起舞。“经商有方、申请有道、使用有规”。申请人应汲取教训、触类旁通、举一反三，有则改之、无则加勉。为进一步加大对商标恶意抢注行为的打击力度，国家知识产权局印发了《打击商标恶意抢注行为专项行动方案》。画出的恶意抢注商标“红线”和“禁区”主要有10个方面：

①恶意抢注国家或区域战略、重大活动、重大政策、重大工程、重大科技项目名称的；②恶意抢注重大自然灾害、重大事故灾难、重大公共卫生事件和社会安全事件等突发公共事件相关词汇、标志，损害社会公共利益的；③恶意抢注具有较高知名度的重大赛事、重大展会名称、标志的；④恶意抢注行政区划名称、山川名称、景点名称、建筑物名称等公共资源的；⑤恶意抢注商品或服务的通用名称、行业术语等公共商业资源的；⑥恶意抢注具有较高知名度的公众人物姓名、知名作品或者角色名称的；⑦恶意抢注他人具有较高知名度或者较强显著性的商标或者其他商业标志，损害他人在先权益的；⑧明显违背商标法第十条规定禁止情形以及其他违反公序良俗，对我国政治、经济、文化、宗教、民族等社会公共利益和公共秩序造成重大消极、负面社会影响的；⑨商标代理机构知道或者应当知道委托人从事上述行为，仍接受其委托或者以其他不正当手段扰乱商标代理秩序的；⑩其他明显违背诚实信用原则的。

对于侵权行为也要理性分析、辩证对待。有的人是不懂不知，需深入普法宣传、加强教育引导，让更多人不但知其然，而且知其所以然；有的则是明知故犯，专打歪主意，哗众取宠或者非法牟利等，需要商标注册部门、知识产权保护部门和市场监管部门形成合力，依法惩处。

同时，权利人也需提高警惕、强化保护意识，及时运用法律手段，依法提起商标侵权异议、无效等程序，维护自身合法权益。

此外，抵制恶意抢注商标和侵权行为，需要全民知识产权意识的提升，形成尊重知识、崇尚创新、诚信守法、公平竞争的良好氛围。唯有综合施策、持之以恒、久久为功，才能严厉打击和有效遏制商标恶意抢注及侵权行为，形成公平公正、规范有序的商标品牌生态。

“大姨妈”商标案“五个回合”引发的思考和启示

“大姨妈”商标案，经历了有效、无效、有效、继续有效、再无效五个回合的裁定和审判过程，颇具争议性、代表性和关注度。笔者尝试从一个侧面浅析研究，抛砖引玉，希望对今后审理商标纠纷案以资借鉴，对选择和申请注册商标以示启发。

基本情况

2013年10月17日，北京康智乐思网络科技有限公司（以下简称“康智公司”）申请注册商标“大姨妈及图”13379061号。

2015年1月28日，该商标被核准注册，核定使用在第38类“电话会议服务；电子公告牌服务（通信服务）；计算机辅助信息和图像传送；视频会议服务；数字文件传送；提供联网聊天提供在线论坛；移动电话通信”服务上，商标专用期限至2025年1月27日，商标权人为康智公司。

2016年9月7日，厦门美柚公司向原商标评审委员会（以下简称“商评委”）提出该商标无效宣告申请。

2017年8月28日，商评委裁定，该商标缺乏显著性，裁定无效。

康智公司不服商评委裁定，上诉北京知识产权法院。经北京知识产权法院审理，认为该商标具有显著性。判决：（1）撤销被诉裁定；（2）商评委重新作出裁定。

商评委和厦门美柚公司不服一审判决，遂上诉北京市高级人民法院。经北京市高级人民法院审理，认为该商标具有显著性，判决驳回上诉，维持原判。

商评委和厦门美柚公司不服二审判决，上诉最高人民法院。

2019年12月6日，最高人民法院公开开庭审理了此案。

诉争焦点

1. “大姨妈”已注册商标是否宣告无效。

2. “大姨妈”用于注册商标是否缺乏显著性。

3. “具有不良影响”的适用场景。

再审回顾

再审认为，该案争议焦点是诉争商标应否被宣告无效。

厦门美柚公司再审中主张诉争商标具有商标法第十条第一款第八项规定的情形，具有不良影响。

对此，虽然厦门美柚公司没有在商标无效评审阶段提出此问题，商评会以及一、二审法院亦没有对此进行审理，但依据《中华人民共和国行政诉讼法》第八十七条关于对被诉行政行为进行全面审查的原则、《最高人民法院关于适用〈中华人民共和国行政诉讼法〉的解释》第一百二十条关于人民法院审理再审案件应当围绕再审请求和被诉行政行为合法性进行的规定，以及《最高人民法院关于审理商标授权确权行政案件若干问题的规定》第二条“人民法院对商标授权确权行政行为进行审查的范围，一般应当根据原告的诉讼请求及理由确定。原告在诉讼中未提出主张，但商标评审委员会相关认定存在明显不当的，人民法院在各方当事人陈述意见后，可以对相关事由进行审查并作出裁判”之规定，对于本案诉争商标是否具有商标法第十条第一款第八项规定的不良影响，在再审阶段对此进行审查并不违反上述法律及司法解释的规定。

况且，商标法第十条第一款第八项系商标注册的绝对条款，如果商标的注册违反此条规定，应当被禁止。

该案诉争商标系由文字“大姨妈”及图像构成，其显著识别部分为文字“大姨妈”。“大姨妈”原意是指母亲的姐妹。作为月经的俗称，亦指代女性的月经。

将含有“大姨妈”文字的标志作为商标注册，使用在第38类“电话会议服务；电子公告牌服务（通信服务）；计算机辅助信息和图像传送；视频会议服务；数字文件传送；提供互联网聊天室；提供在线论坛；移动电话通信”等服务上，与我国文化传统不相符，有损公众情感和女性尊严，有违公序良俗，系有害于社会主义道德风尚或者有其他不良影响的标志，应当宣告无效。

商评会作出的无效裁定结果正确，但没有认定该商标属于《商标法》第十条第一款第八项规定的具有不良影响的情形，有所不当。

至于诉争商标是否具有显著性的问题，在该商标具有《商标法》第十条第一款第八项规定的情形下，即便该商标并没有直接表示商品的质量、主要原料、功能、用途、重量、数量及其他特点的，也不能作为商标注册。

同时，该商标文字本身所具有的含义，亦不易被消费者作为商标识别，并不能够起到识别商品或服务来源的作用。因此，原审法院以该商标具有显著性而撤销原商标评审委员会作出的裁定并判令其重新作出裁定，有所不当，本院予以纠正。

对于厦门美柚公司主张的其他再审理由，原审判决并未认定本案存在引证商标，故不存在原审判决认定事实的错误；因厦门美柚公司在上诉中并未提出争议商标的申请注册构成商标法第四十四条第一款所指情形，故二审法院并不存在遗漏审理的问题；厦门美柚公司的其他再审主张亦不能成立，不予支持。

综上，依照《中华人民共和国行政诉讼法》第六十九条、第八十九条第一款第二项、《最高人民法院关于适用〈中华人民共和国行政诉讼法〉的解释》第一百一十九条第一款、第一百二十二条之规定，判决如下：

1.撤销北京市高级人民法院（2018）京行终3808号行政判决；

2.撤销北京知识产权法院（2017）京73行初7868号行政判决；

3.驳回北京康智乐思网络科技有限公司的诉讼请求。

4.二审案件受理费合计二百元，由北京康智乐思网络科技有限公司负担。

思考启示

1.关于商标显著性的判断。禁止将缺乏显著特征的标志注册为商标，一方面源于显著性考虑，即消费者通常不会将其作为商标识别，无法发挥商标所应具有的区分商品或服务来源的功能；另一方面是基于同业竞争的考虑，即如果允许特定主体将其注册为商标，会妨碍其他生产经营者的正当使用，侵蚀公共利益。而商标显著性判断标准具有一定抽象性、复杂性、可变性，把控尺度抽象，有时难以把握，难以决策，需要整体观察、具体分析、综合考量。因此，需要引导各当事方和公众，不能以"绝对统一标准"来看待类似案件。

2.关于对低俗等不良影响的判断。对低俗等不良影响的判断，受一定社会文化和观念的影响。对商标法语境下"低俗等不良影响"的判断，应充分考虑已形成的社会价值观念。既要遵守法律准则，也要遵守道德准则，既要看对相关群体的影响，也要看对社会公众的影响。其中，申请人有无以明显方式迎合不良文化倾向、制造营销噱头吸引公众关注的行为意图，是判断的关键。其主要目的是防止通过含义消极、格调不高、伤风败俗商标标志的暗示等打擦边球，引发公众歧义和误解，对意识形态和公序良俗造成恶意侵蚀。在作出相关判断时，亦可回顾立法初心，引入民意调查程序，让消费者来评价，作为其判断重要参考，这样的裁定方可最大程度赢得各方认可。

3.关于该案的两点意义。一是程序上的意义，在于不良影响条款不用，不足以彰显再审判决在被诉行政程序审理范围、行政诉讼审理范围、再审案件审理范围、上诉案件"全面审查"原则、行政诉讼当事人法律地位平等原则等各方面的全方位创新；不足以彰显知识产权行政诉讼坚持依法创新、深化行政诉讼立法宗旨之作用；二是实体上的意义，在于不良影响条款不用，不足以彰显再审判决打击这种有伤风化商标的价值引领作用；不良影响的判定，并不需要以不良影响的实际发生为判定要件，只要存在不良影响的可能性，即足以宣告争议商标无效。

商标品牌遭海外抢注的“四个四”

商标品牌蕴含巨大的商业价值，特别是随着时代的发展，商标品牌正在从区分商品和服务来源的标志成为企业品质、信誉与文化的象征。在某些方面，商标品牌甚至超越了商品或服务本身，成为消费者选择商品或服务的主要因素。作为一种无形资产，商标品牌可以给企业带来丰厚的利润，并且随着企业的成长和产品的升级而不断升值。

与此相伴而来，就有投机者恶意抢注他人商标的行为。商标恶意抢注，是指以获利为目的、用不正当手段抢先注册他人在相关领域已经使用并在市场上具有一定影响力的商标。商标抢注者看中的是其商标的重要价值，通过抢注商标而与原商标权利人或争夺市场，或讨价还价，牟取不正当利益。

商标恶意抢注行为不仅发生在我国国内市场，我国企业的商标在海外被恶意抢注的案例也不胜枚举。这里的商标抢注，指的便是海外抢注我国企业已经使用或申请注册的相同或近似的商标。以前，我国品牌进入国际市场且具有较高知名度的不多，国际纠纷相对较少。随着我国企业不断走出去，知识产权纠纷随之增多。我国企业在海外成为商标抢注行为受害者，加之应对海外知识产权纠纷能力不足，导致产品出口受阻，企业在海外发展受限。据统计，20世纪90年代初，约有包括“同仁堂”“金五星”“王致和”“HISENSE”等在内的数百件国内知名商标在欧洲、东南亚、日本、美国、澳大利亚等国家和地区被抢注。近年，如“安踏”“伊犁”“大宝”“六神”等商标都曾遭遇海外抢注，蒙受损失。本文就此作以简要分析，旨在抛砖引玉，为其进一步全面加强知识产权保护提供参考。

“四个原因”引发抢注

一是IP战略不够清晰。有的企业对国际贸易规则不够熟悉，商标海外保护意识淡薄；有的商标品牌布局缺乏长远规划，患有“短视病”，不舍得长远投资；有的认为自己的商标品牌知名度不够，注册为时过早；有的认为只要产品质量好，不愁销路无须注册等。

二是抢注者有利可图。一些海外企业为保持市场份额，力图通过抢注我国企业商标延缓和阻止进入其市场。通过抢注商标，筑起“市场壁垒”，阻碍其产品进入；或索要巨额商标转让费，或进行商标倒卖等，扰乱市场秩序，牟取不正当利益。

三是缺乏监测预警系统。有的企业海外市场缺乏专业知识产权机构和人员，缺少完善的商标品牌监测预警系统，商标被海外抢注了还蒙在鼓里；有的遇事迟、反应慢，导致错失后续法律救济途径等。

四是依法维权比较艰难。由于各个国家法律法规和人文因素等差异，处理商标权属纠纷程序、标准、要求等有所不同，相对于国内商标侵权纠纷的处理难度较大，其代价远远高于提交商标申请注册时的费用，而且维权结果充满不可控性。

“四种危害”影响深远

一是增加生产成本。一方面，被抢注商标的企业产品拓展海外市场受阻，产品不能以原有的商标进入当地市场，只能通过另换商标、协商处理等方式，增加生产和经营成本。

二是经济损失巨大。抢注的公司可以合法地把自己的产品冠以抢来的商标，名正言顺地在市场销售，挤压被抢注商标企业的市场空间，扰乱被抢注商标企业的市场销售秩序，严重损害被抢注商标企业的利益。

三是无形资产流失。创建一个商标品牌，需要几年、几十年甚至上百年持续努力，投入大量人力物力财力，而一旦被抢注，就意味着该商标品牌精心开拓的市场受到严重干扰和威胁，其品牌价值、企业文化和信用信誉等无形资产严重流失。

四是周期长成本高。商标被抢注后，无论被抢注商标的国内企业放弃原商标品牌另创商标品牌，还是高价将其转让过来，或者通过法律救济途径撤销被抢注的商标，都将增加企业负担，而后者将是一个费时费力艰苦的长期过程，牵扯大量人力精力。

“四项措施”有效防范

知识产权保护是促进企业良性、健康、持续发展的关键所在，是企业强劲的“免疫系统”。知识产权制度不仅强调在纠纷发生时提供保护，更强调在前端进行布局和提出预警。

一是未雨绸缪及早布局。市场未动，商标先行。在知识产权时代的今天，商标是品牌保护的核心，我国企业要真正走向世界，开拓海外市场，首先要防微杜渐，树立长远眼光，增强海外知识产权保护意识，设置专门部门，建立清晰完整的全球商标战略体系和管理制度。在产品研发之时就进行知识产权尽职调查，检索与评估商标是否与他人注册商标相同或近似等。在抓好国内商标布局同时，根据产品出口国清单在重点国家、重点地区进行商标马德里国际注册，避免摊子铺得太大，造成浪费；对已注册的商标，随着产品出口范围扩大，要及时扩大保护范围；对有发展潜力的商标，即使相关产品尚未出口也要先行注册。此举是织就全方位、立体化商标保护网，防范海外抢注、维护企业利益最有效的策略。

二是明确商标权的归属。国内企业在与海外代理商建立合作关系，签署代理合作协议时，一定要明确约定商标权属于国内企业，代理商不得擅自申请注册与国内企业商标相同或近似的商标。对此，进行严格细致约定，明确职责权利。

三是建立商标预警机制。做好全球商标监测，提前统筹制定各类预案，设置商标“防火墙”，及时发现商标在海外被抢注情况，特别是针对重点国家或地区开展商标监控有助于掌握信息、发现问题并及时解决纠纷。比如留意世界商标注册公告，以及特定国家的商标公告，发现抢注第一时间提起异议或诉讼。在抢注商标正式核准注册前，果断采取措施，将抢注商标扼杀于萌芽状态。

四是平时注重证据保存。防患于未然，最重要的一条是平时加强商标品牌档案管理，重视有效发票、合同、广告材料、实用标签等商标使用证据、宣传推广证据、所获荣誉的搜集和保存，分年度、类别进行存放保管，增强证据的完整性系统性，形成证据链，提高采信度。

“四大策略”科学应对

亡羊补牢，犹未晚也。一旦商标遭遇海外抢注，通常可采取以下策略，主动加以应对。

一是坚决维权。坚持审慎态度，正面应诉，积极抗辩。第一时间依托专业机构，深入分析形势，广泛收集证据，充分了解发生商标抢注所在国有关法律制度，及时采取诸如向所在国或地区商标管理部门提出“异议”“撤三”“无效宣告”等措施，推动纠纷化解，维护自身合法权益。即使未能胜诉，也有利于表明立场态度，巩固市场地位，提高自身知名度。

二是出资购买。根据自身品牌价值和海外市场体量等综合情况，与抢注者进行协商和解，视情支付一定的“赎金”或提出委托其代理本公司业务等方式，将其商标专用权转让到自己企业名下。

三是另创商标。结合企业商标品牌规划实际，针对海外市场空间、消费群体等不同特点，或者重新创建一个新的商标，或者立即启动备用商标，或者通过品牌升级等形式，加强宣传推广，尽快打开新的市场。

四是暂时放弃。面对商标被海外抢注，如果对方提出过于苛刻的要求等，也可综合考量诉讼成本、发展周期等因素，因地制宜、从长计议，暂时放弃这一海外市场，转而开拓其他新的市场。待时机成熟，再回过头来争取这一市场。

保护知识产权、加强自主创新，是推动经济高质量发展的“刚需”，也是深化对外开放、走向国际市场的“标配”。为此，只有坚持下好先手棋，打好主动仗，在事前防范、事中化解、事后维权的全链条上持续用力、久久为功，才能更好有效防范商标抢注风险，充分发挥商标品牌价值，助力建设世界一流企业。

揭开“万能类商标”的神秘面纱

从“大悦城”到“采蝶轩”，从“今日头条”到“百果园”，这些商标诉讼缘由都与“第35类商标”相关联。在商标领域，第35类由于涉及电商、互联网；广告、策划、设计；加盟连锁、商超便利；药店、医院药铺；人力资源、会计审计等各行各业，常常被称为商标界的奇葩，不少人称其为“万能类商标”。相传日久，导致很多申请人鱼目混珠，热衷在第35类申请注册商标，成为商标注册量最大的类别。

但是，从第35类服务项目的设定出发，这些市场主体真的在从事与第35类服务项目有关的业务吗？未在第35类申请注册商标的情形下，经营者可以对其商品进行广告宣传吗？其可以入驻电商平台吗？“万能类商标”到底有何独特之处，有哪些误解需要澄清？

第35类是什么

依据世界知识产权组织提供的《商标注册用商品和服务国际分类》，我国有关部门制定了《类似商品和服务区分表》，目前采用的是基于尼斯分类第十二版（2023文本）。该表将商品和服务分为第1类至45类，其中第1类至34类为商品类别，第35类至45类为服务类别。

服务分类的原则和标准主要有四个方面，一是普通服务类别，原则上按照服务类别标题及其注释所列出的行业进行分类，若未列出，则可以比照其他的类似服务分类；二是出租服务，原则上与通过出租物所实现的服务划分在同一类别；三是提供建议、信息或咨询的服务，原则上与提供服务所涉及的事务归于同一类别；以电子方式提供建议、信息或咨询不影响这种服务的分类；四是特许经营的服务，原则上与特许人所提供的服务整合在同一类别。

第35类主要是“广告；商业经营、组织和管理；办公事务”，注释部分说明了第35类主要包括涉及商业或工业企业的业务管理、运营、组织和行政管理的服务，以及广告、市场营销和促销服务。按分类要求，商品销售不视为服务。该类共包含以下九个类似群组：

【3501】广告

【3502】工商管理辅助业

【3503】为他人推销

【3504】人事管理辅助业

【3505】商业企业迁移

【3506】办公事务

【3507】财会

【3508】单一服务

【3509】药品、医疗用品零售或批发服务

通过分析，可以看出，第35类服务的主要目的在于，对他人相关商业经营或者管理、对他人工商企业的业务活动或者商业职能的管理进行帮助，以及通过各种传播方式为他人提供向公众进行广告宣传的服务。本类服务最重要的特点在于相关服务是为他人提供的，而非为权利人自身业务需求从事的有关行为。特别是明确了“商品销售不视为服务”是十分清晰的，也就是说，仅对自己的商品进行销售的行为并不能维持其在第35类商标上注册。

第35类干什么

第35类的类别标题，原则上指出了归入本类的商品或服务范围是“广告；商业经营、组织和管理；办公事务”。其中商业经营、组织和管理主要包括“提供商业运营管理的公司、职业经理人公司、品牌策划营销管理公司、

猎头公司”等；办公事务主要包括“财会管理类公司、提供速记复印和接听电话等办公事务的公司”等。

如果仅从第35类服务项目的字面含义来解读，所有的市场经营主体在经营活动中都可能会涉及这些服务。例如一个提供商品或非第35类服务的公司，其品牌部门会为自己的品牌打广告做宣传，市场部门会为促进销售进行市场调研，销售部门会开展促销活动，人事部门会安排人员招聘，IT部门会维护公司网站和数据库，财务部门有会计记账等，实际上却不是如此。

广告是指为他人的产品或者服务行为进行广告、制作广告或者提供广告策划等服务，不包括为自己的产品或者服务行为直接进行广告宣传，或者请他人为自己的产品或者服务进行广告、广告策划、编辑、制作及传播等。在对自己的产品或者服务进行推广过程中，当事人可以对自己实际经营的商品或者服务商标进行广告宣传。

为他人推销是一种营销策略，企业使用临时活动或报价来增加对其产品或服务的兴趣或需求，是人员推销、广告和公共关系以外的，用以增进消费者购买和交易效益的促销活动，通常采取的手段有折价优惠、大拍卖、大甩卖、抽奖等，通过分发印刷品和促销竞赛为他人推销商品和服务，但“为他人推销≠销售≠商店”。

在店铺门头上的商标使用是为了销售自己所生产的商品的，不属于对“为他人推销”服务的使用。当其他市场主体以核定在其他商品或者服务的商标作为权利基础对上述行为主张侵权时，被控侵权人即便获得了“为他人推销”服务的注册商标，该行为仍然可能构成对他人注册商标的侵权或不正当竞争。

为商品和服务的买卖双方提供在线市场，是指相关商业主体为买卖双方提供一个线上平台，聚集在该平台上的卖家所提供的商品及服务形成了一个集合性的市场，买家可通过登录平台选购所需商品或者服务。不包括开设线上店铺从事销售活动等。从事为商品和服务的买卖双方提供在线市场服务的典型主体主要包括为买卖双方提供线上交易平台的电子商务平台等。

涉及商业特许经营的，则是指拥有注册商标、企业标志、专利、专有技术等经营资源的企业（特许人），以合同形式将其拥有的经营资源许可其他经营者（被特许人）使用，被特许人按照合同约定在统一的经营模式下开展经营，并向特许人支付特许经营费用的经营活动。特许人应当向被特许人提供特许经营操作手册，并按照约定的内容和方式为被特许人持续提供经营指导、技术支持、业务培训等服务。

特许经营的服务，原则上与特许人所提供的服务分在同一类别。比如美容院特许经营的商业管理——第35类；美容院的商业管理——第35类；美容院——第44类。

药品、医疗用品零售或批发服务，是指将药品、药用制剂、卫生制剂、医疗用品、兽药、兽医用制剂等需要获得国家批准和资质证书才可零售或批发的商品集中和归类（运输除外），以便顾客看到和购买。

科学分辨防混淆

所谓混淆是指迷惑，将一样东西误认为另一样东西。这里的混淆是指某商标使用在指定服务项目上易发生混淆，权利人以为自己使用商标的服务项目与他人使用商标的服务项目有某种关联。试举几例。

其一，商品广告宣传与“3501广告服务”。某公司在生产经营过程中需要在多种渠道投放广告对其商品宣传，该公司不需要在“广告”这一服务项目上申请注册商标，因为该公司投放广告的行为并非为他人提供广告服务，而是对自己的产品进行宣传，属于典型的商品商标的使用行为。但是，为该公司提供广告服务的广告公司则应当在第3501“广告”这一服务项目上申请注册商标。

其二，销售自己的商品与“3503为他人推销商品”。如果某公司销售的商品是由自己生产，并通过专卖店、直销店等终端进行售卖，则不是“为他人推销”。如果某一销售行业的公司，其销售的商品是其他公司生产的，该销售公司将不同种类的商品汇集在一起，进行分类、整理，以便消费者选择和购买，此种情况下，这种公司的服务则可以认定为“为他人推销”，则应申请在第3503类服务项目上注册商标。如国美、苏宁等经营主体。

其三，入驻天猫商城与第35类商标。天猫商城明确了开设卖场型旗舰店，即以服务类型商标开设且经营多个品牌的旗舰店，需要提供第35类商标，且需包含第3503类似群。如果经营者的网店就是自有品牌或授权品牌的专卖店、旗舰店，那么经营者所持有的商品商标的注册证就可满足需求，并不需要另行注册第35类商标，因此取得第35类商标注册并非进行网店销售的必要条件。

下面一个商标侵权纠纷案例，可从一个侧面给大家以启发。普洱市浮生若茶有限公司与杭州起码科技有限公司、云南则道茶业股份有限公司，关于第30类“茶叶”商品商标与第35类“广告宣传”服务商标侵害纠纷［（2019）云01民初3642号］。

经审理，法院认为被告在广告、通信媒体上（包括官方网站、微信公众号）、在商业橱窗布置及产品包装设计中推广、宣传和使用“高杆古树”“高杆古树茶”等相同或近似的店招、门头，显然不是提供服务。被告只是在生产、销售被控侵权商品，并在网络销售中展示、介绍、宣传被控侵权商品。原告认为被告则道公司在网络销售中展示、介绍、宣传被控侵权商品的行为属于广告宣传，为零售目的在通信媒体上展示商品，以及在被控侵权商品上使用“高杆古树”文字的行为属于包装设计，显然混淆了商标在商品上使用和在服务上使用所产生识别性的不同。在商品上使用，商标的识别功能在于使相关公众识别商品由谁生产；而在服务上使用，商标的识别功能在于使相关公众识别服务由谁提供。二者并不相同。因此，商标在核准注册时，对核定使用的商品和服务范围进行了限定，也是起到区分作用，不至于混淆商品和服务，以及混淆各类商品、各类服务。被控的“高杆古树”文字系使用在茶类商品上，属于在第30类商品上使用，与涉案商标核定使用的第35类、第42类既不相同也不类似。

合理选择勿盲从

合理选择是一种尊重法规、尊崇事理的科学态度和正确行为。在了解以上基本知识点后，还需要知晓服务商标使用的具体表现形式和要求。

本篇简要概括为“五个方面”，一是商标直接使用于服务场所，包括使用于服务的介绍手册、服务场所招牌、店堂装饰、工作人员服饰、招贴、菜单、价目表、奖券、办公文具、信笺以及其他与指定服务相关的用品上；二是商标使用于和服务有联系的文件资料上，如发票、汇款单据、提供服务协议、维修维护证明等；三是商标使用在广播、电视等媒体上，或者在公开发行的出版物中发布，以及以广告牌、邮寄广告或者其他广告方式为商标或者使用商标的服务进行的广告宣传；四是商标在展览会、博览会上使用，包括在展览会、博览会上提供的使用该商标的印刷品及其他资料；五是其他符合法律规定的商标使用形式。

随着时代的发展，考虑到目前商业模式、经营方式多元化的特点，在商标侵权案件中，还应当根据“推销（为他人）”服务的实质特点，综合考虑在案证据对商标使用情况进行认定。如果商场、超市等经营主体能证明其通过提供场地等形式与商品（服务）的经销商（含提供者）进行商业合作，并且提供促销活动海报、促销活动策划方案、报刊促销广告、咨询服务等证据，足以证明其为经销商（含提供者）销售商品（服务）提供建议、策划、宣传、咨询等服务，则可以认定该经营主体在“推销（为他人）”服务上对诉争商标进行了商标法意义上的使用。

综合以上分析，第35类服务商标并非“万能商标”，其需要严格遵循商标使用和保护的规则，并不是获得注册就可以一劳永逸。如果经营者仅对商品商标进行了使用，并不提供第35类上的服务，那么所注册的第35类商标则会面临被撤销的风险。从第35类服务的性质出发，其实对于不少企业来说并非具有客观的必要性。但是，如果从商标的防御性保护和风险规避的角度出发，如果企业希望建立比较完善的商标保护机制和品牌保护计划，避免其商品类商标以后被他人在第35类抢注或者侵权的麻烦，那么在第35类进行防御性注册就有其必要。因为第35类的服务都是提供给他人的，而不是为了满足自身经营管理需要。所以，提供商品或非第35类服务的经营主体的上述行为或是在宣传推广中使用自己的品牌，或是单纯的销售活动，并非向他人提供第35类的服务，而是对自身商标的合法使用，不构成对第35类商标的侵权。第35类商标的权利人也不能禁止其他类别商标专用权人在核定使用范围内对相应的商品、服务商标在广告宣传中使用，因为《商标法》第四十八条对商标使用的定义中就包括“……将商标用于广告宣传、展览以及其他商业活动中……”而这种使用不属于对“广告”等商业服务商标的使用。

同时，笔者认为，第35类商标较多适用于下述“四个领域”的行业，一是电商、微商企业，其业务与超市、商场一样，都是向消费者提供商品的场所，成为必须注册的商标类别。二是今日头条等提供实时资讯和广告业务的，必须注册第35类商标。三是需要做广告宣传的企业，打上自己的商标标志，就得确保没有其他企业在第35类注册该商标。四是连锁、加盟、直营牵涉店铺经营的，应申请注册第35类商标。

直播带货防范侵权风险“四招”

——以电商平台知识产权保护为例

从“名师执教”“拉高排名”的噱头，到虚假和夸大其词的广告宣传，教培机构营销屡屡“翻车”的教训，犹在眼前。又有奥迪《今日小满，人生小满就好》视频短片的侵权，给电商平台相关群体再次敲响了警钟……

全球疫情蔓延加速了互联网发展，各种视频、文字大量发布于网络之中，给创作者提供了海量素材，催化了线上直播业务大爆发。在线教育、医疗、娱乐等众多内容被搬上荧幕，明星、主播直播带货蔚然成风。然而，基于互联网侵权行为的便利性、举证难、损失预估难，网购平台上产品多、销量大等特点，使得各种仿制、侵权商品容易藏身。流量造假、直播售假、不正当竞争、假冒商标品牌等乱象不断，隐含了各类侵权风险。前段时间，多地发生的制售假冒品牌手机屏幕案，就是不法分子通过购进廉价手机，将屏幕拆卸、检测、改装、翻新，粘贴高档品牌手机的商标后，通过电商平台、直播带货对外销售，造成的不仅是单纯的网络销售侵权，而是整个产品链条都有知识产权侵权行为，使消费者深受其害。

从有关部门统计情况看，直播带货侵权事件呈上升趋势，其中不乏涉及销售假冒注册商标的商品、侵犯著作权、销售侵权复制品等违法行为。事实再次说明，包括直播平台在内的诸多主体，对知识产权的“独立价值”认识不够清晰、管理不够到位、保护不够有力。笔者对此作以浅显分析，仅供参考。

认清直播带货的营销模式

直播带货是指以专门直播带货平台，或传统电商平台，或社交平台带动消费为主导，通过明星或主播发布内容类视频为基础沉淀用户，再通过定向推送商品和服务，进而达到提高交易转化率效果，增强消费者的消费体验，迅速打开销售局面，其目的是增强用户黏性，打造“爆款”产品。

直播带货本质上是一种推销商品的行为，即替他人销售标有他人商标的商品。从《商标法》意义上讲，此种服务属于第35类的“替他人推销”服务。

依据《电子商务法》《广告法》等法律法规，直播带货主要涉及五大主体，即生产者、商家（自聘主播）、MCN机构或外部独立主播团队、直播带货平台、消费者。

生产者，顾名思义，产品的生产方或服务的提供方；商家，是电子商务平台内经营者、广告主，又是广告经营者；销售者，是独立的销售方，也可能是生产者；主播，是广告代言人，一般情况下并非商品和服务的提供方；平台，是广告发布者。

直播带货的产业链，分为上游、中游和下游三个层级。上游为商家以及生产者，中游为直播带货平台、MCN机构主播团队，下游为消费者。

看清直播带货的法律风险

根据《商标法》《著作权法》《反不正当竞争法》等法律法规，直播带货较为常见的法律风险有以下几种。

从知识产权风险上看，主要有三种。一是销售的产品涉嫌侵犯知识产权。产品本身侵犯在先专利权、商标权、著作权、地理标志等知识产权，属于生产者、销售者的责任。以“真假掺卖”多种形式混杂居多，此时对侵权责任的追究和承担，涉及对相关各方的区分。二是直播的内容涉嫌侵犯知识产权。内容本身侵犯他人在先的商标权、著作权等，根据权属不同，承担的责任也不同。比如未经版权方同意，擅自使用已经录制的传播表演及演唱会等内容进行直播带货的，属于侵害他人知识产权行为。三是侵犯他人肖像权、隐私权及其他人格权等。直播带货的场景非常多元和广泛，不可避免地将他人的形象一同录入，在一定程度上极易侵害他人的人格权。装饰布置或配合宣传展示材料中，如果存在擅自使用他人的摄影、美术作品等情形，也可能侵犯他人著作权。直播中使用各类剪辑的视频作品，如将电影、电视剧甚至体育比赛、游戏等片段进行剪辑，形成与产品相匹配的视频在直播中播放，如未经权利人授权，也易造成侵犯相关视频作品的著作权。

从违反广告法风险上看，主要有三种。一是发布虚假广告。经营者利用广告或者其他使公众知道的方法，对产品的质量、成分、性能、用途、产地、生产者、有效期限等作引人误解的虚假宣传；二是违规使用广告语。由于缺乏法律常识，一些明星或主播在直播带货时习惯使用“国家级”“最好”“最强”“最优”等词语，存在夸大其词等违法宣传情形。三是广告代言人未实际使用。根据《广告法》第三十八条第一款规定，广告代言人在广告中对商品、服务作推荐、证明，应当依据事实，符合本法和有关法律法规规定，并不得为其未使用过的商品或者未接受过的服务作推荐、证明。

从不正当竞争风险上看，主要有四种。一是欺诈性销售，包括假冒他人商标，未经授权，擅自使用与知名产品近似的名称及包装，以及直接使用他人企业名称，使人误解以及伪造、冒用认证标识等情形；二是掠夺定价，一般是具有市场主导地位的企业，以打压竞争对手为目的，将低于成本价格或远低于市场一般价格的商品对外销售行为。但销售鲜活商品，处理有效期即将到期的商品或者其他积压商品，季节性降价，因清偿债务、转产等原因而降价销售的商品等不属于此范畴。三是欺骗性有奖销售，商家和带货主播在直播时谎称有奖或者让内部人员中奖的方式欺骗消费者，进而推销质次价高的产品；四是诋毁竞争对手商业信誉，主播在直播带货时为突出拟推荐商品或服务在某一方面的品质，将该商品或服务与市场上的同类竞品进行恶意对比的行为等。

从其他风险上看，主要有五种。一是商家与MCN机构合作可能存在的风险。经常会出现MCN机构违反直播带货平台相关规则，导致其账号被平台下线、冻结、删除，甚至是清退的情形。二是主播流动的风险。主播和MCN机构之间多为劳动合同关系，根据《劳动合同法》规定，员工只需提前30日向用人单位申请离职，企业便再难对其约束。导致主播离职后，如有相关不良行为，会对企业造成损失。三是刷单、诱导好评。主播在直播带货时以刷单或者诱导好评方式销售货物，违反《电子商务法》及《反不正当竞争法》的相关规定。四是搭售商品。主播在直播带货时将商品进行搭售，导致商家被行政部门处罚。五是入驻商家核验登记、自营业务需区别登记、用户个人信息的保护等方面。

厘清风险防范的方法措施

实践中，随着信息技术的进步和产品的日益丰富，直播带货易发高发的风险日趋多元化、技术化、复杂化。直播平台作为主体中的主体，需树立“尊重知识、崇尚创新、诚信守法、公平竞争”的知识产权核心理念，规范直播行为，扎紧风险防控篱笆，对自身商业模式中的侵权风险主动事前防控，避开直播路上的那些“雷”和“坑”。

首先，加强宣传教育，广而告之。平台未建、节目未播、商品未售，法治先行。直播带货的相关主体，在进入这一领域前，应及时学习了解《民法典》《电子商务法》及知识产权等法律法规。同时，平台可以以相关法律为基础，开展知识产权规则、保护、投诉等宣传教育，做到售前有准入、售中有监管、售后有保障，打牢知识产权保护根基。

其次，组建法务团队，建章立制。直播电商平台，可以依法成立专门知识产权管理团队，建立健全知识产权保护规则和知识产权管理制度，包括投诉举报受理机制，及时处理相关知识产权投诉、举报；纠纷解决机制，通过多种渠道建立知识产权纠纷解决机制；信用评价机制，建立知识产权权利人、电子商务平台内商家的信用评价机制，加强信用的监督管理等。

再次，加强规范运营，严格把关。主要是抓好四个阶段。在准备阶段，平台要加强科技研发，通过源头追溯、实时监测、在线识别等手段，提升对直播带货知识产权保护的能力；在选品阶段，要了解清楚带货产品和服务的知识产权状态，通过查验知识产权证书排除侵权商品；在直播阶段，要将商品的知识产权证书在明显位置出示，让消费者能够清楚了解并方便查询。主播和平台应当主动与知识产权权利人建立联系，设置监督通道，全程接受监督；在投诉阶段，要及时受理、积极反馈、稳妥处理，同时举一反三、查缺补漏、规范管理。

最后，压实主体责任，积极维权。保证商品的知识产权处于正常状态，是生产者基本责任，也是其他四方主体责任，要权责明晰。直播带货的供货厂家，如果不是相关产品知识产权的直接权利人，也应当取得授权才能进行销售；权利人应当积极关注和监督直播带货中，销售与自家知识产权相关商品的销售情况，对侵权行为通过投诉等方式及时予以制止和维权；如果发生侵权事件，相关方应第一时间核查事实及经过，并发布致歉声明，及时联系权利方协商，平台应采取删除、屏蔽、断开链接、终止交易等措施，降低侵权影响。

比如，赛饰贸易（上海）有限公司，发现某弘宇工艺品有限公司，在抖音直播平台售卖带有赛饰公司授权获得的商标和其特定图标的手提包，遂以侵犯商标专用权为由，将该公司及抖音直播平台所属公司诉至法院，获赔30万元及合理开支10 598元。抖音直播平台运营商，因就被诉行为履行了事前审核、提示，以及事后及时处置等责任，尽到合理注意义务，而免于承担法律责任。比较规范的直播账号，如东方甄选、欣小厨、便利大本营、爱婴优选、言之有物、B.M.Y兵码勇等，既重视业务开展，也重视知识产权保护。

一个行业的良性发展，离不开全行业的共同参与。直播带货防范侵权风险，需要相关方齐心协力、齐抓共管，多措并举、综合施策，方可形成合力，护航直播带货产业行稳致远。

主播是网络直播营销活动中与用户直接互动交流的人员，有三点需要把握：一是签订合同协约。为避免直播带货所带来的法律风险，在直播前应与平台签订合同，看清内容条款，明确约定权利、义务（如明确何为“积极推荐”）、财务结算方式、违约条款与争议解决方法等，做到委托事项有合同，合同内容要审核。二是尽到审查义务。直播带货并不是走个过场、刷刷脸、美言几句，而是应当具备网络直播营销基本知识，掌握一定专业技能，对所带的“货”具备一定认知，对所销售商品的质量、商标和包装外观等基础信息进行了解与审查，避免因为商品本身存在的问题影响到自身信誉或者遭受更大经济损失。三是珍重名誉信用。君子爱财，取之有道。明星或主播对直播带货要审慎接单，谨言慎行，自觉做到售卖假货的雷区不能踩、欺诈行为不能有、信口开河的话不能说、虚假广告不能做、刷单造假不可取、心存侥幸的坑位费不能收，特别是对食品、药品、酒类、化妆品、农药饲料、教育培训、房产等事关消费者身心健康和重要领域的产品或服务，更需慎之又慎。

作为政府有关部门，要从规范直播带货规则、知识产权维权取证程序和侵权处罚、完善举报奖励机制等入手，立足直播带货侵权保护的特殊之处完善规章制度，实现对其有效监管，引导更多流量向上向善。

作为消费者，要强化法治意识，了解直播带货明星或主播本身并不从事销售行业，对个人的信任并不代表产品的优质。下单购物时，要保持火眼金睛，善于识别真假产品、理性消费。

总之，每一件新产品的研发，每一个新品牌的打造，每一篇新文章的创作，都是权利人辛勤劳动的成果，都是无数个日夜辛苦的厚积薄发。直播带货作为新兴的网络销售模式，对于促进交易、满足消费者不同需求起到的作用无可替代，正基于此，其中知识产权保护应当合法合规，有序有效。如此，方可长期发展、繁荣发展。

准确把握认定驰名商标的原则、标准和方法

华为（手机）、海尔（冰箱）、格力GREE（空调）、新东方（教培）、鑫迪家美（木门）、舒肤佳（香皂）、北极星（钟表）、卡思迪莱（服装）、美团（外卖平台）等，一个个活跃在市场的知名品牌，可谓老幼皆知、耳熟能详。殊不知，它们还是法律意义上的驰名商标。

卡思迪莱 KASIDILAI　鑫迪家美 SHiNEMAY

驰名商标是知识产权领域重要的法律概念，其表述源于《保护工业产权巴黎公约》《与贸易有关的知识产权协议》等国际条约，是国际通行做法。本文是指在我国境内为相关公众所熟知的商标，是较高知名度、美誉度的集中体现。

驰名商标保护是《商标法》的重要内容之一，即从保护驰名商标持有人利益和维护公平竞争及消费者权益出发，对可能利用驰名商标的知名度和声誉，造成市场混淆或者公众误认，致使驰名商标持有人的利益可能受到损害的商标注册行为予以禁止，从而为驰名商标提供相对于普通商标更为有力的法律保护。也就是说，与普通商标只能在同类商品或服务上获得保护不同，认定为驰名商标不仅可获得同类保护，还可跨类保护；不仅意味着其产品或服务的质量、口碑等获得市场和消费者广泛认可，而且蕴藏着巨大的无形资产，具有增值升值的无限潜力，可能产生更大的经济效益。

2019年11月，国家知识产权局印发《关于加强查处商标违法案件中驰名商标保护相关工作的通知》，要求各地从严从快加强驰名商标保护，维护良好市场经济秩序。据了解，截至2021年6月，国家知识产权局累计收到354件驰名商标认定申请，批复认定79件驰名商标，占比22.36%。

理解法律中的驰名商标

《商标法》第十三条第一款，规定了“为相关公众所熟知的商标，持有人认为其权利受到侵害时，可以依照本法规定请求驰名商标保护”。该款规定可解读为三个方面内容，一是阐明了驰名商标的概念，即为相关公众所熟知的商标。《驰名商标认定和保护规定》“相关公众包括与使用商标所标示的某类商品或者服务有关的消费者，生产前述商品或者提供服务的其他经营者以及经销渠道中所涉及的销售者和相关人员等”；二是体现了驰名商标制度的立法目的，即防止已经驰名的商标被他人侵害，维护权利人合法权益；三是明确了驰名商标按需认定、被动保护等原则。

第二款，规定了“就相同或者类似商品申请注册的商标是复制、摹仿或者翻译他人未在中国注册的驰名商标，容易导致混淆的，不予注册并禁止使用”。

第三款，规定了“就不相同或者不相类似商品申请注册的商标是复制、摹仿或者翻译他人已经在中国注册的驰名商标，误导公众，致使该驰名商标注册人的利益可能受到损害的，不予注册并禁止使用”。

据此，已经注册的商标在行政环节获得驰名商标保护，须同时满足四个要件：一是他人使用的商品（以下简称“涉案商品”）与该注册商标核定使用的商品不类似。二是他人使用的商标（以下简称“涉案商标”）构成对该注册商标的复制、摹仿、翻译。复制是指两者相同；摹仿是指涉案商标抄袭该注册商标，沿袭其显著部分或者显著特征。商标的显著部分或者显著特征，是指该商标主要识别作用的部分或者特征，包括特定的文字或组合方式及字体表现形式、特定图形构成方式及表现形式、特定的颜色组合等；翻译是指涉案商标将该注册商标以不同的语言文字予以表达，且该语言文字已与该注册商标建立对应关系，并为相关公众广为知晓或者习惯使用。摹仿、翻译情形下，涉案商标与该注册商标构成近似商标。三是该注册商标在我国为相关公众所熟知。四是涉案商标在涉案商品上使用会误导公众，致使该驰名商标注册人的利益可能受到损害。误导公众，致使该驰名商标注册人的利益可能受到损害，是指足以使相关公众认为涉案商标与驰名商标具有相当程度的联系，而减弱驰名商标的显著性、贬损驰名商标的市场声誉，或者不正当利用驰名商标的市场声誉。

《商标法》同时规定，生产、经营者不得将“驰名商标”字样用于商品、商品包装或者容器上，或者用于广告宣传、展览以及其他商业活动中。

驰名商标认定的基本原则

驰名商标的认定，遵循“个案认定、被动保护、按需认定、诚实信用”原则，由于对其保护主要适用于跨类保护，保护范围和强度较之普通商标更为有力，故应当综合考虑相关公众对该商标的知晓程度、商标使用时间、程度和地理范围、该商标作为驰名商标受保护的记录等众多因素。

个案认定是指作为处理涉及商标案件需要认定的事实在个案中进行认定。

被动保护是指行政和司法机关不主动对驰名商标进行认定，而是在出现权利受到侵害的情况下，根据当事人请求，被动地对商标是否驰名作出认定，从而保护驰名商标的相关权益。

按需认定是指基于权利人提出保护请求和相关案件处理的需要而进行的认定，不是一种行政审批或荣誉评比。坚持的是保护导向与结果导向，即不仅应当坚持“因处理案件之必要”“符合法定要件”，还应当遵循“用尽其他方式无法救济”等前提。如果根据在案证据能够适用《商标法》其他条款对当事人商标予以保护的，或系争商标的注册使用不会导致混淆或者误导公众，致使当事人利益可能受到损害的，商标注册部门无须对当事人商标是否驰名进行认定。

诚实信用是民商法的基本原则，也是市场经济活动中的基本道德准则，要求一切市场参与者在不损害他人利益和社会公益前提下，追求自己的利益。因此，请求驰名商标保护的当事人，对其所述事实及所提交证据材料的真实性、准确性和完整性负责，对严重失信行为当事人的商标是否驰名不再进行认定。

认定驰名商标需要的证据材料

鉴于驰名商标的重要价值和作用，要求当事人举证责任亦更严格，需要提供的证据材料更为周全严谨。2022年1月1日起施行的《商标审查审理指南》明确，对非传统经营方式、非传统媒体形成的使用证据予以认可，并根据实际情况增加了部分证据提交的形式。例如，除了传统的合同、发票、提货单、银行进账单、进出口凭据等证据外，增加了网络电商销售记录等相关材料作为商标使用证据；在审查销售区域范围、销售网点分布及销售渠道、方式的相关证据时，明确包括传统经营方式和非传统经营方式；在审查媒体广告、评论、报道、排名及其他宣传活动材料时，明确包括传统媒体和非传统媒体等；在审查纳税额相关证据时，除了税务机关出具的纳税证明原件、经公证的纳税证明复印件外，增加了经公证的电子版纳税证明打印件等。

《商标法》第十四条，驰名商标应当根据当事人的请求，作为处理涉及商标案件需要认定的事实进行认定。认定驰名商标应当考虑下列因素：

（一）相关公众对该商标的知晓程度；

（二）该商标使用的持续时间；

（三）该商标的任何宣传工作的持续时间、程度和地理范围；

（四）该商标作为驰名商标受保护的记录；

（五）该商标驰名的其他因素。

实践中，具体可细化为15组相关证据材料和六个方面的要求。

第一组证据材料，包括申请人的主体资格和企业发展变更过程的证据材料。如企业发展概况，是指创建时间、发展历程、经营范围、管理制度、技术人才、产品质量、执行标准、销售团队、广告宣传形式及投入、社会公益等。

第二组证据材料，该商标所使用的商品或者服务的合同、发票、提货单、银行进账单、进出口凭据、网络电商销售记录等。

第三组证据材料，该商标所使用的商品或服务的销售区域范围、销售网点分布及销售渠道、方式的相关材料（包括传统经营方式和非传统经营方式）。

第四组证据材料，涉及该商标的媒体广告、评论、报道、排名及其他宣传活动材料（包括传统媒体和非传统媒体）。

第五组证据材料，该商标所使用的商品或者服务参加展览会、博览会的相关材料。

第六组证据材料，该商标的最早使用时间和持续使用情况的相关材料。

第七组证据材料，该商标在我国及其他国家、地区的注册证明。

第八组证据材料，该商标被认定为驰名商标并给予保护的相关法律文件，以及该商标被侵权或者假冒的情况。

第九组证据材料，具有资质的会计师事务所出具的使用该商标的商品或者服务的销售额、利润、纳税等经营情况的财务审计报告以及广告投放情况。

第十组证据材料，具有公信力的权威机构公布的使用该商标的商品或者服务的销售额、利税额、产值的统计及市场占有率、广告额统计等，如统计部门出具的统计证明、税务部门出具的纳税证明等。

第十一组证据材料，该商标的商品或者服务在全国同行业中的排名或市场占有率情况。国家行业主管部门的证明、国家行业主管部门官方公开数据、在民政部登记的全国性行业协会公开或半公开的数据及出具的证明、权威评价机构的评价等能够证明行业排名或市场占有率的材料。

第十二组证据材料，该商标的商品或服务获得国家发明专利的情况以及当事人自主创新的其他情况。

第十三组证据材料，该商标的商品或服务的技术作为国家标准、行业标准的情况。

第十四组证据材料，该商标获奖情况。

第十五组证据材料，其他可以证明该商标知名度的材料。

六个方面的具体要求如下：

一是该商标商品或者服务的销售、经营情况应当有销售合同、发票等有效证据支持。当事人应提供销售合同或销售发票等证据证明该商标商品或者服务已在多省（自治区、直辖市）销售、经营。

证明当事人经济指标的企业年度报告或者上市公司的上市年报应提交原件或经公证的复印件。纳税额应当有税务机关出具的纳税证明原件、经公证的纳税证明复印件或经公证的电子版纳税证明打印件支持。

二是当事人应提交该商标的广告合同、发票、广告载体等证据，用以证明该商标宣传的广告费用、形式载体、持续时间、覆盖范围等情况。

三是上述证据原则上以系争商标申请日之前的证据为限，该商标为未注册商标的，应当提供证明其持续使用时间不少于五年的证据材料；该商标为注册商标的，应当提供证明其注册时间不少于三年或者持续使用时间不少于五年的材料。

四是当事人提交的域外证据材料，应当能够据以证明该商标为我国相关公众所知晓。

对请求认定该商标为驰名商标的，不能满足上述全部条件，但当事人已提交的在案证据能够证明该商标在市场上确实享有较高声誉，足以认定为驰名商标的，也可以认定。

驰名商标的认定，不以该商标在我国申请注册或者该商标商品或服务在我国实际生产、销售或者提供为前提，该商标商品或服务的宣传活动亦为该商标的使用，与之有关的材料可以作为判断该商标是否驰名的证据。

五是用以证明该商标持续使用的时间和情况的证据材料，按照商业惯例，应当能够显示所使用的商标标识、商品或者服务、使用日期和使用人。

六是当事人请求驰名商标保护应当遵循诚实信用原则，并对事实及所提交的证据材料的真实性负责。对于当事人提交虚假材料或者有不良企业信用记录的，不予认定。

回顾驰名商标制度建立之初，到2009年司法解释的出台，我国对驰名商标的认定大体呈现出一种由松到紧的趋势，保护范围扩大、保护力度加大、保护领域增大，其侵权赔偿数额亦不断增多。当商标达到一定知名度，面对侵权纠纷时，可向行政和司法机关申请维护自身权益，并申请认定为驰名商标，予以保护。

2020年9月25日，某蓝月亮纸业有限公司、某金八马生活用纸有限公司，因侵犯广州蓝月亮实业有限公司，以及其商标许可方蓝月亮（中国）有限公司“蓝月亮”商标的专用权和许可使用权，共同赔偿经济损失及合理开支合计1 000万元。某理文卫生用纸有限公司制造“蓝月亮”纸巾商品，对赔偿数额中的300万元承担连带赔偿责任。早在2015年12月，某金八马生活用纸有限公司在第16类纸巾等商品上申请注册“蓝月亮”商标（后转让某蓝月亮纸业有限公司），被商标局认定为是对广州蓝月亮实业有限公司驰名商标“蓝月亮”的抄袭和模仿，故最终核准不予注册。由此可见，某蓝月亮纸业有限公司和某金八马生活用纸有限公司，主观上明显具有让消费者混淆的故意和恶意，其企图利用对方企业字号和商标知名度，以及高品牌价值来推销自己的产品以混淆消费者认知、牟取不正当利益，侵犯原告就涉案驰名商标享有的权利。

2020年4月15日，广东省高级人民法院宣判红日商标侵权及不正当竞争案二审判决维持一审。某智美公司等5大被告，共同向广州市红日燃具有限公司赔偿5 000万元。1993年起，广州红日公司持续使用“红日”字号，经营的“红日”牌厨卫产品在行业内享有盛誉，获得多项荣誉，“红日及图”注册商标获驰名商标保护。自2016年以来，某智美公司和4家经销商在明知广州红日公司知名度的情况下，仍联手利用广州红日公司原销售渠道和网点，将生产同类型产品的“红日E家”与“红日”并列销售，配合各种宣传与营销手段，误导公众以为二者同属一家，甚至声称“红日E家”是“红日厨卫”的升级版，攀附企图恶意明显。

以上案例，偷鸡不成蚀把米，教训深刻。事实再次表明，“傍名牌”“搭便车”等投机取巧行为不是正道，只有自主创新、尊重原创、诚信守法、规范经营，才是商标品牌发展的康庄大道。

总之，驰名商标不是终身荣誉，而是法律保护概念，认定驰名商标是为了获得法律规定的特殊保护。要把这块“金字招牌”“百姓口碑”擦得更亮，应当像爱护自己的眼睛一样爱护好自己的驰名商标，要“眼观六路，耳听八方”。具体需要把握以下四点：一是依法用好驰名商标；二是进一步提升驰名商标知名度美誉度；三是不断拓展发展空间；四是精心编织驰名商标保护网。

简析北京 2022 年冬奥会知识产权保护工作的启示与思考

——以吉祥物“冰墩墩”为例

赛场上，运动健儿奋力拼搏，比赛如火如荼；赛场外，冬奥会吉祥物冰墩墩，卖到断货，成为新晋顶流。商标、版权、专利、奥林匹克标志……全方位的知识产权保护，不仅为冬奥会顺利举办保驾护航，更展现出我国严格保护知识产权的良好形象，成为奥林匹克事业的一个“金字招牌”。特别是“一墩难求”现象，不仅体现出此次冬奥会衍生品的市场价值，更反映出我国知识产权保护水平的持续提升以及对冬奥会知识产权的超强保护，北京冬奥组委知识产权保护工作更加精准细致、规范到位，更有针对性、实效性。为此，笔者通过知识产权的视角，仅以吉祥物“冰墩墩”为例，从一个侧面简要分析此次冬奥会知识产权保护工作七个方面的启示与思考，以期抛砖引玉，加强深入研究。

提高思想认识，顶层谋划部署。党的十八大以来，党中央、国务院高度重视知识产权工作，对全面加强知识产权保护作出一系列重要部署，为做好北京2022年冬奥会知识产权保护工作提供了制度保障和有力支撑。习近平总书记指出：“办好北京冬奥会、冬残奥会是党和国家的一件大事，是我们对国际社会的庄严承诺，做好北京冬奥会、冬残奥会筹办工作使命光荣、意义重大……，努力为世界奉献一届精彩、非凡、卓越的奥运盛会。”北京奥组委、北京冬奥组委深刻学习领会习近平总书记重要指示，不断提高政治判断力、政治领悟力、政治执行力，把做好冬奥会、冬残奥会知识产权保护工作作为办好冬奥会、冬残奥会的重要一环，高度重视、高位推动，健全组织领导，成立工作专班。坚持科学研判、精心安排，下好先手棋，打好主动仗，从筹办之初就把冬奥会、冬残奥会知识产权的创造、运用、保护、管理等工作，与其他工作全面同步谋划、同步部署、同步管理、同步检查、同步考核，形成全流程、全链条、全要素“一体化、扁平化、体系化、机制化”保障格局。

完善制度机制，明确职责分工。小智治事，大智治制。北京冬奥组委根据时代发展的变化，着眼“四个结合”，即问题导向与效果导向、日常监管与专项整治、重点区域与面上排查、宣传引导与严厉查处相结合，不断完善“共、大、准、严、快、优”知识产权保护工作制度机制。对外，建立会商交流、沟通通报等协调结构，争取国际奥委会和国际残奥委会支持与授权，通过法律文件取得相关知识产权。对内，定分工、定人员、定岗位、定职责，多管齐下，形成合力。一是制定《北京2022年冬奥会和冬残奥会奥林匹克标志知识产权保护专项行动方案》《北京2022年冬奥会和冬残奥会奥林匹克标志知识产权保护专项行动实施方案》《北京冬奥会和冬残奥会等奥林匹克知识产权保护工作指引》等规章制度，细化保护时间、内容、标准、要求等，为依法快速处置涉奥林匹克标志侵权假冒等违法行为提供指导；二是广泛深入动员，搞好宣讲培训，增强其他有关部门知识产权保护意识、配合意识，形成齐抓共管良好局面；三是建立协同机制，冬奥会和冬残奥会举办期间，坚持案件日报告、周汇总机制，涉嫌奥林匹克标志侵权案件相关情况随发随报。赛区所在地知识产权部门、市场监管部门加强区域和部门协作。赛区以外各地知识产权部门、市场监管部门积极主动加强与北京市、河北省相关工作协同，各地建立与电商平台联动和信息推送机制；四是将保护工作成效纳入2022年知识产权行政保护相关考核，做到赏罚分明；五是组建专门法律事务部，匹配各类高素质知识产权人才。

独具匠心创作，标志内涵非凡。高辨识度、稳固的LOGO、形象、语言或故事等，因独具匠心、内涵非凡、设计精致，而易记易看易传播，具备更高的转化率，持续的生命周期。北京冬奥组委通过广泛征集、集思广益、精心筛选和严格评审，一件以熊猫为原型设计创作，将熊猫形象与富有超能量的冰晶外壳相结合，体现冬季冰雪运动和现代科技特点的吉祥物“冰墩墩”

（Bing Dwen Dwen）横空出世。“冰”，象征纯洁、坚强，是冬奥会的特点；墩墩，意喻敦厚、健康、活泼、可爱，契合熊猫的整体形象，象征着冬奥会运动员强壮的身体、坚韧的意志和鼓舞人心的奥林匹克精神。匠心独运的构思、现代时尚的设计、意蕴非凡的内涵，向世界展示了中华文明丰富的形式、智慧的寓意、多彩的风格，体现了国际化与未来感的特征，让“冰墩墩”不仅具有质感、美感，而且具有动感、情感；不仅“活”了起来，也“火”了起来，赢得了全球认同和共情。

科学体系布局，筑牢权利基础。知识产权只有踩在法律节奏上，才能欢快地起舞。2018年7月31日，我国新修订的《奥林匹克标志保护条例》施行，兼顾奥林匹克标志保护与社会公共利益平衡，与相关法律法规融合衔接，拓宽了受保护客体范围，提高了保护水平，使奥林匹克标志同时作为特殊标志和普通商标获得保护成为现实。北京冬奥组委防微杜渐，未雨绸缪，以先见之明实施体系布局，第一时间协调国家知识产权局等对候选吉祥物中英文名称、三维标志等在先权利情况检索查询，提出意见建议。之后，及时申请专利、商标、版权等保护。商标局等有关部门成立专门工作小组，安排审查业务骨干对相关标志依法审核，办理注册、登记、备案和其他手续，使其一经发布便穿上法律“保护罩”。据悉，北京冬奥组委提交申请注册的会徽、名称、缩写、吉祥物、口号等63件标志，在众多类别上得到国家知识产权局授权确权，筑牢了知识产权“防火墙”，实现冬奥会相关知识产权全方位、立体化、无死角保护，解除了后顾之忧。据此，北京冬奥组委开发了16个品类4 500余款特许商品，包括徽章、陶瓷、文具、家纺、邮品、工艺品、户外用品、服装服饰及配饰、毛绒及其他材质玩具等。

广泛宣传引导，注重预防在先。凡事预则立，不预则废。注重关口前移，在冬奥会开幕前通过开展宣传活动、公示预警名单、平台发布公告、开展自律公约等多种形式，防患于未然，是此次冬奥会知识产权保护工作的一个显著特点。第一，各地通过专题宣讲、定向培训、普法宣传、发放资料、面对面讲解等多形式、多渠道广泛开展奥林匹克标志保护宣传活动，对商场、超市、企业、个体工商户等市场主体重点宣传，提升社会公众奥林匹克知识产权保护意识。第二，充分利用信息化手段和大数据优势，在筹办和举行赛事阶段循环播放冬奥公益宣传片和“迎接冬奥、法治同行”普法短视频，在电视广播节目中精准选定时间和观众（听众），开展“知识产权保护与冬奥同行”等活动。第三，对于社会各界为非商业目的依法使用北京奥组委知识产权给予指导，许可赞助机构为商业目的有限度地使用北京奥组委知识产权，不允许赞助机构之外的其他机构为商业目的使用北京奥组委知识产权，不允许商业使用和非商业使用混合交织在一起等。对非冬奥会赞助企业常见侵犯奥林匹克知识产权行为进行“广而告之”，比如传播带有冬奥会元素的短视频，在宣传海报上使用冬奥会相关标志，制造、销售假冒冬奥会标志商品，抢注冬奥会相关口号、标志等，均属于违规违法行为。

聚焦重点摸排，严格整顿治理。打蛇打七寸，治理抓重点。北京冬奥组委注重事前监管，建立保护清单，围绕“五个突出”发力。一是在领域上，突出对易发生冬奥会知识产权侵权的食品饮料、酒类、文体用品、儿童玩具、服装鞋帽等重点领域，大型综合体、商超、运动城等主体市场开展专项检查，全面排查奥林匹克标志使用情况，签订冬奥会知识产权保护承诺书。二是在时间上，突出以冬奥会、冬残奥会国内测试活动、国际测试赛、国际训练周、赛会保障阶段等全要素测试活动为契机，查漏补缺，不断提升治理能力。三是在对象上，突出对未经授权将奥运冠军等较高知名度奥运健儿姓名作为商标进行恶意抢注，进而损害其姓名权及合法权益行为，以及利用与奥林匹克运动或者残奥会运动有关元素开展商业活动，引人误认的不正当竞争行为进行摸排和治理。四是在方式上，突出创新方法形式，充分发挥社会力量，畅通投诉举报渠道，加强市场违法信息排查。五是在力量上，突出发挥法律事务部门专业人员作用，下沉到各场馆，组织、协调、指导各场馆完成“清洁场馆”工作，落实对各场馆赛时商业展示限制性要求。

强化执法保护，严查侵权行为。健全法规制度，关键在于执行。北京冬奥组委坚持从严处置侵犯奥林匹克标志相关专利、商标等知识产权违法行为，对侵犯奥林匹克标志知识产权“零容忍”，发现一起查处一起，形成持续震慑的高压态势。严厉打击未经权利人许可，利用冬奥会和冬残奥会有关元素发布广告，足以引人误认为与权利人之间有赞助或其他支持关系的、误导消费者的违法广告等。重点检查是否具有北京冬奥组委制发的一表一书一答复（《使用申请表》《承诺书》《同意使用答复》）。北京严查涉及违法使用包括冬奥会在内的商标侵权、假冒专利等行为，查扣涉嫌假冒注册商标商品3万余件，涉案金额近亿元，起获假冒“冰墩墩、雪绒绒”冬奥会和冬残奥会吉祥物玩具共计352个。宁夏对2家市场主体未经许可擅自使用奥林匹克标志违法行为，罚款3.75万元。据统计，北京冬奥组委协助国内各地各级行政执法机关，依法查处侵权案件数千起。

知识产权作为无形资产，在体育产业发展中具有核心推动作用，没有知识产权就没有现代体育产业。奥林匹克知识产权，承载着奥林匹克文化，诠释着奥林匹克精神，是奥林匹克运动的宝贵财富。知识产权法律制度，通过有效保护奥林匹克知识产权资产，维护奥林匹克品牌价值，为奥林匹克事业健康发展保驾护航。高水平的知识产权保护，亦是对每一位奋勇拼搏运动员的尊重，对每一项奥运创新科技的激励，对每一场精彩赛事最好的推广。

实践表明，冬奥会不仅是一个体育盛会，也是一个知识产权创造、运用、保护、管理等全链条的检验大会。此次冬奥会知识产权保护工作留下诸多启示，让更多市场主体、人民群众进一步牢固树立尊重知识、崇尚创新、诚信守法、公平竞争的知识产权文化理念，为我国市场主体创造、运用、保护和管理知识产权提供了行动指南，也为其在全球化竞争中运用知识产权维护合法权益，建设世界一流企业提供了生动教材。

2022年4月8日，习近平总书记在北京冬奥会冬残奥会总结表彰大会上指出：“北京冬奥会、冬残奥会既有场馆设施等物质遗产，也有文化和人才遗产，这些都是宝贵财富，要充分运用好，让其成为推动发展的新动能，实现冬奥遗产利用效益最大化。”无疑，此次冬奥会知识产权保护工作的经验和成果等，已成为北京冬奥遗产的重要组成部分，具有深远的历史意义，弥足珍贵，值得倍加珍惜、发扬光大。

丹心化作春江水，一花唤来百花开。知识产权是市场主体的核心竞争力，精心做好知识产权创造，高效做好知识产权运用，严格做好知识产权保护，科学做好知识产权管理，打通知识产权全链条，服务支撑高质量发展，必将催生更多的“创新之花”，助力其在日益激烈的市场竞争中越开越艳。

关于重大工程名称知识产权保护的思考和探讨

随着祖国奋进的铿锵步伐，我国重大工程建设不断取得新成绩。“两弹一星”、载人航天等一批重大工程科技成就，大幅度提升了我国的综合国力和国际地位；西气东输、西电东送等一大批重大工程建设成功，大幅度提升了我国的基础工业、制造业等领域创新能力和水平，加快了我国现代化进程。

重大工程是一类投资规模大、复杂性高，对政治、经济、社会、科技发展、环境保护、公众健康与国家安全具有重要影响的大型公共工程，其业绩流传千秋万代，功勋彪炳史册。

重大工程名称意义重大

重大工程的名称，不仅是代表重大工程的标识，更承载着重大工程的声誉，寄托着重大工程的组织者、研发者、施工者等人员的集体智慧，意义重大。

比如我国自主研制的水陆两栖飞机AG600“鲲龙”，取自“上天为鲲鹏，入海为蛟龙”，寓意水陆两栖；自主研发的卫星导航系统“北斗”，取自“复移小凳扶窗立，教识中天北斗星”，寓意北斗自古就是中华民族的指路明灯；月球车“玉兔”，其形象善良、纯洁、敏捷，与月球车的构造和使命既形似又神似；探月工程“嫦娥”，取自我国古代传说，弘扬传统文化，表达“奔月”决心。

这些大国重器的名字，或大气磅礴，或充满诗意，或超凡脱俗，或形神兼备，好听好记、好看好美，朗朗上口、寓意深远，声名远播、名扬四海，备受人们喜欢，是名副其实的智力成果。加之国家重大工程，天然具有很大社会影响力，它的名称自然也具有很大的商业价值。

重大工程名称注册商标的利与弊

2020年年初，在全国人民团结一心抗击新冠疫情之际，却有部分企业和个人申请注册“火神山”“雷神山”等商标。“火神山”“雷神山”，不仅是一个医院的名称，更是全国人民众志成城抗击疫情的重要标志，承载着全国人民的深厚情感。作为武汉抗击新冠疫情的重要阵地，彰显了中国速度、中国精神，具有特殊意义。

国家知识产权局商标局果断将“火神山”“雷神山”等与疫情相关的商标注册申请依法予以驳回，并表示将进一步完善制度规定，严厉打击非正常商标注册申请行为。

另据中央广播电视总台中国之声《新闻纵横》报道，一款名为“天眼”的香烟在市场流行，烟盒正面右侧刻着“天眼”字样，另一面写有“FAST”。这样的包装容易令人联想到天眼FAST——500米口径球面射电望远镜，而引发社会关注的不仅是因为它的价格、口味，更是因为消费者会误认为它与天眼FAST望远镜之间是否有千丝万缕的联系。

诚然，对于选择用国家重点工程名称申请注册商标的行为，也要理性分析、辩证对待。有的是“不懂不知”，需深入宣传、加强引导；有的则是“明知故犯”，专打“歪主意”，哗众取宠、投机取巧，“蹭热点”“傍名牌”“搭便车”，或者囤积牟利、先注先得再高价出售，甚至以此要挟他人与其进行商业合作等，涉嫌恶意抢注，需要商标注册部门、知识产权保护部门和市场监管部门形成合力，依法惩处。如果代理人知道或者应当知道委托人的恶意申请行为，还提供代理服务的话，也要承担相应法律责任。

重大工程名称知识产权保护应下好“先手棋”

保护知识产权就是保护创新。每一件申请注册的商标，都是一份创意，都是当事人智慧的结晶，都来之不易，但并不是任何名称都可以申请注册为商标，任何人都可以作为商标进行使用。正所谓“经商有道、营销有方”，注册商标有“规矩”。要保持清醒和理智，不可唯利是图，更不可以身试法！

《商标法》第十条第一款第七项“带有欺骗性，容易使公众对商品的质量等特点或者产地产生误认的”；第八项“有害于社会主义道德风尚或者有其他不良影响的”标志不得作为商标使用。

进入新时代，知识产权已经融入我们生活中的方方面面，知识产权的保护越来越重要。习近平总书记在中央政治局第二十五次集体学习时强调“全面加强知识产权保护工作，激发创新活力，推动构建新发展格局”，为新形势下进一步做好知识产权保护工作提供了根本遵循。

笔者期望，全社会要进一步提升知识产权意识，了解、尊重和关心知识产权工作。相关单位要提高对知识产权的重视，善于下好“先手棋”，打好“主动仗”，守好“命根子”。对于类似重大工程的知识产权“核心竞争力”，决不可放任“裸奔”，要在谋划工程建设时不忘谋划知识产权工作、在抓好工程建设时不忘抓好知识产权工作，切实做到提前谋划、及时申请，不仅是对其核心产品，还包括衍生商品、中英文名称等方面，都要周全考虑、科学布局、主动作为。

毛主席与地名的故事

名，是综合心理学、社会学、哲学、历史学、民俗学等学科精髓的成果。

商标品牌的命名则是一项重要的权利，它不仅宣示谁是权利人，更寄托着权利人的思想和情感。一个地方的命名权，更显重要，因为它还标志着该地何时开始成为人类的共同记忆。

地名，乃地之名，亦或地之代号，地为实，名为表，是人们赋予某一特定空间位置上自然或人文地理实体的专有名称。如果把它比喻为一个人的话，那么地为“身”，名为“衣”。其意义通常是地名字面所表达的含义，有时也缘于历史典故，具有社会性、时代性、民族性、地域性、代表性等特征，是人们工作、生活、交往不可缺少的工具。同时，地名也从一个侧面承载和反映一个民族、一个地区的历史演变、风俗习惯和其他自然、人文特征，蕴藏着深邃的内涵。作为一个地方的名片，地名代表着一个地方的形象，成为这个地方实力、特色和文化的综合象征，甚至引领着这个地方的发展。

地名文化寄托着人类美好向往

地名文化是中华民族优秀传统文化的重要组成部分。“上有天堂，下有苏杭”，不仅因为杭州的山水美丽，苏州的园林迷人，更因为杭州的一山一水一路一桥都有美丽的故事和传说，如保俶塔有吴越王钱俶的故事，雷峰塔和断桥有白娘子和许仙的故事，灵隐有飞来峰的传说，岳庙有岳飞抗金的故事等，沉淀着悠久的历史文化，给人们一种情操的陶冶，寄托着一种美好的向往。

地名命名一般有“四种形式”：一是描写自然景观，如方位、距离、主要物产、地理形态和其他特征等；二是记叙人文历史，如居民族姓史迹、重大事件、知名人物传说等；三是寓托思想感情，如歌颂、崇仰、祝福、言志等；四是其他形式，如古老原始地名、移用地名、序号地名等。

我国很多省的名称，都有其独特之处。江苏，是取江宁和苏州两府首字而得名。江即长江，宁即安宁的意思，寓意长江安宁；福建，是取福州、建州两府首字；甘肃，是取甘州（今张掖）、肃州（今酒泉）两府首字；安徽，是取安庆和徽州两府首字；浙江，因其境内有条大河钱塘江（又叫富春江或之江）流向曲折，故名浙江；黑龙江，因黑龙江而得名；吉林，因吉林市而得名；辽宁，因省内有辽河而得名，“宁”寓意辽河“安宁”；内蒙古，则因北临蒙古且蒙古族集中并于1947年建立内蒙古自治区；云南，因在云岭之南而称云南省；广东，因宋朝时属广南东路，明时设置广东省，相对应的广西西路，清时设立广西（今广西壮族自治区）；宁夏，宋时属西夏，元时设置宁夏路，从此省名延续至今；西藏，在清初时分前藏、后藏、喀木、阿里四部，康熙二年合称西藏；新疆，地处我国西北边疆，清光绪年间才设置，有故土新归之意，为此叫新疆。

古代文人墨客善用地名吟诗填词

千百年传承的地名，给历代文人墨客吟诗、填词、作文、绘画等都增添了丰富的词汇，尤其写诗词因多样化的地名称谓使其诗韵更浓。

“城阙辅三秦，风烟望五津。与君离别意，同是宦游人。海内存知己，天涯若比邻。无为在歧路，儿女共沾巾”。唐朝大诗人王勃《送杜少府之任蜀州》中的“三秦”是指陕西，其称谓的由来是：秦朝末年，秦亡后项羽三分关中（即今陕西省），以咸阳以西和甘肃省东部地区封秦降将章邯为雍王，咸阳以东封司马欣为塞王，陕西北部地区封董翳为翟王，合称“三秦”，其三秦名称由此延续下来。陕西简称“陕”或“秦”，又称“关中”，古时指函谷关以西至陇关以东其中间地段，大体上是今陕西辖地。

“泪落故山远，病来春草长。知音逢地易，孤棹负三湘”。是唐朝僧侣诗人贾岛《下第》最后四句。“三湘愁鬓逢秋色，万里归心对月明。旧业已随征战尽，更堪江上鼓鼙声”。是唐代诗人卢纶《晚次鄂州》最后四句。这里的“三湘”指的是湖南。《寰宇记》称湘乡为下湘，湘潭为中湘，湘阴为上湘，合称为“三湘”。又一说湘水上游与漓水合流后叫漓湘，中游与潇水合流后叫潇湘，下游与蒸水合流后叫蒸湘，总称“三湘”。

“三晋云山皆北向，二陵风雨自东来”。是唐朝诗人崔曙《九日登望仙台呈刘明府》颔联，这里的“三晋”指山西。春秋时晋文公建立了强大的晋国，晋文公也成了五霸之一。到了战国时三家分晋，分成燕、赵、魏三国，包括今山西、河北、河南的一部分，后来指山西为三晋。

地名的多样化也彰显了中华文明在地名文化上的博大精深，源远流长。源于维语的克孜勒塔格，其意为红山。“克孜勒”即红色，“塔格”意为“山”，也有“火焰山”的意思；同样源于维语的克拉玛依，其意为“黑色的油”，“克拉”即“黑”的意思，“玛依”即“油”的意思；哈密，由“昆莫”转音而来，意为“太阳升起的地方”。另一说则来自突厥语“库木尔”，其意为“沙子多的地方”。

平遥，上古时期称古陶，原址今平遥乔头村（冀壁），相传炎、黄二帝阪泉之战黄帝得胜，确立了黄帝天下共主的地位，号令天下，大封领地，一日黄帝沿汾河入惠济河巡视至今平遥乔头村（冀壁）一带平原，发现不远处风景独秀，但青烟四起，上岸查看，此地所属一处（今平遥杜村）制陶规模宏大、古朴而甚精，即封此地为古陶，故有“皇帝封鼎于古陶”之说，因避讳，改名为“平遥”。

毛主席一生热爱和钻研地名文化

热爱钻研历史和诗词文化，是毛主席的一大突出个性，他谙熟历史典籍，善于望“名”生义，从人名、地名、物名等方面机敏地联系到历史和寓意，表现出特有的幽默和诙谐。特别是对地名文化“情有独钟”“爱不释手”，每逢一地，经常问到的就是“地名的来历”。

1958年，毛主席决定前往河南南阳视察。诸葛亮的《出师表》中就提到“臣本布衣，躬耕于南阳”，《桃花源记》中的“南阳刘子骥，高尚士也”，都提到了“南阳”。这也说明了南阳这个地方的古老。

毛主席三连问县委书记魏兆铭，其中就有“何以辨襄阳南阳”？彻夜做好汇报准备的魏兆铭，却没有想到毛主席会问这个问题，好在时任河南省委第一书记的吴芝圃见多识广，他从南阳的历史出发，讲南阳的来历，当地条件的优异，又说到诸葛亮的生平……

一问一答，让身为当地父母官的魏兆铭深感愧疚，不了解当地的历史，怎么搞好当地发展，为老百姓做好服务。

同年3月，毛主席视察四川，同样三问，留下一段佳话。在入住成都后，毛主席就让人搜集了许多关于四川的历史人文资料。

毛主席的第一个问题是：成都，为什么会叫成都？在场的人面面相觑，但都想不出来为什么。有人尝试着，将自己的理解说出来，但毛主席听完摇了摇头。事后，有人专门查阅资料，写了一篇汇编《成都的由来》。在这篇文章中，写到成都这个名字，最早在《史记·五帝本纪》：“舜耕历山……一年而所居成聚，二年成邑，三年成都。”看到汇编，毛主席总算点了点头。

毛主席非常重视农业，而农业的发展需要水源灌溉，因此特地去视察举世闻名的水利工程——都江堰。

都江堰坐落在岷江之上，是我国秦朝时期郡守李冰的杰作。都江堰的存在，也让四川平原成了“天府之国”。在周总理、李井泉等陪同下，毛主席走了一遍都江堰。这一次，李井泉特地提前找到都江堰管理处处长张建忠，让他准备应答毛主席的提问。张建忠担任都江堰管理处处长多年，对都江堰相当熟悉，自信满满。他给毛主席讲了都江堰名字的由来以及都江堰的构造。

毛主席听完频频点头，但紧接着毛主席又问：这里是岷江，为何这个工程却叫都江堰？李井泉听到这个问题，不禁联想到“成都为什么叫成都”，手心捏了一把冷汗。

这个问题其实比上面的问题要简单一些，但同样需要去翻看典籍，了解当地的文化才能作答。不出所料，在场的人同样回答不上来。

毛主席也没有再为难众人，自己给出了答案：历史上，都江堰曾用名湔堋、都安堰、楗尾堰，到了宋朝时才出现“都江堰”的名字。之所以叫都江堰，因为这个水利工程是一个系统，“都”有总结、统率的意思，故叫都江堰。

毛主席的解释，让在场的人对都江堰的认识更上一层楼。

一次，毛主席在听取山西省委第一书记陶鲁茄汇报缺水问题时，问“你们山西有个闻喜县，你知道为什么叫闻喜？”陶鲁茄说不知道。毛主席说“汉武帝乘楼船到了这里，正好传来在越南打了大胜仗的捷报，汉武帝就给这个地方起名叫闻喜。汉武帝那时就能坐楼船在汾河上行驶，可见当时汾河水量很大，现在汾河水干了，我们愧对晋民呀。”

毛主席的一番话，让在场的人既增长了地名文化知识、强化了博览史志的意识，又使其倍感汗颜。

毛主席诗词折射革命光辉历程

我国地名见证岁月沧桑、时代变化。作为独领风骚的伟大诗人，毛主席一生留下了上百首诗词，写到了众多地名，不仅记录了他的奋斗足迹和心路历程，同样从一个侧面折射着革命的历程，充满了光荣与梦想、艰辛与喜悦、牺牲与奉献。

——湖南是毛主席的家乡。1910年秋天，17岁的毛泽东离开韶山，前往湘乡县立东山高等小学堂就读，改写了一首题为《七绝·呈父亲》的诗：“孩儿立志出乡关，学不成名誓不还。埋骨何须桑梓地，人生无处不青山。”

1925年深秋，毛泽东路经长沙。故地重游。近处碧绿的湘江水，远处霜色正浓的岳麓山，不禁让他回忆起风华正茂的学生时代，遂写下《沁园春·长沙》：“独立寒秋，湘江北去，橘子洲头。看万山红遍，层林尽染；漫江碧透，百舸争流。鹰击长空，鱼翔浅底，万类霜天竞自由。怅寥廓，问苍茫大地，谁主沉浮？携来百侣曾游。忆往昔峥嵘岁月稠。恰同学少年，风华正茂；书生意气，挥斥方遒。指点江山，激扬文字，粪土当年万户侯。曾记否，到中流击水，浪遏飞舟？”

1936年，毛主席写下《沁园春·雪》：“北国风光，千里冰封，万里雪飘。望长城内外，惟余莽莽；大河上下，顿失滔滔。山舞银蛇，原驰蜡象，欲与天公试比高。须晴日，看红装素裹，分外妖娆。江山如此多娇，引无数英雄竞折腰。惜秦皇汉武，略输文采；唐宗宋祖，稍逊风骚。一代天骄，成吉思汗，只识弯弓射大雕。俱往矣，数风流人物，还看今朝。”

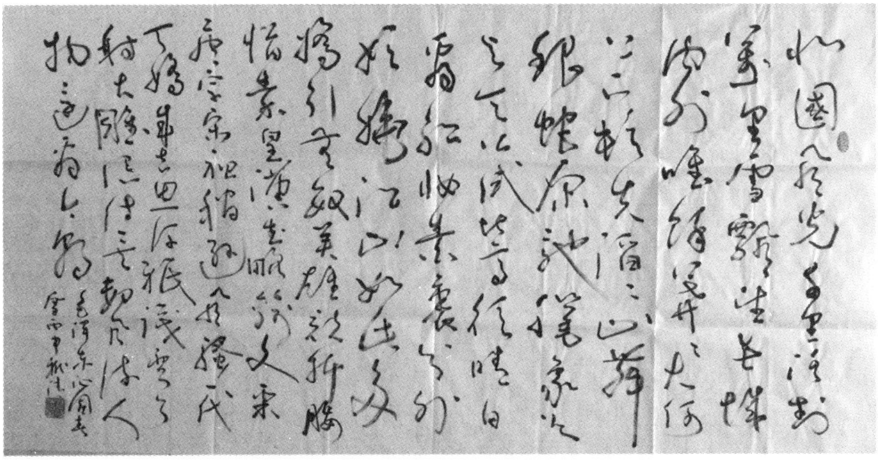

两首词构成了毛主席诗作中同一词牌的两大华章，成为流传最广、引用最多的词。其缘由，除了思绪飞腾、意境高远，还在于前一首诗中所发出的时代之问：“问苍茫大地，谁主沉浮？”在后一首诗词中给出了明确答案，那就是：“数风流人物，还看今朝。”

1959年，阔别家乡32年的毛泽东回到家乡。一首《七律·到韶山》：“别梦依稀咒逝川，故园三十二年前。红旗卷起农奴戟，黑手高悬霸主鞭。为有牺牲多壮志，敢教日月换新天。喜看稻菽千重浪，遍地英雄下夕烟。”道出了一代伟人的浓浓乡情，更写出了人民就是江山的领袖情怀。

——江西是毛主席领导中国革命的摇篮。从秋收起义后率部队挺进井冈山，到踏上长征路，整整7年时间，毛主席的征战足迹，主要是在江西这片红色的土地上。1927年9月9日，毛主席在湘赣边界发动起义，写下《西江月·秋收起义》：“军叫工农革命，旗号镰刀斧头。匡庐一带不停留，要向潇湘直进。地主重重压迫，农民个个同仇。秋收时节暮云愁，霹雳一声暴动。”原文为“修铜一带不停留”，修铜，也就是江西的修水、铜鼓。

井冈山，这块养育了中国革命幼年的红色故地，在毛主席心中占有重要位置。他写下第一首《西江月·井冈山》：“山下旌旗在望，山头鼓角相闻。敌军围困万千重，我自岿然不动。早已森严壁垒，更加众志成城。黄洋界上炮声隆，报道敌军宵遁。”从一个侧面反映了战斗场景跃然纸上，阵阵硝烟扑鼻而来。

1965年5月，正值映山红花开红似火的季节，毛泽东重上井冈山。夕阳西沉，远山如血，登上黄洋界极目远眺，毛主席思绪万千，遂写下《水调歌头·重上井冈山》：“久有凌云志，重上井冈山。千里来寻故地，旧貌变新颜。到处莺歌燕舞，更有潺潺流水，高路入云端。过了黄洋界，险处不须看。风雷动，旌旗奋，是人寰。三十八年过去，弹指一挥间。可上九天揽月，可下五洋捉鳖，谈笑凯歌还。世上无难事，只要肯登攀。”

九死一生如昨。38年过去，置身这方曾经战斗过的故地，一幕幕熟悉的场景犹在眼前。古稀之年的毛主席诗兴大发，创作了《念奴娇·井冈山》：“参天万木，千百里，飞上南天奇岳。故地重来何所见，多了楼台亭阁。五井碑前，黄洋界上，车子飞如跃。江山如画，古代曾云海绿。弹指三十八年，人间变了，似天渊翻覆。犹记当时烽火里，九死一生如昨。独有豪情，天际悬明月，风雷磅礴。一声鸡唱，万怪烟消云落。”毛主席一生之中为一座山三次写诗，唯有井冈山。井冈山、黄洋界，由此名扬天下。

面对逶迤的山峦，一首体现毛主席博大胸襟的壮丽诗篇，如同初升的朝阳喷薄而出，这便是《清平乐·会昌》：“东方欲晓，莫道君行早。踏遍青山人未老，风景这边独好。会昌城外高峰，颠连直接东溟。战士指看南粤，更加郁郁葱葱。”会昌，这个赣南小城，因这首词而声名大噪。

——福建是毛主席确立“思想建党、政治建军”之地。1928年，福建汀江两岸，翻了身的农民分田分地，一派火热气象。毛主席为革命前景所鼓舞，遂写下《清平乐·蒋桂战争》：“风云突变，军阀重开战。洒向人间都是怨，一枕黄粱再现。红旗跃过汀江，直下龙岩上杭。收拾金瓯一片，分田分地真忙。”据说，这首词是毛主席在马背上吟出。

1929年，中央“九月来信”，已是菊花怒放的九月重阳。身体渐渐好转的毛主席，登临上杭城里的临江楼，听远山隆隆炮声，望脚下奔流江水，心情一如秋日晴空，再也抑制不住澎湃的诗情，文如泉涌，一气呵成《采桑子·重阳》：“人生易老天难老，岁岁重阳。今又重阳，战地黄花分外香。一年一度秋风劲，不似春光。胜似春光，寥廓江天万里霜。”

——长征是毛主席领导的空前绝后军事奇迹。贵州地名首次出现在毛主席诗作中，是他在血色黄昏中登上千古雄关娄山关，吟诵出千古绝唱《忆秦娥·娄山关》：“西风烈，长空雁叫霜晨月。霜晨月，马蹄声碎，喇叭声咽。雄关漫道真如铁，而今迈步从头越。从头越，苍山如海，残阳如血。”

仰望云天，秉性坚强乐观自信的毛主席用一首《清平乐·六盘山》：“天高云淡，望断南飞雁。不到长城非好汉，屈指行程二万。六盘山上高峰，红旗漫卷西风。今日长缨在手，何时缚住苍龙？”抒发了其壮志豪情，像高山一样雄阔。

四渡赤水、佯攻贵阳、威逼昆明、巧渡金沙，强渡大渡河，飞奔泸定桥，翻越巍巍雪山……一个个地方，一处处险境，一步步生死。毛主席神来之笔遂成《七律·长征》：“红军不怕远征难，万水千山只等闲。五岭逶迤腾细浪，乌蒙磅礴走泥丸。金沙水拍云崖暖，大渡桥横铁索寒。更喜岷山千里雪，三军过后尽开颜。”

一首56字的七言律诗，不仅展示了长征的精神，描绘了红军的风采，还把绵亘于江西、湖南、广西之间的五岭，云贵之间的乌蒙，云南境内的金沙，四川境内的大渡河、泸定桥和耸立于川甘交界的岷山等，一一引入诗中。仿佛一幅壮阔的图景，又仿佛一台威武的战争活剧。气势之磅礴，气魄之宏伟，格调之高昂，史所罕见。这是有着革命的英雄主义和革命的浪漫主义的伟人，才具有的豪迈诗情。

无限风光在险峰，千古绝句在胸中。毛主席用他雄奇豪壮的诗句，把一座座山、一条条河、一座座城市、一处处地名写进了诗作，赋予了它们以神韵、以瑰伟，成为地名文化百花园中一朵永不凋谢的奇葩。

管理

商标品牌之力

管

“一二三四”识别假冒注册商标

生活中，你是否遭遇过假冒名烟名酒、名鞋名包，有些越是高档奢侈品，越是驰名商标，假冒的则越多，如“蒙口”牌羽绒服价格基本上五位数，目前却时常可见。

假冒商品通常带有商标，是一种强大的经济利益驱动下的假冒他人商标的“搭便车”“傍名牌”行为。

使用假冒商品有多大危害？不仅导致经济损失、心理伤害，有时更严重。如使用了假冒杀虫剂，一整年的农作物可能毁于一旦。

随着时代发展，根据商标作出购买选择，“据牌购物”已成为很多消费者的行为自觉，那么如何识别假冒注册商标？简言之，就是消费者要不断提高自身消费的基本知识和辨识能力。

商标与假冒注册商标

商标，是商品的生产者、经营者在其生产、制造、加工、拣选或者经销的商品上或者服务的提供者在其提供的服务上采用的，用于区别商品或服务来源的，由文字、图形、字母、数字、三维标志、颜色组合，或上述要素的组合，具有显著特征的标志。

假冒注册商标，是指为了达到冒充他人商品或服务项目的目的而在商品或服务项目上使用他人注册商标的行为，以及为实现此目的而实施的预备行为。

《商标法》第三条“经商标局核准注册的商标为注册商标，包括商品商标、服务商标和集体商标、证明商标；商标注册人享有商标专用权，受法律保护”。

《商标法》第六条“法律、行政法规规定必须使用注册商标的商品，必须申请商标注册，未经核准注册的，不得在市场销售”。

根据商标法规定，商标所有人可以允许他人在其商品上使用其注册商标。未经许可，不得在相同或相似的商品上使用与他人注册商标相同或类似的商标。

未经注册商标所有人许可，在同一种商品或类似商品上使用与其注册商标相同或者近似商标的行为属于假冒商标行为。包括以下四种行为：①在同一种商品上使用与他人注册商标相同的商标；②在同一种商品上使用与他人注册商标相近似的商标；③在类似商品上使用与他人注册商标相同的商标；④在类似商品上使用与他人注册商标相近似的商标。

火眼金睛识真假

由于注册商标的形式多种多样，假冒商标的形式也五花八门。辨别真假，有一个基本准则，就是以普通消费者的一般注意力作为评判主观标准，采取整体比较与商标显著部分比较相结合的方法，进行综合判断，具体可运用“一找二看三辨四验”的方法和步骤。

“一找”，就是在商品外观、包装或说明书上找标识或标记，如图形、汉字或拼音等，这就是商标。正规产品的商标绝大多数都已是注册商标，而且在醒目位置。如果是假冒商标，则放在边缘或不起眼的地方，比较隐蔽或模糊。

“二看”，就是首先看商标旁边是否留有R标签（表示该商标已注册）或“注册商标”注记。如果该商品没有注册商标，却标有“R”，就属于假冒商标；其次查看该商品的防伪标签是否完整，防伪方式是否说明。

“三辨”，就是仔细辨认，正品商标，材质好，印刷精致，文图清晰，色泽纯正；假冒商标，纸质差，印刷粗糙，文图模糊，版面不洁，无防伪标记。比如，假冒“娃哈哈”会写成“哇哈哈”，假冒“lining”会写成“linong”，假冒“奥利奥”会写成“粤利粤”，用以迷惑消费者。

“四验”，就是用手机扫描产品包装上的条码或二维码，查看是否为正品商标；或者，事先到正品官方网站查找其商标图样，与实际要买的商品的商标仔细比对。一般情况下，正规商品都标注查询的网站、短信、电话等。

依法维权有保障

2019年年底，中办、国办印发了《关于强化知识产权保护的意见》，从“严保护、大保护、快保护、同保护”四个方面，对新时代强化知识产权保护做了顶层设计和整体部署，为消费者维权提供了强力支撑。

发现购买了假冒注册商标的商品不用慌，首先要固定证据，保留好购物小票、消费发票和物品，或者图片、录音、录像资料等证据。

可以和商家协商退货退款，协商不成的，可向市场监管部门举报或拨打消费者专线电话12315，必要时还可以向法院起诉，通过法律途径维权。

当前，随着电商平台的兴起，互联网领域将未注册商标冒充注册商标使用的违法行为也越来越多，且呈现出多样化、复杂化特征。

生活中，消费者需要把握三点，一是擦亮眼睛，购买商品防粗心，看清商标名称，提高甄别能力；二是耐心细心，分辨商品来源，核验生产厂商；三是理性消费，对品牌追求适可而止，对品牌和价格明显不匹配的保持警惕，不盲目不攀比不跟风，防止落入陷阱。

商标转让和许可必须了解的“十个方面”内容

经国家行政机关核准注册的商标，受法律保护，不仅具有专用权，而且具有转让、使用许可等权利。实践中，在进行商标转让和许可时，必须了解以下“十个方面”内容。

一是学懂弄通法律含义。《商标法》第四章第四十二条“转让注册商标的，转让人和受让人应当签订转让协议，并共同向商标局提出申请。受让人应当保证使用该注册商标的商品质量。转让注册商标的，商标注册人对其在同一种商品上注册的近似的商标，或者在类似商品上注册的相同或者近似的商标，应当一并转让。对容易导致混淆或者有其他不良影响的转让，商标局不予核准，书面通知申请人并说明理由。转让注册商标经核准后，予以公告。受让人自公告之日起享有商标专用权”。第四十三条“商标注册人可以通过签订商标使用许可合同，许可他人使用其注册商标。许可人应当监督被许可人使用其注册商标的商品质量。被许可人应当保证使用该注册商标的商品质量。经许可使用他人注册商标的，必须在使用该注册商标的商品上标明被许可人的名称和商品产地。许可他人使用其注册商标的，许可人应当将其商标使用许可报商标局备案，由商标局公告。商标使用许可未经备案不得对抗善意第三人”。

二是核实商标法律状态。商标转让和许可时，首先必须核实商标的状态。有几种情况不能转让和许可，如无效的注册商标、续展期内的商标、被法院冻结的商标等不能转让和许可，已办理质押登记的商标只有在解除质押后才能转让和许可。

三是核实转让人信息。转让申请书上的地址名称，应当与商标注册证上权利人的地址名称一致，确保转让人就是该商标的权利人。

四是核实是否被重复转让。查询该商标是否有转让信息，防止重复转让，“一件商标多次转让”牟取暴利，损害受让人权益。

五是核实商标许可情况。查询该商标是否有许可信息，防止重复许可，“一件商标多家许可”，牟取暴利，损害受让人权益。

六是核实商标是否被质押。未经质权人和人民法院同意，无论是已办理质押登记的商标，还是被法院查封的商标，均不得转让和许可。

七是核实共有商标所有人。属于多人共有商标的，转让和许可须经所有权利人同意。集体商标转让的，受让人须提交商标使用管理规则和集体成员名单；证明商标转让的，受让人须提交商标使用管理规则。

八是核实商标相同或近似情况。转让和许可注册商标的，商标注册人对其在相同或类似商品上注册的相同或近似商标应当一并转让和许可。转让和许可注册商标申请，不应可能产生误认、混淆或者其他不良影响。

九是签订商标转让和许可协议。双方履行法律手续，签订商标转让和许可协议，维护双方权益。

十是等待发布核准公告。商标转让和许可是否完成，要以商标行政部门发布的核准公告为准。在法定期限内，如果没有核准公告，即未完成商标转让和许可。

教育培训服务类广告乱象亟须整改

“在家上高途·成绩进步大……”“上作业帮直播课，名师辅导来帮忙……”“做题，就用猿辅导搜题……”微信、抖音、电视、电梯间、地铁和公交站……目之所及，皆为教培广告，可谓“乱花渐欲迷人眼”。疫情以来，原本火热的教培机构，以在线的方式继续“攻城略地”，抢占生源。

据北京市市场监督管理局2020年10月广告监测报告，第二部分“互联网媒体广告监测情况”第五位为教育培训服务类，涉嫌违法广告量为138条次；11月广告监测报告，第二部分“互联网媒体广告监测情况”第四位为教育培训服务类，涉嫌违法广告量为228条次；12月广告监测报告，第二部分“互联网媒体广告监测情况”第四位为教育培训服务类，涉嫌违法广告量为232条次。其主要违法表现为：（1）对教育、培训的效果作出保证性承诺；（2）利用专业人士、受益者等形象作证明。其呈现连续三个月递增趋势，不得不引起重视。

另据未来网报道，2021年1月18日，猿辅导、作业帮、高途课堂、清北网校4家在线教育头部企业的广告在微信朋友圈和社群刷屏，这四家K12在线教育同类型竞品请了同一位“女老师”为其背书。此次“撞脸”营销事件并非偶然，在线大班课品牌学而思网校和猿辅导的短视频广告也纷纷“中招”。在广告中，一名年轻男子，角色从“从业6年的中学老师”摇身一变成为“为孩子着急的父亲”。

同日，中央纪委国家监委网站发布文章直指风口浪尖上的在线教育乱象与监管问题，直言“校外线上培训机构普遍通过融资进行资本运营，但过于逐利”。文章接受采访的教育部基础教育司相关负责人坦言，在线教育运营模式存在风险，一些线上培训机构为了获取客源，不把钱用在提高服务质量的刀刃上，而是用在各大媒体上铺天盖地做广告上，营造所有孩子都需要参加培训的氛围，加重家长的焦虑。

这些在线教育机构面对的是未成年人群体，具备教育初心是其应有之义，坚守对未成年人群体从业的良心更是职业操守。虚假、夸大其词的宣传，“名师执教”“拉高排名”的噱头，明显违反《中华人民共和国广告法》，应该“悬崖勒马”。尤其是代表公信力的“官媒”更应从严把关，不能擅自发布此类广告。对其他未尽核实的、只牟利不负责、违法违规发布此类广告的，则要依法严惩，以此树立正确导向。

须知，知识付费二次起飞，盲目消费不能二次入坑。一些课程质量不高，学不到一半就被迫放弃了。即便有好的内容，利用碎片化的时间学，专注度不够，其实效果也事倍功半。因此，教培乱象须出“重典”，多措并举、综合施策，方可使教育这个百年大计，真正回归本源，有所建树。

让“中国棉花”品牌更加熠熠生辉

中国地大物博，物产丰富；中国商标品牌，实至名归。特别是中国棉花，棉杆壮、棉桃大，纤维细柔、晶莹雪白，不仅拥有“产量、消费量、纺织品服装产量和出口额”三个全球第一，而且由于99%都是手摘棉，加工工艺比机采棉简单，纤维损伤小，纤维长度长、强度高，棉花品质在国际上属于中等以上水平。其中，新疆棉花则是中国棉花的优中尚品。

2009年，中国棉花协会运用中国传统水墨画技法，设计制作了“一朵成熟吐絮的棉花”图案，并在第24类上申请注册为证明商标，核准使用在“棉织品、纱布”等商品上。之后，中国棉花协会陆续在第22类、第25类、第35类、第41类等多个类别上申请注册了证明商标，核准使用在“纺织纤维、服装、广告传播、安排和组织大会”等商品和服务项目上，用于证明使用本标志产品的特定品质。经过广泛使用和推广，其商标品牌已享誉中外，深受消费者欢迎。

然而，一段时间以来，若干国际服装品牌商发表声明禁用新疆棉花产品，一边抵制新疆棉花，一边又惦记在中国赚钱，显然不是所谓的劳动问题，而是针对中国的棉纺织产业和不可告人的其他企图。其心可诛，其行可鄙。

须知，几百年前中国就有“男耕女织”的传统，清代就确立了“苏绣、湘绣、粤绣、蜀绣”为四大名绣，成为国家级非物质文化遗产，不仅是绣工细致、独具匠心，关键是布料质地优良、细腻柔软，其生产制作的服饰、鞋帽、工业布料等远销海内外，造福了全人类。

特别是近年来，中国棉花协会对使用“中国棉花”证明商标的产品，严格加强质量监管，国产性、纯棉性、优质性是必须具备的基本条件，即中国棉花证明商标产品，使用国产棉须达到60%及以上，棉纤维含量须达到95%

及以上，内在质量及外观品质要求应达到相应产品的现行国家标准或行业标准的优等品指标，符合生态环保要求。

同时，随着中国加强对知识产权保护力度不断加大和“商标品牌战略”的深入实施，“中国棉花”证明商标的产品在质量和品牌道路上，双管齐下、比翼齐飞，日益追求优质卓越、精益求精，其商标品牌可谓硬邦邦、响当当、亮堂堂，名副其实彰显了中国创造、中国质量、中国品牌。

千淘万漉虽辛苦，吹尽狂沙始到金。作为高质量、强品牌象征的中国棉花，怎么能随意被扭曲、随意被毁誉？

“中国经济是一片大海，而不是一个小池塘”。中国经济的“大海”，是壮阔之海，无惧任何狂风骤雨，始终顺应时代潮流奔涌不息；也是开放之海，真诚向世界敞开胸怀，始终与各国合作共赢。

历史大势浩荡前行，中国步伐铿锵有力。任何凭空捏造、违背事实的恶意歧视，任何破坏规则、逾越底线的投机心理，任何肆意栽赃陷害、打压中国品牌的霸凌行径，注定无耻、无用和无功，终究得不偿失，竹篮打水一场空。历经风雨洗礼的“中国棉花”一定会更加枝叶茂盛，“中国棉花”品牌一定会更加熠熠生辉。

维权获赔 8 000 万元背后的小米品牌战队

2022年4月26日是第22个世界知识产权日，在国家知识产权局举办的“云开放日”活动上，国家知识产权局有关部门发布了2021年度知识产权行政保护典型案例、专利复审无效十大案件、商标异议和评审典型案例。事实上，已有一部分企业在维护自身品牌的路上积累了有益经验。其中，小米科技有限责任公司（以下简称“小米”）两起维权胜诉案展现了其知识产权团队强大的服务能力和贡献率。

2021年3月，小米等企业诉某奔腾电器有限公司等侵害商标权及不正当竞争纠纷案，获赔5 000万元人民币。原因主要是该公司等在其销售的“电炊具、热水器、电压力锅”等商品上使用了“小米生活”商标。

2021年12月31日，小米诉某小米公司商标侵权及不正当竞争案，获赔3 000万元。原因是该公司在其销售的充电器、移动电源、风扇、按摩仪等商品上使用了“小米数码专营店”“小米专营店”“小米”等字样。

小米之所以在上述这两起案件中胜诉，是因为在其他公司使用与“小米”相同或近似的商标之前，小米公司已经进行了全方位立体化的商标布局。2011年4月，小米就申请注册了“小米手机”“小米”商标，核定使用在第9类“便携计算机、计算机游戏软件”“手提电话、可视电话、手提无线电话”等商品上。之后，小米陆续在第35类广告宣传、第38类电话业务、第42类技术研究、第11类暖器、第45类交友服务、第14类手表、第37类手机维修、第42类工业品外观设计等商品和服务项目上，申请注册了“小米”“米家”“小米手机”“MI”“MIUI”“小米之家”“米家生活”“紫米”“黑米”“红米”“智米”等数千件商标。

小米的商业成就，离不开其业务精湛的知识产权团队。回顾其发展壮大历程，知识产权的贡献度有目共睹，贡献率不断提升。可以说小米系列IP是公司核心竞争力之一，没有知识产权就没有小米的今天。

通过多维度剖析，可以发现小米IP团队建设具有以下特征：

一是IP战略清晰。小米从创立之初就充分认识到知识产权的重要性，在谋划企业定位、产品创新、业务布局的同时，全面谋划国际国内知识产权布局，包括PIC国际专利、马德里商标国际注册申请等，制定知识产权创造、运用、保护和管理等各类方案。小米还建立了完整的IP海外申请策略及流程、主动监控体系、风险排查体系及维权打假体系，从申请到使用，从监控到排查，提早预见风险，做好闭环的IP风险防范措施。小米快速建立了一套系统完善的知识产权战略体系，并与时俱进，不断完善。

二是组织机构健全。企业高管专人负责，组建法务部门，专设独立知识产权机构，分级分类分层建立管理体系，配备专利、外观设计、商标、版权等专业人才，拥有专业全能的IP注册、维护、推广、保护和管理团队，高度匹配知识产权全链条业务。

三是人才素质过硬。经过多年培养培训和人才储备，小米法务部拥有全职员工200多人，不仅具有较高学历背景，而且近1/4具有10年以上从业经验，熟悉业务所在国法域程序特点。其IP人才，可谓知识产权界的精英。

四是业务范围全面。小米IP团队拥有集专利申请、专利分析、专利诉讼、版权、数据隐私保护、专利许可、商标申请注册及品牌管理等于一体的业务，经过多年发展，已从粗放式一把抓的草创时期进入职责细分、高专业度阶段。

五是高频塑造IP。小米商标品牌，设计独具匠心、内涵丰富，始终坚持以稳固的LOGO、形象、语言和故事等，增强高辨识度、高认同感。小米通过IP与受众高频互动，在一系列消费场景、行为场景中持续提升转化率。

六是紧跟创新不止步。小米生态链依赖强大的科研实力，高端技术的投入不断增加。2020年，小米的研发员工占公司员工总数47.12%。IP团队同样没有停止创新的步伐，紧跟技术创新，同步保驾护航。强劲的创新势头，形成强大而持久的发展动力。

七是规范使用管理IP。科学规范使用管理IP，可以防范IP风险，不给竞争对手提供侵权“机会”。对内，小米制订IP使用指南，对员工和代理商进行培训；对外，小米在推广使用上进行广告投入，增强IP知名度。同时，小米一旦发现被侵权行为，视情况及时发出法律函提示警醒和发起诉讼。特别是小米在商标使用时，注重防范“模糊性”“贬损性”“曲解性”和“商号化”“动词化”使用。市场上曾经有小米的竞争对手组织化、专职化、分散化抢注“小爱同学”商标等，均未得逞。

八是注重市场调查监控。小米保持敏锐的市场嗅觉，善于学习借鉴优秀企业IP使用管理经验，举一反三，提高IP使用管理效益。小米对IP的使用情况及时进行市场调查和监控，一旦发现不良苗头和倾向，果断采取有效措施“查漏补缺”，完善管理，消除隐患。

九是把握主动积极维权。在IP布局上，团队根据项目情况，主动分析规划产品创新点、重要布局点。每一项产品立项之初，就从品牌、专利、隐私、开源等多个角度开展论证，并根据业务需求和产品方案进行相应排查，清除风险。同时，小米一方面通过申请对IP的授权确权，扩大专用权保护范围，有效防止其他竞争者恶意侵权；另一方面当发现市场有不规范和不依法使用自家IP时，勇于制止，善于取证，维护权益。

近年来，小米依靠知识产权，积极维护自身的合法权益，维权涉案金额累计高达9位数，有力保障了小米集团和消费者权益；另外，小米也充分尊重他人的知识产权，一直致力于在公平、合理条件下与权利人协商，合作共赢。

其实，不仅小米，国内很多电子科技企业都日益注重知识产权的保护，并且在这方面取得了丰硕成果。欧洲专利局2022年4月5日发布《2021专利指数报告》。报告显示，来自中国的华为公司2021年共向欧洲专利局申请专利共计3 544项，成为申请专利数量最多的企业。

总之，创新是引领发展的第一动力，保护知识产权就是保护创新。提升企业知识产权意识，形成“尊重知识、崇尚创新、诚信守法、公平竞争”的良好氛围，实施健康完善的全方位IP布局，不仅有利于在产品发展和市场占有上形成“技术壁垒”，保障产品经营安全，减少在生产经营过程中遭遇各类侵权事件的发生，而且还能够不断提升和延伸IP的升值和赋能，助力建设世界一流企业。

中小企业加强知识产权建设需把握的“三个要点”

知识产权，主要是指公民或法人等主体依据法律规定，对其从事智力创作或创新活动所产生的知识产品所享有的专有权利。知识产权保护，主要是指利用法律和经济手段，使知识产权的创造者或拥有者在一定期限内享有排他独占权，获得由此产生的经济效益，并保护这种排他独占权不受侵犯。知识产权作为一种无形财产权，是企业核心竞争力的重要来源，是企业发展壮大的有效手段，也是企业进行技术创新不可缺少的基础性条件。

中小企业在国民经济运行中地位重要、数量庞大、贡献显著，是推动创新驱动发展的重要力量。加强中小企业知识产权建设，无论对中小企业自身发展还是对建设创新型国家都具有重要意义。

厘清“五个方面”的不足

《知识产权强国建设纲要（2021—2035年）》指出，全面提升知识产权创造、运用、保护、管理和服务水平，充分发挥知识产权制度在社会主义现代化建设中的重要作用。据此，分析当前中小企业知识产权建设现状，主要存在“五个方面”的不足。

一是在知识产权意识方面，大多数中小企业知识产权法律意识普遍缺失，缺少知识产权思维，重视掌握技术和人才，忽视知识产权专业人员作用，对专利、商标等知识产权系统性长远性谋划布局重视不够。

二是在知识产权创造方面，很多中小企业受制于资金和资源条件，知识产权研发和创造能力较低，过多的“贴牌”生产限制了企业发明专利和自主品牌的开发，其核心竞争力不够强。

三是在知识产权运用方面，科技创新和合作发展中存在的产权不清等阻碍了中小企业对知识产权成果的有效转化和利用，中小企业知识产权的转化率和商品化程度普遍不够高。

四是在知识产权保护方面，不少中小企业知识产权保护意识不够强，遭受侵权的情况时有发生，常常束手无策；同时，也有一些中小企业不尊重别人的知识产权，擅自和随意实行“拿来主义”，涉嫌侵犯他人知识产权。

五是在知识产权管理方面，一些中小企业注重把人力物力投放在高回报的生产或者服务产品中，却没有或忽视建立专门的知识产权管理制度。很多中小企业没有设立专门管理机构和专职人员，缺乏规范完善的知识产权管理体系。

认清拥有“四个方面”的知识产权

目前，根据我国知识产权法律体系，中小企业一般主要拥有“四个方面”的知识产权。

一是企业名称，又称企业字号或公司名称，是一个市场主体区别于其他市场主体的标志符号。有三个显著特点：其一，在一定行政区域内具有唯一性，且一个企业只准使用一个名称；其二，企业名称登记后，企业对其名称享有专用权，其他单位和个人未经同意不得使用该名称，否则构成侵权；其三，企业名称具有人身财产权利的性质，可以依法转让和许可他人使用该名称。

二是专利技术，是指受我国专利法保护的发明、实用新型和外观设计等。专利权的取得采取申请在先原则，一般情形下，两个或两个以上的人先后申请同一发明创造时，不论发明次序先后，谁先向专利局提出专利申请，通过审查后，谁就可以获得专利权。因此，企业应尽快地将其发明创造成果申请专利寻求保护。

三是注册商标，商标是指由文字、图形、字母、数字、三维标志或者其组合等构成，使用于商品和服务项目上，用以区分不同商品或服务项目的标志。商标必须申请注册，经过核准后才能取得对该商标的专用权。一般情形下，《商标法》不直接保护未经核准注册的商标，但未注册的商标可通过《反不正当竞争法》《专利法》《著作权法》等进行保护。

四是商业秘密，是指不为公众所知悉，能为权利人带来经济利益，具有实用性并经权利人采取保密措施的技术和经营信息。商业秘密具有保密性和经济性两大主要特征，经济性着重在竞争优势，经济性以保密性为前提，一旦秘密公开，法律就不再对它进行保护。

其他，还包括诸如企业创作的文学、美术等作品的著作权等。

加强知识产权建设的“九点建议”

当前，全球科学技术迅猛发展，新一轮科技革命和产业变革加速演进，我国中小企业面临着更加复杂的内外环境。保护知识产权是推动中小企业创新发展的内在需求，中小企业要把自身品牌做大做强，在市场布局过程中保护知识产权是必不可少的重要一环。知识产权通过赋予创新成果以产权保护，使得创新主体可以独享创新成果带来的收益和竞争优势。因此，提前做好知识产权布局，无论是抢占产品市场，还是保护创新成果，都具有非常重要的意义。

一是深入开展知识产权普法宣传教育。创新是引领发展的第一动力，保护知识产权就是保护创新。中小企业应通过专家宣讲、主题培训、印制宣传手册等多种方式强化知识产权意识，培育知识产权文化，营造人人关注、重视、了解和参与知识产权建设的浓厚氛围，努力形成“尊重知识、崇尚创新、诚信守法、公平竞争”的良好氛围，引导职工积极参与知识产权创造、运用、管理和保护工作，同时承担保护企业知识产权的义务，其中包括保护企业技术秘密、商业秘密不受侵犯的义务，以及泄露企业秘密应承担的责任。

二是健全组织机构和内部规章制度。中小企业要设置专门机构，专人负责知识产权工作，组建相关法务部门，专设独立知识产权机构，分级分类分层建立管理体系，配备专利、外观设计、商标、版权等专业人才，建设专业全能的IP注册、维护、推广、保护和管理团队，高度匹配知识产权全链条业务。同时，建立知识产权申报、归属、奖励、运用、管理和保护等规章制度。

三是制订科学清晰的知识产权战略。中小企业在顶层设计、产品创新、业务布局的同时，要同步建立一套系统完善的知识产权战略体系，并与时俱进，不断完善。全面谋划国际国内知识产权布局，包括PIC国际专利、马德里商标国际注册申请等，制订知识产权创造、运用、保护和管理等各类方案，形成完整的IP海外申请策略及流程、主动监控体系、风险排查体系及维权打假体系，从申请到使用，从监控到排查，提早预见风险，做好闭环的IP风险防范工作。

四是建立完善的知识产权人才培养机制。将知识产权人才培养纳入企业发展战略全局，持续开展培养培训和人才储备，主动培养和引进知识产权人才。同时，既注重提升人才专业知识，更注重提高其实操能力。

五是紧跟时代发展提升知识产权创造质量。时代发展永无止步，创新创造没有止境。中小企业要紧跟时代发展，不断加强技术创新。结合自身实际，开展专利、品牌升级，持续增强高价值专利、高知名度品牌等知识产权的数量质量。

六是依法及时取得知识产权权利。须知，知识产权中除了著作权、制止不正当竞争权外，都不是自动产生。一般情形下，专利权和商标权实行申请在先原则，中小企业只有及时申请并获得授权确权，才能有效保护其知识产权。申请过程中，要严格遵守有关法律法规，坚守诚实信用原则，切不可采取不正当手段，否则不仅会受到法律惩罚，还可能“赔了夫人又折兵”，得不偿失。

七是规范使用管理知识产权。科学规范使用管理知识产权，可以有效防范法律风险，不给竞争对手提供侵权机会。对内，中小企业要制定知识产权使用指南，对员工和代理商进行培训；对外，要依法规范广泛推广使用，不断增强其知名度。尤其是要防范知名商标品牌成为“通用名称”。

八是注重市场调查监控。中小企业要保持敏锐的市场嗅觉，善于学习借鉴优秀企业知识产权使用管理经验，举一反三，提高知识产权使用管理效益。特别是要及时进行市场调查和监控，一旦发现不良苗头和倾向，果断采取有效措施“查漏补缺”，完善管理、消除隐患。

九是把握主动积极维权。中小企业在发展壮大中，要主动分析规划知识产权创新点和重要风险点。每一项产品研发立项之初，就从专利、商标、版权和商业秘密等多个角度开展论证，并根据业务需求和产品方案进行排查，既要有效防止其他竞争者恶意侵权，又要当发现市场有不规范和不依法使用自身知识产权时，第一时间及时纠正，视情启动预案、收集证据，发出法律函提示警醒和发起诉讼。

诚然，加强中小企业知识产权建设是一项系统工程，既需要中小企业不等不靠、主动作为，还需要政府、行业协会等齐抓共管，形成合力。如此，才能保障中小企业经营安全，减少在生产经营过程中遭遇各类侵权和不当得利事件发生，不断提升和延伸知识产权的升值和赋能，助力建设世界一流企业。

管好你的无形资产

管理是一种实践，包括计划、组织、领导、控制四个方面，其本质不在于知而在于行，其验证不在于逻辑，而在于成果。

无形资产，是一种无形财富，指企业或个人拥有或者控制的没有实物形态的可辨认非货币性资产，主要包括专利权、商标权、著作权、特许权、商业秘密等以知识产权为核心的资产，其他还包括诸如一个人的人品、知识、信誉、能力、人脉等隐性元素。由于无形无体，难以被有效地运用，故其管理难度更大。

古人云，无中生有、有生于无。无形资产管理的基本任务，就是合理利用无形资产，保证企业或个人生产经营活动具有良好的技术水平和生产经营条件，充分发挥无形资产的作用，使之成为创造经济效益永不枯竭的无形资源，实现化无形为有形。穿越有形资产，透视无形资产。本文就此作以简要分析，以期抛砖引玉。

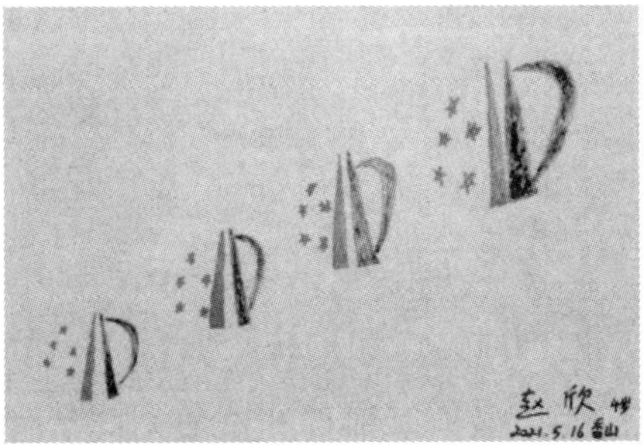

作者：赵欣（4岁）

了解无形资产的概念。无形资产，一般是指企业拥有或者控制的没有实物形态的可辨认非货币性资产。作为无形资产重要内容的知识产权，又称为智慧财产权或智力成果权，是指人们对其创造的智力成果依法享有的专有权利。通常包括专利权、商标权、著作权、特许权、名誉权、土地使用权等。

认清无形资产的形势。随着时代发展，全球新一轮科技革命蓄势待发，以新技术突破为基础的产业变革不断加速，世界进入知识经济时代、数字经济时代。相比20世纪70年代，全球80%的资产是有形资产，而现在80%的资产已经变成了无形资产。据统计，全球最大的50家跨国公司，65%的国外利润来自科技、制药等知识产权密集型企业。华为、微软、谷歌等一批明星企业的壮大主要赖于强大的无形资产。美国企业80%的市值源于专利和非专利技术等无形资产，它们拥有世界一半的知识产权。在我国，经济发展进入新常态，发展方式正从规模速度型转向质量效益型，发展动力正从资源要素转向创新驱动。知识产权作为国家发展战略资源和国际竞争力核心要素，作用更加突出。宏观决策层面，中央领导集体学习知识产权，国家密集出台《知识产权强国建设纲要（2021—2035年）》《“十四五”国家知识产权保护和运用规划》等政策制度，知识产权事业伴随着经济社会的高质量发展而日渐丰富并深化。微观方面，随着知识产权意识的觉醒、认识和强化，越来越加大投入和研发力度，致力于无形资产的挖掘、规划、创新、运用、管理和保护以及咨询和培训等，国有企业成为市场竞争的核心武器。同时，人们日常经济生活中，如购物、就餐、听歌等，与知识产权接触和“打交道”的机会日益频繁，直接决定和影响着人民对美好生活追求的质量。可以说，无形资产的地位和作用不断提升，已经成为国家、企业、个人的重要资源和实力象征，知识产权成为新时代的“必答题”。

懂得无形资产的重要。当前，知识经济时代扑面而来，人们重视实物资产的同时，愈加重视无形资产。无形资产与房屋、汽车等有形财产一样，受到法律保护，都具有价值，在某种情况下甚至超过房屋、汽车等有形财产。如乐视网，虽然其经营不善最终退市，但在2020年其名下拥有的商标经过司法拍卖，最终以1.31亿元成交；曾经的手机巨头诺基亚，虽然其手机产业没落，但凭借其所拥有的专利，每年的专利许可费也高达几十亿元。无形资产日益成为企业壮大经济实力的强大后盾。

明白无形资产的作用。知识产权等无形资产是创新的产物，具有与众不同的重要作用和价值。一是具有更强大的收益能力。一项新技术的成功研发与投入使用，一个新品牌的打造和运营，可以给产品带来全方位升级，形成过硬的“市场壁垒”，收获真金白银。二是具有更强大的品牌效应。优质的产品和服务，能够打动消费者心智，形成持续的品牌效应，助力企业长盛不衰。三是具有更强大的应变能力。可以通过质押融资、收取许可费用、建立产业联盟等形式，应对各种不确定性，亦可提高在合资合作和商务谈判中的地位，增强自身优势。

理解无形资产的特点。从字面看，无形资产主要有三个特征，即不具有实物形态、具有可辨性、属于非货币性资产。从其内涵看，主要有“四个方面特点”：一是专有性，即独占性或垄断性。除权利人同意或法律规定外，权利人以外的任何人不得享有或使用该项权利，其专有权利不受他人侵犯；二是时间性。知识产权只在规定的期限受保护，即法律对各项权利的保护，都规定一定的有效期，各国法律对保护期限的长短可能一致，也可能不完全相同，只有参加国际协定或进行国际申请时，才对某项权利有统一的保护期限。在我国，商标权的保护期限10年，可以续展，续展一次10年；发明专利权的期限20年，实用新型专利权和外观设计专利权的期限10年；著作权的保护期限一般50年；三是地域性。知识产权只在所确认和保护的地域内有效，即除签有国际公约或双边互惠协定外，经一国法律所保护的某项权利只在该国范围内发生法律效力。四是获取需经法定程序。大部分知识产权的获得需要经过法定程序，如商标权的获得，需要经过申请和审查核准，才能注册；专利权的获得，同样需要经过申请和审查核准；著作权完成即视为取得，并不强制登记，但是不登记会导致在维权时的举证困难，因此越来越多的权利人选择去登记，以便维权时举证更容易。

掌握无形资产的分类。一般情形下，无形资产分为显性无形资产和隐性无形资产。显性无形资产，是指那些被法律明文规定和保护的无形资产，如专利权、商标权、著作权等；隐性无形资产，是指目前尚无法律规定和保护但又十分重要的无形资产，如人力资源、企业文化、人品信誉等。按来源区分，有企业自创无形资产、外购无形资产和股东投资入股无形资产等；按权益区分，有所有权无形资产、持有权无形资产、使用权无形资产、政府补助无形资产和债务重组无形资产。按学科区分，从会计学、评估学角度，无形资产是智力创造成果形成的能带来经济效益的经济资源。从经济学角度，无形资产是智力创造成果的资本。从法学角度，无形资产是知识产权，即智力创造成果所有者拥有的使用、经营、收益和处置权。

厘清无形与有形的关系。有“六个方面关系”：一是无形资产和有形资产共同构成了企业的资产，两者既不可或缺，也不可偏废；二是无形资产发挥作用并创造价值离不开有形资产支撑；三是无形资产与有形资产价值减损的原因不同，抗风险能力不同；四是无形资产必须能转化为有形资产，才能为企业创造价值；五是无形资产不具有实物形态，相对于有形资产，不易被模仿和复制等；六是有形资产常常给企业带来的是短暂的竞争优势，而无形资产通常能够给企业带来无形的持续竞争优势。

确立无形资产的战略。该战略是指为保护无形资产资源主体的优势而制定和实施的一种长远性、全局性地运用无形资产的总体谋划和策略，包括提出目标，确定实现目标的方针、方法和步骤等，需要把握“四个方面”：一是明确组织的宏观目标，二是让利益相关者参与到决策的制定过程中来，三是协调好短期利益与长期利益，四是正确权衡效率与效果之间的关系。无形资产战略管理，是以组织的全局为核心，根据总体发展的需要，对无形资产进行内外部环境分析、战略规划、战略选择、战略实施及评价和控制等管理的过程，也是为了达到一定的目标和组织的长期绩效而实行的一系列无形资产管理决策和措施。一般而言，无形资产战略管理具有全局性、长远性、前瞻性、动态性和风险性、创新性等特点。基本过程包括环境分析、战略规划、战略实施、评估与控制四个阶段。

重视无形资产的培育。可建立相关研发中心，投入一定人力、资金与时间，深入挖掘，创新创造。主要有“三种途径”：一是自主研发无形资产，重视商品或服务科技含量，而不是采取简单“拿来主义”，鼓励自行开发新产品、新技术和新方法、新品牌等；二是深入培育无形资产，通过多种形式、多种渠道塑造企业形象，构建起物质层文化、制度层文化和精神层文化为一体的企业文化，运用灵活有效的广告宣传推介企业品牌，形成一定知名度；

三是积极引进无形资产，通过购买或入股等方式引进国内外先进的技术、卓著的名牌等。

乐好®西服
LEAO SUITS

加大无形资产的保护。保护知识产权就是保护创新。研发新产品、推出新品牌、推广新服务，必然会投入大量的人力、物力和财力，如果不及时对知识产权进行有效保护，那么竞争对手便会通过模仿、复制、商业间谍等不正当手段低成本地获得知识产权，从而以低成本参与市场竞争。因此，对研发的新技术、创造的新商标等自主知识产权，要第一时间系统布局、申请注册。及时有效的知识产权保护，可以使企业独享知识产权带来的市场利益，免于知识产权的流失，规避侵权风险，保证企业的经营安全，增加企业的市场竞争力。实践中，要遵循“四项原则”：即全面性、多样性（如行政性、法律性、经济性等）、过程性、规划性；采取“四项措施”：树立员工的无形资产保护观念、设立专门无形资产机构、制定相应保护制度、提高人才专业素质。如遇到侵权纠纷，要勇于运用法律手段进行维权。

优化无形资产的管理。企业创建之初，就要把无形资产的管理贯穿到企业规划、发展、壮大全过程；组建专职或兼职的无形资产管理团队，配备专业人员。在取得无形资产后，要跟进做好其产品的质量与售后服务，倍加珍惜与维护品牌声誉。无形资产是创新的产物，对其管理也必然具备创新的本质特征，无形资产管理既要像重视有形资产的管理一样，更要重视非物质因素，重视文化因素，化有形管理为无形管理，在管理科学性、思想性和艺术性的实践升华中追求可持续发展。可尝试建立“七种制度”：一是无形资产核算制度，二是无形资产实物管理制度，三是无形资产经营制度，四是无形资产统计制度，五是无形资产审计制度，六是无形资产保护制度，七是无形资产考核制度。概括起来，无形资产管理的基本要求就是要做到“五有五会”，有领导、有机构、有制度、有人员、有经费，会申请、会保护、会检索、会运用、会管理。

注重无形资产的投资。无形资产的投资，是指投资者以专利权、商标权、著作权、土地利用权、商誉等形式的无形资产对企业进行投资所形成的资本形式。交易是实现无形资产的价值的必要手段和途径。无形资产交易包括转让和许可使用两种方式。有形资产有限，无形资产无限。未来知识经济的发展趋势，给企业经营无形资产提供了更广阔的用武之地。聪明的资产运营者会通过无形资产的经营来减少有形资产的投入，也就是以无形资产的输出作为手段，寻求企业在更大的空间和范围内实现控股或参股。借助无形资产的有效运营来替代有形的投入，让企业实现少投资甚至不投资也能完成企业收购与合并，乃至达到战略联盟目的。

规范无形资产的评估。无形资产的评估是无形资产产权化的前提，是对无形资产的价值进行科学合理的量化。通过建立一套评估标准、方法和程序，从数学角度对其收益额、折现率进行确定，主要包括“十二个方面”：（1）无形资产的开发购置成本；（2）无形资产的有效期限；（3）无形资产的技术成熟程度；（4）无形资产的实施率；（5）无形资产的市场供需状况；（6）相关有形商品的生命周期；（7）无形资产的更新速度和发展趋势；（8）无形资产的经济效益；（9）无形资产的转让次数；（10）无形资产的结算方式；（11）无形资产的账面净值；（12）无形资产的宣传和维护费用。注册资产评估师依据相关法律、法规和资产评估准则，对无形资产的价值进行分析，估算并发表专业意见，其影响因素主要有“九个方面”：（1）取得成本；（2）机会成本；（3）经济效益因素；（4）市场供需状况；（5）使用期限；（6）技术成熟程度；（7）转让的内部因素；（8）国内外该种无形资产的发展趋势、更新换代情况；（9）同行业同类无形资产的价格水平。

经营无形资产的策略。企业进行无形资产经营过程中所采取的各种具体方式、办法和措施，统称为无形资产的策略，主要有“四个方面”：（1）利用无形资产融资和筹资的策略；（2）利用无形资产的优势，实现低成本扩张的策略；（3）以品牌为效应壮大无形资产的策略；（4）防止无形资产损耗的策略。

防范无形资产的流失。无形资产由于其无形性，很容易被忽视和流失，需从“四个方面”加强防范：（1）企业的管理者忽视对无形资产的管理，主要表现为缺乏对无形资产的保护意识、保密意识以及应用管理等；（2）企业缺乏对无形资产使用者行为的监督机制和约束人；（3）企业掌握无形资产技术的优秀人才流失也易导致无形资产的流失；（4）国内外无形资产相关法律存在不足。因此，开展无形资产教育、传播和普及相关知识，愈益重要。

挖掘个体的无形资产。个体的无形资产，通常指没有突出性的实物形态，但能表明自己拥有一份法定权利，并且这份权利能为个体提供“未来权益的资产”。比如能够反映个体自身价值的可评估非实物财富，有“知识技能、专业经验、专利技术、人脉资源等”。站在个体成长角度，无形资产好比是品牌。首先，应逐渐形成自己的声誉。任何人都有自己的独特之处，都有别人不可替代的特质，如智慧、幽默、干练、沉稳、善于创新、文笔优美、专业技能超群等，便形成自己的独特竞争力；其次，应不断展示自己的声誉。一旦个人的声誉树立起来了，就必须寻找机会发挥声誉的优势，争取在工作中充分展示自己的声誉；最后，要持续维护自己的声誉。树立了个人的声誉，还要持续自觉地去发展和提升自己，时刻注重维护良好的声誉。个体的无形资产大概分为三类，即专属权、收益权、认同权，具有持续积累性、长期性、价值性。

总体来说，我国部分企业对无形资产的重视程度远远不够，对商标品牌价值的认识尤为不足。前些年，部分企业在改制、重组、合并、合资中，没有对商标品牌进行评估或者评估数额极低，造成大量商标无形资产的流失，令人痛惜。广东某企业与香港某企业合资，其著名商标“岭南”无偿给合资企业使用。后来港商转让给日本企业，价值数千万元。

商标无形资产本身是一个变量，商标的知名度、美誉度、消费者的忠诚度无时无刻不在发生变化，投资双方对此应有充分的认识和考虑。20世纪80年代末，某集团等与新加坡郭氏兄弟粮油私人公司合作，在深圳成立南海油脂公司，使用“金龙鱼”商标。经过10多年的共同培育，“金龙鱼”已成为国内食用油类重要品牌。但令人痛心的是双方没有对商标的归属问题作出明确约定，合资期满时，某集团等出资方只能按出资得到一些厂房、设备等固定资产，其商标上凝聚的巨大无形资产归郭氏兄弟所有。

无形资产有形赋能。专利、商标、知识、信息、信用、人脉等，是资源还是资产，关键看你如何经营和管理。只有具备过硬的驾驭无形资产的综合能力，方可通过有形资产来建立自己的无形资产，通过无形资产的加强和保护，有形资产得到进一步扩充。实践中，无形资产不易找到对价关系，很难直接购置或转移，通常需要自身长期培养、积累，厚积薄发。

凯必盛自动门
KBB AUTOMATIC DOOR
www.kbb.com.cn

总之，成功不必趁早，无形资产积累要趁早。只要能预见到现在或未来对企业或个人自身发展会产生积极作用的所有资源，都应设法去挖掘、创造、运用、保护和管理，充分激活和释放其潜在价值，并使其不断增值。

运用大数据提升知识产权治理水平的思考

“给我提供一些数据，我就能做一些改变。如果给我提供所有数据，我就能拯救世界。”微软总裁史密斯曾这样说。

当前，世界经济进入深度调整期，各国抢占科技制高点、整合全球价值链的竞争日趋激烈，知识产权成为国家间重要的竞争手段和博弈砝码。提升知识产权治理水平，服务现代经济体系，为建设社会主义现代化国家提供有力支撑，大数据大有可为。

了解大数据才能用好大数据

数据是对客观世界进行量化和记录的结果，是对客观事物的逻辑归纳，是未经加工的原始素材，也是表现形式和载体，可以是符号、文字、数字、语音、图像、视频等。数据和信息不可分离，数据是信息的表达，信息是数据的内涵。比如1.75是个数据，而某人身高1.75米，就是信息。

从结绳记事到竹简纸张，从计算机存储到光盘刻录，人类从未停止追求更加高效便捷的信息存储方式。信息存储方式变革很大程度上也在重塑人们认识世界的方式，折射出知识产权发展的缩影。

数据之大，并不在于其表面的“大容量”，而在于其潜在的“大价值”，它已成为继物质、能源之后的第三大战略资源。信息技术的发展，为数据处理提供了自动化方法和手段，大数据概念应运而生，这便是以多元形式汇集而来的庞大数据。

掌握大数据规律发挥大数据价值

数据，记录的是过去，反映的却是未来。简单来看，记录单个个体行为的数据似乎杂乱无章、意义不大，但当累积到一定程度，群体的行为就会在数据上呈现一种秩序和规律。通过特定算法对其进行分析，从而揭示其中隐藏的历史规律和未来的发展趋势，为决策者和管理者提供参考。

2015年，我国就提出实施国家大数据战略。2017年12月8日，习近平总书记在中央政治局就实施国家大数据战略第一次集体学习时强调，推动实施国家大数据战略，加快完善数字基础设施，推进数据资源整合和开放共享，保障数据安全，加快建设数字中国，更好服务我国经济社会发展和人民生活改善。

“得数据者得天下”。北京、浙江等地应用大数据提升政府办事效率，从原来“来回跑”到现在“最多跑一次”和“一次都不跑”，实现“数据多跑路、群众少跑腿”。上海、广东等地成立大数据局，全面推动电子政务和智慧城市建设向大数据转型升级，为我们运用大数据提升知识产权治理水平提供了有益借鉴和启示。

社区管控有“健康码”、复工复产有“三色码”……新冠疫情发生后，我国依托大数据技术，更加精准有效地组织疫情防控，取得了出色成绩，再次彰显了大数据的独特作用。各行各业都在加速拥抱数字化，数字化的价值潜力，呈现出竞相迸发的良好态势。

培育知识产权文化筑牢大数据意识

文化品质是铸造一个国家和民族的生命力、创造力和凝聚力的精神支撑。知识产权文化是中国特色社会主义文化的重要组成部分，是实施国家知识产权战略、建设创新型国家的重要思想意识保障。

“尊重知识、崇尚创新、诚信守法、公平竞争”，体现了知识产权的文化观念。“尊重事实、推崇理性、强调精确”，彰显了数据文化的价值理念。两者结合，相得益彰。用数据来创新、管理、决策，越来越成为一种文化和习惯。

文化的培育，外在表现是氛围，内在本质是意识。培育知识产权文化，要筑牢大数据意识。借助大数据、云计算、AI、物联网等日臻完善的技术，丰富和发展知识产权治理的数字化升级。网上申请和办理领域不断拓展、智能化审查审理效率倍增、线上办公蔚然成风……科技带来的创新力和文化形成的推动力，为知识产权的现代化治理注入强心剂。

当然，运用大数据并不代表能取代对一切问题的理性思考，科学发展的逻辑不能被湮没在海量数据中。尤其对治理而言，要在系统采集数据、科学精确分析同时，一如既往弘扬我党“群众路线”等优良传统和工作方法。

人在干，数在转，云在算。提升知识产权治理水平，善于获取数据、分析数据和运用数据，是做好各项工作的基本功。其先进的理念、可行的技术和丰富的资源，对抓好知识产权创造、运用、保护、管理和服务，大有裨益。

“金字招牌”是如何做没的？

——中华老字号实施动态管理机制带来的警示、启示和昭示

中华老字号，是我国工商业发展历史中孕育的“金字招牌”，历经商海沉浮，备受追崇，成为中华民族的显著标识之一，也成为一代人的美好记忆。

其含义是指，历史悠久，拥有世代传承的独特产品、技艺或服务，具有鲜明的中华民族传统文化背景和深厚的文化底蕴，有着很高的经济价值和丰富的文化价值，取得社会广泛认同，形成良好信誉的品牌。特别是仅从命名上，就能看出其出身不凡、与众不同、卓著超群。

其标识外形轮廓，依据我国印章造型进行深化，图形巧妙地连接成两个汉字“字”“号”的组合，“字”“号”图形贴切地表达出中华老字号的意义。“字”“号”是紧密结合、自成一体，显示出中华文化的博大精深，也预示着传统文化的魅力在现代社会的旺盛活力。用金石篆刻的手法显示出老字号的历史感，突出其久远悠长的韵味和时间积淀，进一步强调了“中华老字号”的文化味道与历史悠久的特征。“字”“号”图形上下融会贯通，体现出了商业流通与老字号之间相互共同影响发展的美好前景。选用最能代表我国文化特色的红色为LOGO图形的颜色，单色的使用增强色彩在明度与色相上的识别性，易于在各种材质上广泛应用。

2023年9月28日，商务部、国家知识产权局等5部门公布中华老字号复核结果，将长期经营不善，甚至已经破产、注销、倒闭，或者丧失老字号注册商标所有权、使用权的55个品牌，移出中华老字号名录；对经营不佳、业绩下滑的73个

中华老字号
China Time-honored Brand

品牌，要求6个月内予以整改；继续保留1 000个经营规范、发展良好的品牌。其带来的警示、启示和昭示，值得回味。

警示：品牌发展没有一劳永逸

中华老字号“优中选优”“有进有出”的动态管理机制，顺应市场发展规律，符合消费者利益，既是新挑战，亦是新机遇。同时，也从一个侧面对做好商标品牌建设具有警示意义。任何事物的发展，没有一劳永逸的成功，更不能躺在功劳簿上坐吃山空。特别是商标品牌的发展，有其自身的特点规律，更需要及早谋划、全面布局、持之以恒、久久为功，即使被认定为中华老字号并不意味着可以高枕无忧，而是要不断总结经验、守正创新、与时俱进，加速对自身产品和服务的迭代升级，特别是商标品牌的运用、管理和保护。

启示：优胜劣汰是必然规律

人类社会，资源有限，竞争不可避免。具有竞争力和适应性的个体才有更多获得资源的机会，从而赢得成功。作为知识产权“三驾马车”之一的商标品牌，其优胜劣汰是市场经济的必然规律,市场主体对此务必保持清醒头脑、务必高度重视，努力做到高质量创造、高效益运用、高水平管理、高标准保护自身的商标品牌，始终牢牢把握商标品牌发展的正确方向。千万不能一味“图虚名”“摆资历”“吃老本”，尤其要保持高度警觉，谨防“温水煮青蛙”，在不知不觉中把“金字招牌”做没了。

昭示：里子面子要一以贯之

岁月恒久远，经典永流传。经典品牌之所以成为经典品牌，根本在于对市场的敬畏，对消费者的尊重，在于将品牌精神一以贯之地延续。老字号好不好，消费者满不满意是根本，市场接不接受是标尺。要着眼时代的发展和市场的变化，始终坚守匠心品质、创新产品服务、提升质量水平，做到保护传承与创新发展相统一，解决观念陈旧、机制落后、顾客流失等问题，并结合实际深入挖掘潜在的文化资源，讲好自身品牌故事、知识产权故事，不断把中华老字号的招牌越擦越亮，在新时代焕发新生机、展现新容颜、绽放新魅力、赢得新荣光，真正做到长盛不衰、历久弥新，越老越吃香、越老越值钱。

附件：中华老字号复核结果汇总表

附件

中华老字号复核结果汇总表（通过）

按地区排序，地区内排名不分先后

序号	地区	企业	品牌
1	北京	北京便宜坊烤鸭集团有限公司	便宜坊
2	北京	北京步瀛斋鞋帽有限责任公司	步瀛斋 马聚源
3	北京	北京菜市口百货股份有限公司	菜百
4	北京	北京大明眼镜股份有限公司	大明
5	北京	北京大明眼镜股份有限公司（幸福大街精益店）	精益
6	北京	北京大顺斋食品有限责任公司	大顺斋
7	北京	北京戴月轩湖笔徽墨有限责任公司	戴月轩
8	北京	北京稻香村食品有限责任公司	稻香村
9	北京	北京德寿堂医药有限公司	德寿堂
10	北京	北京东来顺集团有限责任公司	东来顺
11	北京	北京二锅头酒业股份有限公司	永丰
12	北京	北京二商京华茶业有限公司	京华
13	北京	北京二商希杰食品有限责任公司	白玉

续表

序号	地区	企业	品牌
14	北京	北京工美集团有限责任公司	
15	北京	北京光华宝石鞋业有限公司	宝石
16	北京	北京桂香村食品有限公司	桂香村
17	北京	北京鹤年堂医药有限责任公司	鹤年堂
18	北京	北京红星股份有限公司	红星
19	北京	北京鸿宾楼餐饮有限责任公司	鸿宾楼
20	北京	北京馄饨侯餐饮有限责任公司	馄饨侯
21	北京	北京金象复星医药股份有限公司白塔寺药店	白塔寺药店
22	北京	北京栎昌王麻子工贸有限公司	王麻子
23	北京	北京红都集团有限公司	红都 蓝天
24	北京	北京六必居食品有限公司（桂馨斋食品厂）	桂馨斋
25	北京	北京内联升鞋业有限公司	内联升
26	北京	北京启元茶叶有限责任公司启元茶庄	启元
27	北京	北京谦祥益丝绸有限责任公司	谦祥益
28	北京	北京前门都一处餐饮有限公司	都一处
29	北京	北京仁和酒业有限责任公司	仁和
30	北京	北京瑞蚨祥绸布店有限责任公司	瑞蚨祥
31	北京	北京盛锡福帽业有限责任公司	盛锡福
32	北京	北京市爆肚冯饮食服务有限责任公司	爆肚冯
33	北京	北京市珐琅厂有限责任公司	京珐牌
34	北京	北京市紫房子婚庆有限公司	紫房子
35	北京	北京顺鑫农业股份有限公司牛栏山酒厂	牛栏山
36	北京	北京四联美发美容有限责任公司	四联
37	北京	北京天福号食品有限公司	天福号
38	北京	北京吴裕泰茶业股份有限公司	吴裕泰
39	北京	北京西德顺饭馆	西德顺
40	北京	北京仙源食品酿造有限公司	仙源
41	北京	北京翔达南来顺饭庄有限公司	南来顺
42	北京	北京小肠陈餐饮有限责任公司	小肠陈

续表

序号	地区	企业	品牌
43	北京	北京星海钢琴集团有限公司	星海
44	北京	北京一得阁墨业有限责任公司	一得阁
45	北京	北京壹条龙清真餐饮有限公司	壹条龙
46	北京	北京壹条龙清真餐饮有限公司锦芳小吃店	锦芳
47	北京	北京永安茶叶有限公司	馥郁
48	北京	北京永安堂医药连锁有限责任公司	永安堂
49	北京	北京元长厚茶叶有限公司	元长厚
50	北京	北京月盛斋清真食品有限公司	月盛斋
51	北京	北京造寸服装服饰有限公司	造寸
52	北京	北京张一元茶叶有限责任公司	张一元
53	北京	北京正隆斋全素食品有限公司	正隆斋
54	北京	北京中国照相馆有限责任公司	中国照相馆
55	北京	聚德华天控股有限公司（老西安饭庄）	西安饭庄
56	北京	聚德华天控股有限公司（曲园酒楼）	曲园
57	北京	聚德华天控股有限公司（西来顺饭庄）	西来顺
58	北京	聚德华天控股有限公司（西四大地餐厅）	华天大地
59	北京	聚德华天控股有限公司北京峨嵋酒家	峨嵋
60	北京	聚德华天控股有限公司北京聚德烤肉宛饭庄	烤肉宛
61	北京	聚德华天控股有限公司北京烤肉季饭庄	烤肉季
62	北京	聚德华天控股有限公司北京柳泉居饭庄	柳泉居
63	北京	聚德华天控股有限公司北京砂锅居饭庄	砂锅居
64	北京	聚德华天控股有限公司北京又一顺饭庄	又一顺
65	北京	聚德华天控股有限公司北京玉华台饭庄	首都玉华台
66	北京	中国北京同仁堂（集团）有限责任公司	同仁堂牌
67	北京	中国茶叶股份有限公司	中茶
68	北京	中国全聚德（集团）股份有限公司	全聚德
69	北京	北京百花蜂业科技发展有限公司	百花
70	北京	北京成文厚帐簿卡片有限公司	成文厚
71	北京	北京大北照相有限责任公司	大北
72	北京	北京前门都一处餐饮有限公司力力豆花庄	力力
73	北京	北京王致和食品有限公司	王致和

续表

序号	地区	企业	品牌
74	北京	北京六必居食品有限公司	六必居 金狮 龙门
75	北京	北京市北京饭店有限责任公司	北京饭店 谭家菜
76	北京	北京红螺食品有限公司	红螺食品
77	北京	北京华天延吉餐厅有限责任公司	延吉餐厅
78	北京	北京同和居饭店有限责任公司	同和居
79	北京	北京来今雨轩饭庄有限责任公司	来今雨轩
80	北京	北京六必居食品有限公司天源酱园	天源酱园
81	北京	北京龙徽酿酒有限公司	中华牌
82	北京	北京市清真白魁老号饭庄有限公司	白魁老号饭庄
83	北京	北京市地毯五厂有限责任公司	云鹿
84	北京	北京市仿膳饭庄有限责任公司	仿膳
85	北京	北京市丰泽园饭店有限责任公司	丰泽园
86	北京	北京市龙顺成中式家具有限公司	龙顺成
87	北京	北京隆福寺餐饮有限公司隆福寺小吃一分店	隆福寺小吃店
88	北京	北京市浦五房食品有限公司	浦五房
89	北京	北京市全素斋食品有限公司	全素斋
90	北京	北京市食品供应处34号供应部有限公司	34号
91	北京	北京糖业烟酒集团有限公司	JINGTANG
92	北京	王府井集团股份有限公司北京西单商场	西单商场
93	北京	北京市颐和园听鹂馆餐饮文化有限责任公司	听鹂馆
94	北京	北京市远东饭店有限公司	远东
95	北京	北京天兴居餐饮有限公司	天兴居
96	北京	北京同春园饭店有限公司	同春园
97	北京	北京同升和鞋业有限责任公司	同升和
98	北京	王府井集团股份有限公司东安市场	东安
99	北京	北京雪莲羊绒有限公司	雪莲
100	北京	北京义利食品有限公司	义利
101	北京	北京懋隆文化产业发展有限公司	懋隆
102	北京	聚德华天控股有限公司（护国寺小吃店）	护国寺小吃

续表

序号	地区	企业	品牌
103	北京	荣宝斋有限公司	荣宝斋
104	北京	商务印书馆有限公司	
105	北京	北京市新华书店有限责任公司	新华书店
106	北京	中盐京津冀盐业有限责任公司	京晶
107	天津	果仁张（天津）食品有限公司	果仁张
108	天津	津药达仁堂集团股份有限公司达仁堂制药厂	达仁堂
109	天津	津药达仁堂集团股份有限公司乐仁堂制药厂	乐仁堂
110	天津	津药达仁堂集团股份有限公司隆顺榕制药厂	隆顺榕
111	天津	天津渤天化工有限责任公司	天工
112	天津	天津达仁堂京万红药业有限公司	京万红
113	天津	天津大福来餐饮管理有限公司	大福来
114	天津	天津灯塔涂料工业发展有限公司	灯塔牌
115	天津	天津耳朵眼炸糕餐饮有限责任公司	耳朵眼
116	天津	天津纺织集团（控股）有限公司	抵羊牌
117	天津	天津纺织集团进出口股份有限公司	白玫瑰
118	天津	天津桂发祥十八街麻花食品股份有限公司	桂发祥十八街
119	天津	天津宏仁堂药业有限公司	红花牌
120	天津	天津津酒集团有限公司	津酒
121	天津	天津市白记餐饮有限责任公司	白记
122	天津	天津市崩豆张食品有限公司	崩豆张
123	天津	天津市陈林洗染公司	陈林
124	天津	天津市登瀛楼饭庄有限公司	登瀛楼
125	天津	天津市飞鸽集团有限公司	飞鸽
126	天津	天津市桂顺斋食品有限公司	桂顺斋
127	天津	天津市鸿起顺餐饮有限责任公司	鸿起顺
128	天津	天津市康乐饮料有限公司	康乐
129	天津	天津市清真正兴德茶叶批发公司	正兴德
130	天津	天津市石头门坎素包餐饮食品有限公司	石头门坎
131	天津	天津市天宝楼食品有限公司	天宝楼
132	天津	天津市天立独流老醋股份有限公司	天立
133	天津	天津市鸵鸟墨水有限公司	鸵鸟

续表

序号	地区	企业	品牌
134	天津	天津市正兴德茶叶有限公司	成兴
135	天津	天津市直沽酿酒厂	天沽
136	天津	天津天女化工集团股份有限公司	天女牌
137	天津	天津同仁堂集团股份有限公司	太阳
138	天津	天津杨柳青画社	
139	天津	天津鹦鹉乐器有限公司	鹦鹉
140	天津	天津渔阳酒业有限责任公司	渔阳牌
141	天津	天津长芦海晶集团有限公司	海晶
142	天津	天津长芦汉沽盐场有限责任公司	芦花
143	天津	中原百货集团股份有限公司	中原百货
144	天津	天津渤化永利化工股份有限公司	红三角
145	天津	天津医药集团大明眼镜有限公司	丽人
146	天津	狗不理集团股份有限公司	狗不理
147	天津	天津老美华鞋店有限责任公司	老美华
148	天津	天津利顺德大饭店有限公司	利顺德
149	天津	天津皮糖张科技有限公司	老少乐
150	天津	天津劝业场百货（集团）有限公司	劝业场
151	天津	天津市山海关饮料有限公司	山海关
152	天津	天津市红玫瑰食品有限公司	红玫瑰牌
153	天津	天津市茶业有限公司	春蕊
154	天津	天津市春合体育用品有限公司	中华牌
155	天津	天津烤鸭店餐饮有限公司	正阳春
156	天津	天津市华龙金店有限公司	华龙
157	天津	天津家具五厂有限公司	蜂皇
158	天津	天津二商迎宾肉类食品有限公司	迎宾
159	天津	天津市盛锡福帽业有限公司	三帽
160	天津	天津市祥德斋食品有限公司	祥德斋
161	天津	天津市利民调料有限公司	玉川居
162	天津	天津正鑫商贸有限公司红桥正兴德茶庄	红桥正兴德

续表

序号	地区	企业	品牌
163	天津	天津海鸥表业集团有限公司	海鸥
164	天津	天津起士林大饭店有限公司	起士林
165	天津	天津食品进出口股份有限公司	金星牌 义聚永记
166	河北	承德乾隆醉酒业有限责任公司	板城烧锅 庆元亨
167	河北	昌黎县赵家馆	赵家馆
168	河北	大名县大名府香油调味品有限公司	大名府
169	河北	大名县京府黑芝麻小磨香油有限公司	五鹿香
170	河北	河北保定槐茂有限公司	槐茂
171	河北	河北衡水老白干酒业股份有限公司	衡水老白干
172	河北	河北省刘美实业有限公司	刘美
173	河北	迁安市贯头山酒业有限公司	贯头山
174	河北	十里香股份公司	十里香
175	河北	石家庄洛杉奇食品有限公司	金凤
176	河北	石家庄马氏中发食品有限公司	真定府
177	河北	唐山曹雪芹酒业有限公司	曹雪芹
178	河北	唐山鸿宴饭庄	鸿宴
179	河北	唐山市新新麻糖厂	蜂王牌
180	河北	玉田县鸿源酒业有限公司	丰年牌
181	河北	张家口柴记食品有限公司	柴沟堡
182	河北	张家口宣化区朝阳楼饭庄有限责任公司	朝阳楼
183	河北	河北山庄老酒股份有限公司	山庄
184	河北	河北邯郸丛台酒业股份有限公司	丛台
185	河北	河北争荣生物科技股份有限公司	争荣
186	河北	河北金牛原大药业科技有限公司	金牛
187	河北	刘伶醉酿酒股份有限公司	刘伶
188	河北	河北凤来仪酒业有限公司	福盛泉
189	河北	乐仁堂投资集团股份有限公司	乐仁堂
190	河北	石家庄饮食有限责任公司中和轩饭庄	中和轩
191	山西	稷山县飞凯达食品有限公司	赵氏四味坊

续表

序号	地区	企业	品牌
192	山西	山西广誉远国药有限公司	广誉远
193	山西	山西郭氏食品工业有限公司	郭国芳
194	山西	山西省平遥牛肉集团有限公司	冠云
195	山西	山西太谷荣欣堂食品有限公司	荣欣堂
196	山西	山西杏花村汾酒集团有限责任公司	杏花村
197	山西	太原六味斋实业有限公司	六味斋
198	山西	太原市果品茶叶副食总公司	乾和祥
199	山西	太原市老香村副食有限公司	老香村
200	山西	太原市宁化府益源庆醋业有限公司	益源庆
201	山西	阳泉食品总厂有限公司	颐寿
202	山西	运城市福同惠食品有限公司	福同惠
203	山西	山西恒来福醋业有限公司	来福
204	山西	山西云青牛肉股份有限公司	云青
205	山西	太原酒厂有限责任公司	晋泉
206	山西	太原市恒义诚甜食店有限公司	老鼠窟
207	山西	太原市清和元餐饮管理有限公司	清和元
208	内蒙古	内蒙古百年酒业有限责任公司	开鲁
209	内蒙古	内蒙古河套酒业集团股份有限公司	河套
210	内蒙古	内蒙古金元集团呼和浩特制酒厂股份有限公司	丰州
211	内蒙古	内蒙古民族商场有限责任公司	民族
212	内蒙古	内蒙古恒丰集团银粮面业有限责任公司	河套
213	内蒙古	内蒙古鸿茅药业有限责任公司	鸿茅
214	辽宁	北镇市刘家猪蹄熏鸡厂	刘万成
215	辽宁	鸿兴泰抚顺饮食文化有限公司	鸿兴泰
216	辽宁	葫芦岛市高桥陈醋厂	高桥
217	辽宁	葫芦岛市高桥小菜厂	锦港
218	辽宁	锦州小菜有限责任公司	锦州
219	辽宁	辽宁道光廿五集团满族酿酒有限责任公司	道光
220	辽宁	辽宁凤城老窖酒业有限责任公司	凤山
221	辽宁	辽宁千山酒业集团有限公司	千山

续表

序号	地区	企业	品牌
222	辽宁	盘锦市盘山酒业有限责任公司	盘锦
223	辽宁	沈阳广生堂药业有限责任公司	广生堂
224	辽宁	沈阳老边饺子馆	老边
225	辽宁	沈阳鹿鸣春饭店有限公司	鹿鸣春
226	辽宁	沈阳市宝发园名菜馆	宝发园
227	辽宁	沈阳市明湖春酒店	明湖春
228	辽宁	沈阳市三盛轩回民饺子馆	三盛轩
229	辽宁	沈阳天江老龙口酿造有限公司	老龙口
230	辽宁	沈阳西塔大冷面餐饮有限公司	西塔
231	辽宁	鞍山市信利上海熏腊店有限公司	信利
232	辽宁	辽宁沟帮子熏鸡集团有限公司	尹家
233	辽宁	丹东市老天祥大药房有限公司	老天祥
234	辽宁	灯塔市铧子酒厂	磨齐山
235	辽宁	辽宁铁刹山酒业（集团）有限公司	铁刹山
236	辽宁	沈阳萃华金银珠宝股份有限公司	萃华
237	辽宁	沈阳稻香村食品工业有限公司	稻福
238	辽宁	沈阳市中和福茶庄有限公司	中和福
239	辽宁	国药控股国大药房沈阳连锁有限公司	天益堂
240	大连	大连大仁堂药房有限公司	大仁堂
241	大连	大商集团有限公司	大商
242	吉林	吉林省百乐酿造有限公司	百乐
243	吉林	吉林省大泉源酒业有限公司	大泉源牌
244	吉林	吉林省抚松制药股份有限公司	林海牌
245	吉林	吉林省梅河酒业有限公司	梅河
246	吉林	吉林省洮儿河酒业有限公司	洮儿河牌
247	吉林	吉林省杨麻子大饼餐饮管理有限责任公司	杨麻子
248	吉林	吉林市春发实业有限责任公司西春发饭店	西春发
249	吉林	辽源龙泉酒业股份有限公司	龙泉春牌
250	吉林	松原市松江老醋酿造有限公司	松江
251	吉林	通化葡萄酒股份有限公司	通化

续表

序号	地区	企业	品牌
252	吉林	长春孟氏整骨孟晓东骨伤门诊部	孟氏整骨
253	吉林	吉林福源馆食品集团有限责任公司	福源馆
254	吉林	吉林酿业集团醋业有限公司	江城牌
255	吉林	长白山皇封参业股份有限公司	皇封
256	吉林	吉林市德力坤新兴圆餐饮有限公司	新兴圆
257	吉林	四平李连贵饮食服务股份有限公司	李连贵
258	吉林	长白山酒业集团有限公司	长白山
259	吉林	长春市酿酒总厂	积德泉
260	吉林	长春市鼎丰真食品有限责任公司	鼎丰真
261	吉林	吉林省榆树钱酒业有限公司	榆树钱
262	黑龙江	哈尔滨大兴昌酒业有限公司	大兴昌
263	黑龙江	哈尔滨大众肉联集团有限公司	大众肉联
264	黑龙江	哈尔滨福庆堂医药保健用品有限公司	老王麻子
265	黑龙江	哈尔滨华梅西餐有限公司	华梅
266	黑龙江	哈尔滨老鼎丰食品有限公司	老鼎丰
267	黑龙江	哈尔滨老都一处餐饮有限责任公司	老都一处
268	黑龙江	哈尔滨联强商业发展有限公司	八杂市
269	黑龙江	哈尔滨秋林食品有限责任公司	新天地秋林
270	黑龙江	哈尔滨秋林糖果厂有限责任公司	秋林里道斯
271	黑龙江	哈尔滨市南极冷饮有限公司	南极
272	黑龙江	哈尔滨永江药业有限公司	永江
273	黑龙江	哈尔滨友谊宫	哈尔滨友谊宫
274	黑龙江	哈尔滨源盛东餐饮有限公司	源盛东
275	黑龙江	哈尔滨正阳楼肉类食品有限责任公司	正阳楼
276	黑龙江	哈药集团世一堂制药厂	世一堂
277	黑龙江	黑龙江北大仓集团有限公司	北大仓
278	黑龙江	黑龙江参鸽药业有限公司	参鸽
279	黑龙江	黑龙江鼎恒升药业有限公司	鼎恒升
280	黑龙江	黑龙江省富裕老窖酒业有限公司	桂花
281	黑龙江	黑龙江省克东腐乳有限公司	二克山

续表

序号	地区	企业	品牌
282	黑龙江	黑龙江省玉泉酒业有限责任公司	玉泉
283	黑龙江	克东县人和春腐乳有限责任公司	玉和
284	黑龙江	马迭尔宾馆	马迭尔
285	黑龙江	五常大羅新食品有限责任公司	大羅新
286	黑龙江	齐齐哈尔鹏程北方糖业股份有限公司	红光
287	上海	光明乳业股份有限公司	光明
288	上海	恒源祥（集团）有限公司	恒源祥
289	上海	青浦金泽赵家豆腐店	赵瑞兰
290	上海	上海白象天鹅电池有限公司	白象
291	上海	上海宝鼎酿造有限公司	天鱼
292	上海	上海表业有限公司	上海
293	上海	上海采芝斋食品有限公司	采芝斋
294	上海	上海沧浪亭餐饮管理有限公司	沧浪亭
295	上海	上海床上用品有限公司	上上
296	上海	上海大陆酿造有限公司	公鸡
297	上海	上海德大西餐有限公司	DEDA
298	上海	上海德兴馆	德兴
299	上海	上海德兴面馆有限公司	德兴面馆 DX
300	上海	上海第一食品连锁发展有限公司	第一食品
301	上海	上海鼎丰酿造食品有限公司	鼎丰
302	上海	上海凤凰企业（集团）股份有限公司	凤凰牌
303	上海	上海福新面粉有限公司	福新
304	上海	上海钢琴有限公司	STRAUSS
305	上海	上海功德林素食有限公司	功德林
306	上海	上海冠生园华佗酿酒有限公司	华佗
307	上海	上海冠生园天厨调味品有限公司	佛手
308	上海	上海广茂香经贸发展有限公司	广茂香
309	上海	上海国旅国际旅行社有限公司	乐趣
310	上海	上海海螺服饰有限公司	海螺
311	上海	上海和平饭店有限公司	

续表

序号	地区	企业	品牌
312	上海	上海亨生西服有限公司	亨生
313	上海	上海红双喜股份有限公司	红双喜
314	上海	上海鸿翔制衣有限公司	鸿翔
315	上海	上海华安美容美发有限公司	HUAN
316	上海	上海华通开关厂有限公司	华通
317	上海	上海华谊精细化工有限公司上海开林造漆厂	光明
318	上海	上海回力鞋业有限公司	回力
319	上海	上海惠罗有限公司	惠罗
320	上海	上海家化联合股份有限公司	美加净
321	上海	上海金枫酒业股份有限公司	金枫
322	上海	上海锦江饭店有限公司	
323	上海	上海锦江国际饭店有限公司	国际饭店
324	上海	上海锦江金门大酒店有限公司	金门大酒店
325	上海	上海京华化工厂有限公司	白石
326	上海	上海九和堂国药有限公司	九和堂
327	上海	上海开开实业股份有限公司	开开牌
328	上海	上海蓝棠-博步皮鞋有限公司	蓝棠博步
329	上海	上海老城隍庙五香豆食品有限公司	老城隍庙
330	上海	上海老大同调味品有限公司	老大同
331	上海	上海老饭店	上海老饭店
332	上海	上海老凤祥有限公司	老凤祥
333	上海	上海老庙黄金有限公司	老庙
334	上海	上海老同盛有限公司	老同盛
335	上海	上海雷允上药业西区有限公司	雷允上
336	上海	上海雷允上药业有限公司	雷氏
337	上海	上海梨膏糖食品厂	
338	上海	上海良友海狮油脂实业有限公司	海狮
339	上海	上海龙凤中式服装有限公司	龙凤

续表

序号	地区	企业	品牌
340	上海	上海梅林正广和股份有限公司	梅林
341	上海	上海南翔食品股份有限公司	南翔
342	上海	上海清真洪长兴餐饮食品有限公司	洪长兴
343	上海	上海染料研究所有限公司	狮头
344	上海	上海人立服饰有限公司	人立
345	上海	上海三联（集团）有限公司冠龙照相器材公司	冠龙
346	上海	上海三联（集团）有限公司亨达利钟表公司	亨达利
347	上海	上海三添食品有限公司	三添
348	上海	上海三阳盛食品有限公司	三阳盛
349	上海	上海沈大成餐饮速食有限公司	沈大成
350	上海	上海市泰康食品有限公司稻香村肫肝分公司	
351	上海	上海市泰康食品有限公司真老大房食品分公司	真
352	上海	上海市糖业烟酒（集团）有限公司	玉棠
353	上海	上海天宝龙凤金银珠宝有限公司	天宝龙凤
354	上海	上海童涵春堂中药饮片有限公司	童涵春堂
355	上海	上海万有全（集团）有限公司	万有全
356	上海	上海王大隆刀剪实业有限公司	王大隆
357	上海	上海卧室用品有限公司	上卧
358	上海	上海五福调味食品有限公司	
359	上海	上海五华伞业有限公司	五华
360	上海	上海西泠印社有限公司	西泠印社
361	上海	上海西区老大房实业有限公司	老大房
362	上海	上海鲜得来排骨年糕餐饮有限公司	鲜得来
363	上海	上海新大美华鞋业有限公司	大美华
364	上海	上海新光光学仪器有限公司	新光
365	上海	上海新世界股份有限公司	新世界
366	上海	上海新长发栗子食品有限公司	新长发
367	上海	上海星钻秒表有限公司	

续表

序号	地区	企业	品牌
368	上海	上海熊猫线缆股份有限公司	熊猫
369	上海	上海亚明照明有限公司	亚字
370	上海	上海亚一金店有限公司	亚一
371	上海	上海益民食品一厂有限公司	光明牌
372	上海	上海余天成药业连锁有限公司余天成堂药号	余天成
373	上海	上海豫园南翔馒头店有限公司	南翔
374	上海	上海豫园商城工艺品有限公司	华宝楼
375	上海	上海悦来芳食品有限公司	悦来芳
376	上海	上海张力生企业发展有限公司	张力生
377	上海	上海张小泉刀剪总店有限公司	泉字牌
378	上海	上海正广和饮用水有限公司	正广和
379	上海	上海正章实业有限公司	正章
380	上海	上海正章洗染有限公司	
381	上海	上海中华药业有限公司	龙虎
382	上海	杏花楼食品餐饮股份有限公司	杏花楼
383	上海	上海和黄白猫有限公司	白猫
384	上海	上海百联百货经营有限公司上海市第一百货商店	
385	上海	上海百联百货经营有限公司上海妇女用品商店	漂亮妈妈
386	上海	上海百联百货经营有限公司上海时装商店	时装商店
387	上海	宝大祥青少年儿童购物（集团）股份有限公司	宝大祥
388	上海	上海蔡同德堂药号有限公司	蔡同德堂
389	上海	上海川湘食品有限公司	川湘
390	上海	上海大富贵酒楼有限公司	大富贵
391	上海	上海第一西比利亚皮货有限公司	第一西比利亚
392	上海	上海丁义兴食品股份有限公司	丁义兴
393	上海	上海东方眼镜有限公司	东方
394	上海	上海朵云轩集团有限公司	朵云轩

续表

序号	地区	企业	品牌
395	上海	上海冠生园食品有限公司	冠生园 大白兔
396	上海	上海古今内衣集团有限公司	古今牌
397	上海	上海红房子西菜馆有限责任公司	红房子
398	上海	上海红心熨烫设备有限公司	红心
399	上海	上海哈尔滨食品厂有限公司	叙友
400	上海	上海金龙商业有限公司	金龙
401	上海	上海华谊涂料有限公司	眼睛牌 飞虎
402	上海	上海凯司令食品股份有限公司	凯司令
403	上海	上海老介福商厦有限公司	老介福
404	上海	上海立丰食品有限公司	立丰
405	上海	上海立信实业发展有限公司	立信
406	上海	双钱轮胎集团有限公司	双钱
407	上海	上海绿杨村酒家股份有限公司	绿杨村
408	上海	上海梅龙镇酒家股份有限公司	梅龙镇
409	上海	上海民族乐器一厂有限公司	敦煌
410	上海	上海培罗蒙西服有限公司	培罗蒙
411	上海	上海乔家栅饮食食品发展有限公司	乔家栅
412	上海	上海全国土特产食品有限公司	培丽
413	上海	上海全泰服饰鞋业有限公司	全泰
414	上海	上海群力草药店有限公司	群力
415	上海	上海人民塑料印刷厂有限公司	SRS
416	上海	上海人寿堂养老服务（集团）有限公司	人寿堂
417	上海	上海三大祥纺织品有限公司	宝大祥
418	上海	上海三角地菜市场经营管理有限公司	三角地
419	上海	上海三联（集团）有限公司茂昌眼镜公司	茂昌
420	上海	上海三联（集团）有限公司吴良材眼镜公司	吴良材
421	上海	上海三枪（集团）有限公司	三枪 菊花牌
422	上海	上海三阳南货店有限公司	羊牌

续表

序号	地区	企业	品牌
423	上海	上海邵万生食品有限公司	邵万生
424	上海	上海马利画材股份有限公司	马利
425	上海	上海第一医药股份有限公司上海市第一医药商店	医一
426	上海	上海华谊精细化工有限公司	一品
427	上海	上海王宝和大酒店有限公司	王宝和
428	上海	上海王家沙餐饮股份有限公司	王家沙
429	上海	上海王开投资管理有限公司	王开
430	上海	上海小绍兴餐饮连锁有限公司	小绍兴
431	上海	上海老正兴菜馆有限公司	老正兴
432	上海	上海杏花楼（集团）股份有限公司新雅粤菜馆	新雅
433	上海	上海杏花楼（集团）股份有限公司燕云楼酒楼	燕云楼
434	上海	上海徐家汇商城股份有限公司六百分公司	六百
435	上海	上海永久自行车有限公司	永久
436	上海	上海牡丹油墨有限公司	牡丹
437	上海	上海豫园旅游商城（集团）股份有限公司湖心亭茶楼	[illegible]
438	上海	上海豫园商贸发展有限公司	永青
439	上海	上海豫园创意发展有限公司	丽云阁
440	上海	上海龙头家纺有限公司	钟牌 凤凰 皇后 民光
441	上海	中国第一铅笔有限公司	中华牌
442	上海	上海周虎臣曹素功笔墨有限公司	虎 曹素功
443	江苏	常熟市王四酒家有限责任公司	王四酒家
444	江苏	常州瑞和泰食品有限公司	瑞和泰
445	江苏	常州市义隆素菜馆有限公司	义隆
446	江苏	常州新世纪商城有限公司	常百
447	江苏	国药控股国大药房扬州大德生连锁有限公司	大德生
448	江苏	江苏大众医药连锁有限公司	致和堂

续表

序号	地区	企业	品牌
449	江苏	江苏恒顺醋业股份有限公司	恒顺
450	江苏	江苏省宿迁市三园调味品有限公司	三园
451	江苏	江苏双沟酒业股份有限公司	双沟
452	江苏	江苏汤沟两相和酒业有限公司	汤沟
453	江苏	江苏仙鹤食品酿造有限公司	仙鹤
454	江苏	江苏新中酿造有限责任公司	新中
455	江苏	江苏洋河酒厂股份有限公司	洋河
456	江苏	江苏张家港酿酒有限公司	沙洲优黄
457	江苏	昆山奥灶馆有限公司奥灶馆	奥灶馆
458	江苏	连云港市板浦汪恕有滴醋厂	汪
459	江苏	南京白敬宇制药有限责任公司	白敬宇
460	江苏	南京韩复兴清真食品有限公司	韩复兴
461	江苏	南京金都饮食服务有限公司绿柳居菜馆	绿柳居
462	江苏	南京金都饮食服务有限公司永和园酒楼	永和园
463	江苏	南京清真安乐园菜馆	安乐园
464	江苏	南京清真桃源村食品厂有限公司	蜜桃牌
465	江苏	南京四明眼镜店有限责任公司	四明
466	江苏	南京同仁堂药业有限责任公司	乐家老铺
467	江苏	南京吴良材眼镜有限公司	丝绸之路
468	江苏	南京小苏州食品有限公司	小苏州
469	江苏	南京新街口百货商店股份有限公司	新百
470	江苏	南京云锦研究所有限公司	吉祥牌
471	江苏	南通白蒲黄酒有限公司	水明楼
472	江苏	南通老天宝银楼有限公司	老天宝
473	江苏	南通颐生酒业有限公司	颐生
474	江苏	如皋市白蒲三香斋茶干有限公司	三香斋
475	江苏	如皋市林梓潮糕店	林梓老万和
476	江苏	苏州采芝斋食品有限公司	采芝斋
477	江苏	苏州稻香村食品有限公司	禾
478	江苏	苏州津津食品有限公司	津津

续表

序号	地区	企业	品牌
479	江苏	苏州雷允上国药连锁总店有限公司良利堂药店	良利堂
480	江苏	苏州雷允上国药连锁总店有限公司宁远堂药店	宁远堂
481	江苏	苏州雷允上国药连锁总店有限公司王鸿翥药店	王鸿翥堂
482	江苏	苏州陆稿荐食品有限公司	大房陆稿荐
483	江苏	苏州乾生元食品有限公司	乾
484	江苏	苏州乾泰祥丝绸有限公司	乾泰祥
485	江苏	苏州三万昌茶叶有限公司	三万昌
486	江苏	苏州市春蕾茶庄有限公司	汪瑞裕
487	江苏	苏州市得月楼餐饮有限公司	得月楼
488	江苏	苏州市恒孚首饰集团有限公司（恒孚银楼）	恒孚
489	江苏	苏州市近水台面馆	近水台
490	江苏	苏州市平望调料酱品有限公司	莺脰湖
491	江苏	苏州市吴中区角直酱品厂	角直
492	江苏	苏州市义昌福酒店	义昌福
493	江苏	苏州市朱鸿兴饮食有限公司	朱鸿兴
494	江苏	苏州叶受和食品有限公司	和合
495	江苏	苏州医疗用品厂有限公司	华佗
496	江苏	苏州玉露春茶叶有限公司	玉露春
497	江苏	太仓肉松食品有限公司	太仓牌
498	江苏	无锡市惠山泥人厂有限责任公司	大阿福
499	江苏	无锡市穆桂英美食广场有限责任公司	穆桂英
500	江苏	无锡市三凤桥肉庄有限公司	三凤桥
501	江苏	无锡市世泰盛经贸有限责任公司	世泰盛
502	江苏	无锡市王兴记有限公司	王兴记
503	江苏	无锡市玉祁酒业有限公司	双套
504	江苏	无锡市真正老陆稿荐肉庄有限公司	真正老陆稿荐
505	江苏	徐州恒顺万通食品酿造有限公司	万通
506	江苏	徐州市老同昌茶叶有限责任公司	老同昌
507	江苏	扬州共和春饮食文化发展有限公司	共和春
508	江苏	扬州绿杨春茶叶有限公司	绿杨春

续表

序号	地区	企业	品牌
509	江苏	扬州漆器厂有限责任公司	漆花
510	江苏	扬州三和四美酱菜有限公司	三和四美
511	江苏	扬州玉器厂有限责任公司	玉缘
512	江苏	镇江存仁堂医药连锁有限责任公司	存仁堂
513	江苏	镇江鼎大祥商贸有限公司	鼎大祥
514	江苏	镇江唐老一正斋药业有限公司	唐萼楼
515	江苏	镇江宴春酒楼有限公司	宴春
516	江苏	常州梳篦厂有限公司	白象牌
517	江苏	淮安市浦楼酱醋食品有限公司	浦楼
518	江苏	江苏今世缘酒业股份有限公司	高沟
519	江苏	雷允上药业集团有限公司	雷允上
520	江苏	江苏宝庆珠宝股份有限公司	宝庆牌
521	江苏	南京清真奇芳阁餐饮有限公司	奇芳阁
522	江苏	南京冠生园食品厂集团有限公司	园
523	江苏	南京刘长兴餐饮有限责任公司	刘长兴
524	江苏	南京卫岗乳业有限公司	卫岗
525	江苏	南京金都饮食服务有限公司清真马祥兴菜馆	马祥兴
526	江苏	江苏中烟工业有限责任公司南京卷烟厂	南京
527	江苏	南京中央商场（集团）股份有限公司	中央
528	江苏	苏州市黄天源食品有限公司	黄天源
529	江苏	苏州市吴中区藏书老庆泰餐饮服务有限公司	老庆泰
530	江苏	苏州松鹤楼饮食集团股份有限公司	松鹤楼
531	江苏	泰州市梅兰春酒厂有限公司	梅兰春
532	江苏	无锡市聚丰园大酒店有限责任公司	聚丰园
533	江苏	徐州市金悦饮食服务有限公司两来风酒楼分公司	两来风
534	江苏	徐州市金悦饮食服务有限公司马市街饣它汤分公司	马市街
535	江苏	扬州富春饮服集团有限公司	富春
536	江苏	扬州市光明眼镜连锁有限责任公司	光明
537	江苏	江苏谢馥春国妆股份有限公司	谢馥春
538	浙江	杭州市食品酿造有限公司	五味和 湖羊

续表

序号	地区	企业	品牌
539	浙江	杭州边福茂鞋业有限公司	边福茂
540	浙江	杭州采芝斋食品有限公司	采芝斋
541	浙江	杭州都锦生实业有限公司	都锦生
542	浙江	杭州方回春堂集团有限公司	方回春堂
543	浙江	杭州胡庆余堂国药号有限公司	胡庆余堂
544	浙江	杭州解百集团股份有限公司	解百
545	浙江	杭州老大昌调味品有限责任公司	老大昌
546	浙江	杭州李宝赢堂中药饮片有限公司	李寶赢堂
547	浙江	杭州山外山菜馆有限公司	山外山
548	浙江	杭州邵芝岩笔庄	芝兰图牌
549	浙江	杭州王星记扇业有限公司	王星記
550	浙江	杭州西泠印社有限公司	西泠印社
551	浙江	杭州羊汤饭店有限公司	西乐园羊汤
552	浙江	杭州颐香斋食品有限公司	颐香
553	浙江	杭州饮食服务集团有限公司杭州奎元馆	奎元馆
554	浙江	杭州饮食服务集团有限公司杭州知味观	知味观
555	浙江	杭州朱养心药业有限公司	朱养心
556	浙江	湖州丁莲芳食品有限公司	丁莲芳
557	浙江	湖州老恒和酿造有限公司	老恒和
558	浙江	湖州王一品斋笔庄有限责任公司	天官牌
559	浙江	湖州震远同食品有限公司	震远同
560	浙江	嘉兴三珍斋食品有限公司	三珍斋
561	浙江	江山市酿造厂	清湖
562	浙江	金华寿仙谷药业有限公司	寿仙谷
563	浙江	龙泉市官窑瓷业有限公司	官
564	浙江	龙泉市南宋哥窑瓷业有限公司	南宋哥
565	浙江	平湖市老鼎丰酿造食品有限公司	群欢
566	浙江	绍兴女儿红酿酒有限公司	女儿红
567	浙江	绍兴仁昌酱园有限公司	仁昌记
568	浙江	绍兴市咸亨酒店有限公司	咸亨

续表

序号	地区	企业	品牌
569	浙江	绍兴咸亨食品股份有限公司	咸亨
570	浙江	桐乡市丰同裕蓝印布艺有限公司	丰同裕
571	浙江	义乌市丹溪酒业有限公司	丹溪牌
572	浙江	浙江东海酒业有限公司	陈德顺发记坊
573	浙江	浙江红石梁集团天台山乌药有限公司	台乌
574	浙江	浙江嘉善黄酒股份有限公司	西塘牌
575	浙江	浙江景阳观调料酱品有限公司	景阳观
576	浙江	浙江省龙泉市宝剑厂有限公司	龙泉宝剑
577	浙江	浙江天一堂药业有限公司	天一堂
578	浙江	浙江万隆肉类制品有限公司	万隆 1864
579	浙江	浙江五芳斋实业股份有限公司	五芳斋
580	浙江	浙江新昌同兴食品实业有限公司	同兴
581	浙江	浙江雪舫工贸有限公司	雪舫蒋
582	浙江	浙江越王珠宝有限公司	越王
583	浙江	浙江震元医药连锁有限公司	震元堂
584	浙江	浙江致中和实业有限公司	致中和
585	浙江	杭州翠沁斋食品股份有限公司	翠沁斋
586	浙江	浙江东南船牌日化股份有限公司	船牌
587	浙江	杭州张同泰中医门诊部有限公司	张同泰
588	浙江	杭州金星铜世界装饰材料有限公司	炳新
589	浙江	浙江中烟工业有限责任公司	利群
590	浙江	杭州孔凤春化妆品股份有限公司	孔凤春
591	浙江	杭州楼外楼实业集团股份有限公司	楼外楼
592	浙江	浙江毛源昌眼镜有限公司	毛源昌
593	浙江	杭州陈源昌食品有限公司	陈源昌
594	浙江	杭州民生药业股份有限公司	民生
595	浙江	杭州潘永泰棉花店有限公司	潘永泰
596	浙江	万承志堂中医药股份有限公司	承志堂
597	浙江	杭州华东大药房连锁有限公司	许广和
598	浙江	湖州乾昌酿酒有限公司	乾昌

续表

序号	地区	企业	品牌
599	浙江	湖州周生记餐饮管理有限公司	周生记
600	浙江	湖州诸老大实业股份有限公司	诸老大
601	浙江	会稽山绍兴酒股份有限公司	会稽山
602	浙江	浙江邵永丰成正食品有限公司	邵永丰成正
603	浙江	瑞安市李大同（老五房）食品有限公司	李大同
604	浙江	绍兴市上虞区同仁酿造有限公司	协和
605	浙江	天台县北山供销合作社有限公司	华顶山云雾
606	浙江	温州一百有限公司	温一百
607	浙江	温州金三益商贸有限公司	金三益
608	浙江	温州五味和副食品有限公司	五味和
609	浙江	温州市县前汤圆店有限公司	县前
610	浙江	叶同仁品牌管理温州有限公司	叶同仁
611	浙江	浙江塔牌绍兴酒有限公司	塔牌
612	浙江	龙泉市沈广隆剑铺	沈广隆
613	浙江	温州老香山医药连锁有限公司老香山连锁总店	老香山
614	浙江	绍兴鉴湖酿酒有限公司	鉴湖
615	浙江	中国绍兴黄酒集团有限公司	古越龙山 沈永和
616	宁波	宁波黄古林工艺品有限公司	黄古林
617	宁波	宁波市楼茂记食品有限公司	楼茂记
618	宁波	宁波市味华食品有限公司	味华
619	宁波	宁波四明大药房有限责任公司	四明
620	宁波	宁波市升阳泰商贸有限公司	升阳泰
621	宁波	宁波缸鸭狗健康食品科技有限公司	缸鸭狗
622	宁波	宁波天胜摄影有限公司	天胜
623	安徽	安徽柏兆记食品股份有限公司	柏兆记
624	安徽	安徽聚红盛农庄餐饮有限公司	聚红盛
625	安徽	安徽口子酒业股份有限公司	口子
626	安徽	安徽省黄山市屯溪胡开文墨厂	胡开文牌
627	安徽	安徽省六安瓜片茶业股份有限公司	徽六

续表

序号	地区	企业	品牌
628	安徽	安庆市胡玉美酿造食品有限责任公司	胡玉美
629	安徽	黄山市猴坑茶业有限公司	猴坑
630	安徽	马鞍山市采石矶食品有限公司	采石矶
631	安徽	芜湖市老余昌钟表眼镜有限责任公司	老余昌
632	安徽	歙县老胡开文墨业有限公司	李廷珪牌
633	安徽	安徽安科余良卿药业有限公司	余良卿号
634	安徽	安徽金种子酒业股份有限公司	颍州
635	安徽	安徽良才墨业有限公司	艺粟斋
636	安徽	休宁县万安吴鲁衡罗经老店有限公司	吴鲁衡
637	安徽	同庆楼餐饮股份有限公司	同庆楼
638	安徽	安徽迎驾贡酒股份有限公司	迎驾
639	安徽	安庆麦陇香食品股份有限公司	麦陇香
640	安徽	合肥公和堂食品有限公司	公和堂
641	安徽	谢裕大茶叶股份有限公司	谢正安
642	安徽	芜湖耿福兴餐饮管理有限公司	耿福兴
643	安徽	芜湖市四季春餐饮有限公司	四季春
644	安徽	中国宣纸股份有限公司	红星宣纸
645	福建	福建复茂食品有限公司	复茂
646	福建	福建老酒酒业有限公司	鼓山
647	福建	福建泉州市春生堂酒厂有限公司	春生堂
648	福建	福建省安溪成珍食品有限公司	成珍
649	福建	福建省宏盛闽侯酒业有限公司	青红
650	福建	福建省将乐县民间龙池古砚作坊	龙池
651	福建	福建省明溪荣兴食品有限公司	荣兴
652	福建	福州鼓楼区同利肉燕老铺	同利
653	福建	福州回春医药连锁有限公司	回春
654	福建	福州聚春园集团有限公司	聚春园
655	福建	福州民天集团有限公司	民天
656	福建	福州市鼓楼区永和鱼丸店	永和
657	福建	福州台江老天华乐器行	老天华

续表

序号	地区	企业	品牌
658	福建	福州依海肉燕老铺	依海
659	福建	惠安县集泉茶叶工贸有限公司	龙雀
660	福建	灵源药业有限公司	灵源
661	福建	泉州中侨（集团）股份有限公司源和堂公司	源和堂
662	福建	漳州片仔癀药业股份有限公司	片仔癀
663	福建	漳州市八宝印泥厂	丹霞
664	福建	福州市鼓楼区老卤酱鸭店	老硵
665	福建	莆田市华昌金玉珠宝有限公司	华昌
666	福建	泉州中侨药业有限公司	古井
667	厦门	厦门白鹭食品工业有限公司	白鹭
668	厦门	厦门茶叶进出口有限公司	海堤
669	厦门	厦门市陈有香调味品有限公司	陈有香
670	厦门	厦门市黄则和食品有限公司	黄则和
671	厦门	厦门市南普陀寺实业社	南普陀
672	厦门	厦门市思明区叶氏麻糍经营部	叶氏
673	厦门	厦门市同安吴招治薄饼店	吴招治
674	厦门	厦门惟艺漆线雕艺术有限公司	BOHUACAI
675	厦门	厦门夏商黄金香食品有限公司	黄金香
676	厦门	厦门夏商淘化大同食品有限公司	海堤
677	厦门	厦门夏商好清香餐饮管理有限公司	好清香
678	江西	贵溪市龙兴铺灯芯糕有限责任公司	龙兴铺
679	江西	九江石钟山豆制品有限公司	石钟山牌
680	江西	江西绿海油脂有限公司	绿海
681	江西	江西省宜丰洞山酒业有限公司	洞山
682	江西	江西永叔府食品有限公司	永叔公
683	江西	江西友家食品有限公司	德福斋
684	江西	九江市清真梁义隆饼店	梁义隆
685	江西	江西章贡酒业有限责任公司	章贡
686	江西	江西堆花酒业有限责任公司	堆花
687	江西	江西黄庆仁栈华氏大药房有限公司	黄庆仁栈

续表

序号	地区	企业	品牌
688	江西	金溪县森和兴贡面厂	森和兴
689	江西	江西南安板鸭有限公司	南安板鸭
690	江西	北京二商（江西大观楼）食品有限公司	大观楼
691	江西	建昌帮药业有限公司	建昌帮
692	江西	江西省宁红集团有限公司	宁红
693	江西	江西狗牯脑茶业有限公司	狗牯脑
694	江西	江西清华婺酒业有限公司	清华婺
695	江西	南昌亨得利股份有限公司	亨达利
696	山东	德州市又一村饭店	又一村
697	山东	德州通德酿造有限公司	通德
698	山东	德州永盛斋扒鸡集团有限公司	永盛斋
699	山东	济南趵突泉酿酒有限责任公司	趵突泉
700	山东	济南大观园股份有限公司	大观园
701	山东	临清市济美酿造有限责任公司	济美
702	山东	临沂惟一斋酱园	惟一斋
703	山东	瑞福油脂股份有限公司	崔字牌
704	山东	山东扳倒井股份有限公司	扳倒井
705	山东	山东德州扒鸡股份有限公司	德州
706	山东	山东宏济堂制药集团股份有限公司	宏济堂
707	山东	山东华王酿造有限公司	王村
708	山东	山东黄河龙集团有限公司	强恕堂
709	山东	山东兰陵美酒股份有限公司	兰陵
710	山东	山东微山湖经贸实业有限公司	微山湖
711	山东	山东周村烧饼有限公司	周村
712	山东	烟台张裕集团有限公司	张裕
713	山东	淄博仁德茶叶有限公司	仁德
714	山东	桓台起凤整骨医院	起凤
715	山东	山东忆展眼镜有限公司	宝明斋
716	山东	山东云德食品有限公司	德馨斋
717	山东	济南市市中区饮食公司草包包子铺	草包

续表

序号	地区	企业	品牌
718	山东	济南聚丰德有限责任公司聚丰德饭店	聚丰德
719	山东	济南康顺燕喜堂餐饮管理合伙企业（有限合伙）	燕喜堂
720	山东	山东宏济堂医药集团有限公司	宏济堂
721	山东	山东玉堂酱园有限责任公司	玉堂
722	山东	山东边家风味食品有限公司	边家
723	山东	东阿阿胶股份有限公司	东阿
724	山东	山东福牌阿胶股份有限公司	福字牌
725	山东	古贝春集团有限公司	古贝春
726	山东	山东武定府酿造有限公司	武定府
727	山东	金乡县金蜂糕点食品厂	金蜂
728	山东	山东景芝白酒有限公司	景芝
729	山东	山东云门酒业股份有限公司	云门
730	山东	山东玉兔食品股份有限公司	玉兔
731	山东	潍坊嵌银厂有限公司	潍坊
732	山东	烟台北极星钟表（集团）有限公司	POLARIS北极星
733	山东	烟台三环锁业集团股份有限公司	三环
734	山东	烟台中亚至宝药业有限公司	中亚
735	山东	山东聚乐村餐饮文化有限公司	聚乐村
736	山东	山东淄博清梅居食品有限责任公司	清梅居
737	山东	淄博临淄万春堂骨科医院有限公司	万春堂
738	青岛	利群集团股份有限公司	利群
739	青岛	青岛春和楼饭店有限责任公司	春和楼
740	青岛	青岛灯塔酿造有限公司	灯塔
741	青岛	青岛孚德鞋业有限公司	孚德
742	青岛	青岛国风大药房连锁有限公司	宏仁堂
743	青岛	青岛金大鸡味素有限公司	鸡牌
744	青岛	青岛崂山矿泉水有限公司	崂山
745	青岛	青岛啤酒股份有限公司	青岛啤酒
746	青岛	青岛盛锡福实业有限公司	环球
747	青岛	青岛天真摄影有限公司	天真

续表

序号	地区	企业	品牌
748	青岛	青岛万和春商贸有限公司	万和春
749	青岛	青岛维客集团股份有限公司	崂百
750	青岛	青岛一木集团有限责任公司	金菱
751	青岛	青岛紫信实业有限公司	金锚
752	青岛	青岛海滨食品股份有限公司	海滨
753	青岛	即发集团有限公司	即发
754	青岛	青岛台东五金有限公司	台东五金
755	青岛	山东即墨黄酒厂有限公司	即墨老酒
756	河南	宝丰酒业有限公司	宝丰牌
757	河南	河南省四知堂制药有限公司	四知堂
758	河南	河南省宋河酒业股份有限公司	宋河
759	河南	河南省张弓酒业有限公司	张弓
760	河南	焦作市百货大楼有限责任公司	
761	河南	开封第一楼有限责任公司	第一楼
762	河南	开封马豫兴食品有限公司	马豫兴
763	河南	洛阳建洛生物科技有限公司	建洛
764	河南	洛阳酒家有限责任公司洛阳酒家	八景
765	河南	洛阳市真不同饭店有限责任公司	真不同
766	河南	卫辉市世魁清真肉制品有限责任公司	世魁
767	河南	西华县老丁家食品有限公司	沙颍
768	河南	项城市汝阳刘笔业有限公司	汝阳刘
769	河南	新乡市富达食品有限公司	罗锅
770	河南	郑州市饮食有限公司（合记）	合记
771	河南	郑州市饮食有限责任公司（马豫兴）	马豫兴
772	河南	驻马店市王守义十三香调味品集团有限公司	王守义
773	河南	河南省洛阳正骨医院（河南省骨科医院）	平乐正
774	河南	河南叶振华食品有限公司	葉振華
775	湖北	湖北中烟工业有限责任公司	红金龙 黄鹤楼

续表

序号	地区	企业	品牌
776	湖北	湖北稻花香酒业股份有限公司	稻花香
777	湖北	湖北汉明喜来登眼镜有限公司	汉明喜来登
778	湖北	湖北黄山头酒业有限公司	黄山头
779	湖北	湖北枝江酒业股份有限公司	枝江
780	湖北	黄石市白鸭食品有限公司	白鸭
781	湖北	黄石市食博园饼业有限公司	黄石
782	湖北	武汉曹祥泰食品有限责任公司	曹祥泰
783	湖北	武汉市江岸区老亨达利世界名表有限公司	老亨达利
784	湖北	武汉市四季美饮业有限责任公司	四季美
785	湖北	武汉谈炎记饮食有限公司	谈炎记
786	湖北	武汉五芳斋食品贸易有限公司	五芳斋
787	湖北	武汉叶开泰药业连锁有限公司	叶开泰
788	湖北	孝感麻糖米酒有限责任公司	孝感牌
789	湖北	孝感市宏源饮食服务有限责任公司米酒大楼	孝感米酒
790	湖北	云梦县楚河鱼面厂	楚河
791	湖北	湖北久康食品有限公司	久康
792	湖北	湖北涢河酒业有限公司	碧山牌
793	湖北	湖北省赵李桥茶厂有限责任公司	川
794	湖北	健民药业集团股份有限公司	健民
795	湖北	马应龙药业集团股份有限公司	马应龙
796	湖北	黄鹤楼酒业有限公司	黄鹤楼
797	湖南	湖南省老杨明远眼镜有限公司	老杨明远
798	湖南	湖南省浏阳金生花炮有限公司	金生
799	湖南	湖南杨裕兴面业有限公司	杨裕兴
800	湖南	九芝堂股份有限公司	九芝堂
801	湖南	龙牌食品股份有限公司	龙
802	湖南	沅江億昌食品有限公司	億昌
803	湖南	长沙市德茂隆食品工贸有限公司	德茂隆
804	湖南	长沙市黄春和实业有限公司	黄春和
805	湖南	长沙市九如斋食品开发有限公司	九如斋

续表

序号	地区	企业	品牌
806	湖南	长沙市凯旋门摄影有限责任公司	凯旋门
807	湖南	长沙沃华经贸有限公司	三吉斋
808	湖南	长沙饮食集团长沙火宫殿有限公司	火宫殿
809	湖南	长沙饮食集团长沙杨裕兴有限公司	杨裕兴
810	湖南	长沙饮食集团长沙又一村有限公司	又一村
811	湖南	长沙饮食集团长沙玉楼东有限公司	玉楼东
812	湖南	长沙玉和酿造有限公司	玉和
813	湖南	湖南省湘绣研究所有限公司	金彩霞
814	湖南	长沙甘长顺餐饮管理有限公司	甘长顺
815	广东	佛山市海天调味食品股份有限公司	海天
816	广东	佛山市合记饼业有限公司	盲公
817	广东	佛山市粤鸿餐饮食品有限公司	应记
818	广东	广东大有食品股份有限公司	大有
819	广东	广东宏兴集团股份有限公司	宏兴
820	广东	广东明珠珍珠红酒业有限公司	珍珠红
821	广东	广东沙溪制药有限公司	沙溪
822	广东	广东省九江酒厂有限公司	远航
823	广东	广东石湾酒厂集团有限公司	陈太吉
824	广东	广东顺德酒厂有限公司	红荔
825	广东	广州白云山陈李济药厂有限公司	陈李济
826	广东	广州白云山光华制药股份有限公司	禾穗牌
827	广东	广州白云山明兴制药有限公司	明兴
828	广东	广州白云山潘高寿药业股份有限公司	潘高寿
829	广东	广州白云山星群（药业）股份有限公司	群星
830	广东	广州采芝林药业有限公司	采芝林
831	广东	广州皇上皇集团股份有限公司	皇上皇
832	广东	广州健民医药连锁有限公司	
833	广东	广州酒家集团股份有限公司	广州酒家
834	广东	广州市李占记钟表有限公司	李占记

续表

序号	地区	企业	品牌
835	广东	广州市新亚大酒店有限公司	新
836	广东	广州王老吉药业股份有限公司	王老吉
837	广东	广州鹰金钱食品集团有限公司	[illegible]
838	广东	国药集团冯了性（佛山）药业有限公司	冯了性
839	广东	汕头市澄海区老山合腊味厂	老山合
840	广东	汕头市广德泰酒厂实业有限公司	广德泰牌
841	广东	英德市权祥凉茶有限公司	徐其修
842	广东	中山市咀香园食品有限公司	咀香园
843	广东	国药集团德众（佛山）药业有限公司	安宁
844	广东	佛山市新石湾美术陶瓷厂有限公司	新石湾美陶
845	广东	广东美味鲜调味食品有限公司	厨邦
846	广东	广州白云山何济公药业有限公司	何济公牌
847	广东	广州白云山奇星药业有限公司	奇星
848	广东	广州白云山中一药业有限公司	中一
849	广东	广州市虎头电池集团股份有限公司	虎头牌
850	广东	广州市大新文化创意发展有限公司	第一福
851	广东	广州市爱群大酒店有限公司	爱群
852	广东	趣香中点文化发展（广州）有限公司	趣香
853	广东	广州市新华大酒店有限公司	新华
854	广东	广州市致美斋酱园有限公司	致美斋
855	广东	广州陶陶居有限公司	陶陶居
856	广东	鹤山市东古调味食品有限公司	东古
857	广东	湛江市赤坎区口衣记酒楼	口衣记
858	广西	广西梧州双钱实业有限公司	双钱
859	广西	广西梧州制药（集团）股份有限公司	中华
860	广西	桂林三花股份有限公司	桂林
861	广西	桂林湘山酒业有限公司	湘山
862	广西	南宁百货大楼股份有限公司	南百
863	广西	梧州龙山酒业有限公司	龙山

续表

序号	地区	企业	品牌
864	广西	广西玉林制药集团有限责任公司	玉林
865	广西	广西梧州茶厂有限公司	三鹤
866	海南	海口龙华沿江饭店	沿江
867	重庆	云阳县前进食品厂	瑞兰斋
868	重庆	重庆白市驿板鸭食品有限责任公司	白市驿
869	重庆	重庆华华实业（集团）有限公司	华华
870	重庆	重庆金星股份有限公司	金角
871	重庆	重庆精益高登眼镜连锁有限公司	精益高登
872	重庆	重庆桥头火锅饮食服务有限公司	桥头
873	重庆	重庆市江津酒厂（集团）有限公司	几江
874	重庆	重庆市江津米花糖有限责任公司	玫瑰牌
875	重庆	重庆市江津酿造调味品有限责任公司	迈进
876	重庆	重庆市忠州腐乳酿造有限公司	石宝寨
877	重庆	重庆桐君阁股份有限公司	桐君阁
878	重庆	重庆张鸭子食品有限公司	大河张
879	重庆	重庆桂楼实业（集团）股份有限公司	桂楼
880	重庆	重庆黄花园食品有限公司	黄花园
881	重庆	重庆永川豆豉食品股份有限公司	永川豆豉
882	重庆	重庆小洞天饮食（集团）有限责任公司	小洞天
883	重庆	重庆颐之时饮食服务有限公司	颐之时 老四川
884	四川	成都德仁堂药业有限公司成都同仁堂	庚鼎
885	四川	成都九远饮食有限责任公司	韩
886	四川	成都市桂花庄食品有限公司	桂花庄
887	四川	成都市郫县绍丰和调味品实业有限公司	绍丰和
888	四川	泸州老窖股份有限公司	泸州老窖
889	四川	南充烟山味业有限责任公司	烟山
890	四川	四川八百寿酒业有限公司	彭祖
891	四川	四川保宁醋有限公司	保宁
892	四川	四川保宁蒸馍有限公司	保宁

续表

序号	地区	企业	品牌
893	四川	四川德仁堂药业连锁有限公司	德仁堂
894	四川	四川鼎兴食品工业有限公司	鼎兴
895	四川	四川剑南春（集团）有限责任公司	剑南春
896	四川	四川阆中寿昌号蚕丝制品有限公司	寿昌号
897	四川	四川省成都市饮食公司	带江草堂
898	四川	四川省崇州市老号汤长发麻饼厂	汤长发
899	四川	四川省绵阳市丰谷酒业有限责任公司	丰谷
900	四川	四川省郫县豆瓣股份有限公司	鹃城牌
901	四川	四川省五通桥德昌源酱园厂	桥
902	四川	四川省宜宾五粮液集团有限公司	五粮液
903	四川	四川省资阳市临江寺豆瓣有限公司	临江寺
904	四川	四川雄健实业有限公司	雄健丰田
905	四川	自贡市龚扇竹编工艺厂	龚倩
906	四川	自贡市天味食品有限公司	天车
907	四川	成都市通锦达商贸有限责任公司	洞子口张
908	四川	成都新通惠实业有限责任公司	张老五
909	四川	四川川北凉粉饮食文化有限公司	川北
910	四川	四川江口醇隆鼎酒业有限公司	江口醇
911	四川	四川清香园调味品股份有限公司	清香园
912	四川	四川全兴酒业有限公司	全兴
913	四川	四川省古蔺郎酒厂有限公司	郎
914	四川	四川省乐山市光洪食品有限公司	苏稽
915	四川	德阳市乐明食品有限公司	罗江
916	四川	四川全泰堂药业有限公司	全泰堂
917	四川	舍得酒业股份有限公司	沱牌
918	四川	四川梓橦宫药业股份有限公司	梓橦宫
919	四川	四川太源井醋业有限公司	太源井
920	贵州	贵州董酒股份有限公司	董
921	贵州	贵州赖永初酒业有限公司	赖永初
922	贵州	遵义廖元和堂药业有限公司	廖元和堂
923	贵州	国药集团同济堂（贵州）制药有限公司	同济堂

续表

序号	地区	企业	品牌
924	贵州	中国贵州茅台酒厂（集团）有限责任公司	茅台
925	云南	昆明德和罐头食品有限责任公司	德和
926	云南	昆明冠生园食品有限公司	梅花牌
927	云南	昆明桂美轩食品有限公司	桂美轩
928	云南	昆明精益眼镜有限公司	瑞明
929	云南	昆明中药厂有限公司	云昆牌
930	云南	勐海茶厂（普通合伙）	大益牌
931	云南	云南白药集团股份有限公司	云南白药
932	云南	云南滇红集团股份有限公司	凤牌
933	云南	云南通海民族银饰制品有限公司	孔雀牌
934	云南	云南下关沱茶（集团）股份有限公司	下关沱茶
935	云南	云南宣威火腿集团有限责任公司	宣字
936	云南	昭通万和食品有限公司	万和
937	云南	昭通月中桂食品有限责任公司	月中桂
938	云南	楚雄老拨云堂药业有限公司	老拨云堂牌
939	云南	昆明建新园餐饮管理有限公司	建新园
940	云南	云南腾药制药股份有限公司	腾药
941	陕西	陕西秦洋长生酒业有限公司	秦洋牌 谢村桥
942	陕西	陕西西凤酒股份有限公司	西凤
943	陕西	西安贾三清真灌汤包子馆	贾三
944	陕西	西安西北眼镜行有限责任公司	西北眼镜行
945	陕西	西安永信清真肉类食品有限公司	贾永信
946	陕西	咸阳张记餐饮有限公司	张记
947	陕西	洋县大咸德调味品有限公司	朱鹮
948	陕西	陕西白水杜康酒厂股份有限公司	白水杜康
949	陕西	陕西省城固酒业股份有限公司	城古
950	陕西	陕西省太白酒业有限责任公司	太白
951	陕西	西安市德懋恭食品有限公司	德懋恭
952	陕西	西安饮食股份有限公司德发长酒店	德发长
953	陕西	西安饮食股份有限公司东亚饭店	DY

续表

序号	地区	企业	品牌
954	陕西	西安饮食股份有限公司春发生饭店	春发生
955	陕西	西安饮食股份有限公司老孙家饭庄	老孙家
956	陕西	西安饮食股份有限公司白云章分公司	白云章
957	陕西	西安饮食股份有限公司桃李村饭店	桃李村
958	陕西	西安饮食股份有限公司同盛祥饭庄	同盛祥
959	陕西	西安饮食股份有限公司五一饭店	五一饭店
960	陕西	西安饮食股份有限公司西安饭庄	西安饭庄
961	陕西	西安饮食股份有限公司西安烤鸭店	369
962	陕西	西安饮食股份有限公司聚丰园饭店	JFY
963	陕西	西安藻露堂药业集团有限责任公司	藻露堂
964	陕西	咸阳老王家清真食品有限公司	老王家
965	甘肃	甘肃滨河九粮酒业有限责任公司	滨河
966	甘肃	甘肃红川酒业有限责任公司	红川牌
967	甘肃	金徽酒股份有限公司	金徽
968	甘肃	酒泉市晶玉工艺美术有限责任公司	酒泉
969	甘肃	兰州佛慈制药股份有限公司	佛慈
970	甘肃	兰州景扬楼餐饮有限责任公司	景扬楼
971	甘肃	兰州马子禄牛肉面有限责任公司	马子禄
972	甘肃	兰州天生园食品工业有限公司	天生园
973	甘肃	兰州悦宾楼餐饮娱乐有限责任公司	悦宾楼
974	甘肃	陇西金华福利肉制品有限公司	足赤
975	甘肃	平凉市新世纪柳湖春酒业有限责任公司	崆峒
976	甘肃	陇西天马酒业有限公司	渭水
977	甘肃	天水飞天雕漆工艺家俱有限责任公司	飞天
978	青海	青海互助天佑德青稞酒股份有限公司	互助
979	新疆	新疆第一窖古城酒业有限公司	古城
980	新疆	新疆三台酒业（集团）有限公司	三台
981	新疆	新疆七一酱园酿造有限公司	七一酱园

注：根据《中华老字号示范创建管理办法》，中华老字号品牌是指历史底蕴深厚、文化特色鲜明、工艺技术独特、设计制造精良、产品服务优质、营销渠道高效、社会广泛认同的品牌（字号、商标等）。中华老字号企业即中华老字号品牌所属企业。下同。

中华老字号复核结果汇总表（附条件通过）

按地区排序，地区内排名不分先后

序号	地区	企业	品牌
1	北京	北京稻香春食品有限公司	稻香春
2	天津	天津真美宏声电子科技有限公司	真美
3	天津	天津红旗饭庄有限公司	红旗
4	河北	邯郸市一篓油饺子兄弟酒店管理有限公司	一篓油
5	山西	山西糖酒副食有限责任公司	晋唐
6	山西	太原市古灯调味食品有限公司	古灯
7	山西	太原普得商贸有限公司	泰山庙
8	山西	山西老陈醋集团有限公司	东湖
9	山西	太原光耀双合成工贸有限公司	双合成
10	山西	平定县保康黄瓜干专业合作社	龙筋
11	辽宁	沈阳市甘露饺子馆	甘露
12	辽宁	沈阳市马家烧麦馆	百年马烧麦
13	辽宁	鞍山市老精华医疗科技有限公司	老精华
14	辽宁	鞍山市大光明洗染有限责任公司	大光明洗染店
15	辽宁	辽宁益元堂大药房有限公司	益元堂
16	黑龙江	黑龙江省双城花园酒业有限公司	花园
17	黑龙江	哈尔滨铁路江上俱乐部管理有限公司	亚道古鲁布
18	黑龙江	牡丹江市松城调味品有限责任公司	松城
19	黑龙江	牡丹江白酒（厂）有限公司	牡丹江
20	浙江	张小泉股份有限公司	张小泉
21	浙江	杭州信源银楼有限公司	信源
22	江西	江西临川贡酒厂股份有限公司	临川
23	江西	湖口县国有资产经营有限责任公司	浔阳楼
24	江西	南昌市品香斋旅游食品有限公司	品香斋
25	山东	烟台生生堂医药连锁有限公司	生生堂
26	山东	山东赵斌食品有限公司	赵斌
27	青岛	青岛青联股份有限公司	万香斋
28	河南	郑州精华眼镜有限公司	精华眼镜

续表

序号	地区	企业	品牌
29	河南	商丘大有丰酱园有限公司	大有丰
30	湖北	武汉市长生堂美发美容有限责任公司	长生堂
31	湖北	湖北工艺美术服务部有限公司	晶钰首饰
32	湖北	襄阳郝曙光实业有限公司	郝曙光
33	湖南	常德市清真第一春餐饮有限公司	第一春
34	湖南	长沙饮食集团长沙银苑有限公司	银苑
35	广东	广州白云山敬修堂药业股份有限公司	敬修堂
36	广东	广州广钢金业集团有限公司	雙狮
37	广东	广州市利工民针织有限公司	利工民
38	广东	广州市泮塘食品有限公司	泮塘
39	广东	广州市宝生园股份有限公司	宝生园
40	广东	广州市生茂泰茶厂	生茂泰
41	广东	广州市文化用品有限公司新以泰体育用品分公司	新以泰
42	广东	广东大印象制药有限公司	萧广丰泰
43	广东	佛山市南海毛巾有限公司	红棉
44	广东	广州市莲香楼有限公司	莲香楼
45	广东	广州市泮溪酒家有限公司	泮溪
46	广东	广州市北园酒家	北园
47	广西	广西铁鸟调味品有限公司	铁鸟
48	四川	四川省成都市饮食公司（龙抄手店）	龙
49	四川	四川省成都市饮食公司（陈麻婆豆腐店）	陈麻婆
50	四川	四川省成都市饮食公司（赖汤圆店）	赖
51	四川	四川省成都市饮食公司（钟水饺店）	钟
52	四川	四川省成都市饮食公司（夫妻肺片店）	夫妻
53	四川	四川省成都市饮食公司（荣乐园）	荣乐园
54	四川	四川省成都市饮食公司（盘飧市）	盘飧市
55	四川	四川省成都市饮食公司（耗子洞鸭店）	耗子洞
56	四川	成都新通惠实业有限责任公司（痣胡子龙眼包子宾 隆店）	痣胡子
57	四川	成都市胡开文文具有限责任公司	胡开文
58	四川	泸州护国味业有限公司	护国岩

续表

序号	地区	企业	品牌
59	贵州	贵州省三都水族自治县九阡酒有限责任公司	九阡
60	贵州	都匀毛尖茶产业发展（集团）有限公司	都匀毛尖
61	贵州	贵州鸭溪酒业有限公司	鸭溪
62	贵州	遵义市老谢氏食品有限责任公司	老谢氏
63	云南	昆明吉庆祥食品有限责任公司	吉庆牌
64	云南	云南拓东味业食品有限公司	昆湖牌
65	云南	昆明福林堂药业有限公司	福林堂
66	云南	云南杨林肥酒有限公司	杨林牌
67	云南	云南无敌制药有限责任公司	王子荣
68	云南	云南保元堂药业有限责任公司	洪光保元堂
69	云南	昆明北门书屋图书有限责任公司	北门书屋
70	云南	云南省通海酱菜厂有限公司	通海牌
71	云南	云南宏斌绿色食品有限公司	调鼎斋
72	陕西	潼关县酱菜食品厂	潼冠
73	甘肃	甘肃武酒酒业（集团）有限公司	武九

中华老字号复核结果汇总表（不通过）

按地区排序，地区内排名不分先后

序号	地区	企业	品牌
1	北京	北京华女内衣有限责任公司	华女
2	北京	北京东华服装有限责任公司建华皮货服装分公司	雪花
3	北京	北京华鹏食品有限公司	通三益
4	北京	北京二商京华茶业有限公司	TP
5	北京	聚德华天控股有限公司（新路春饭庄）	新路春
6	天津	天津市稻香村食品公司	稻香村
7	天津	天津纺织集团仁立毛纺有限公司	天马
8	天津	天津裕华经济贸易总公司	放羊牌
9	天津	天津市起士林食品厂	五环
10	山西	太原市食品三厂	晋

续表

序号	地区	企业	品牌
11	山西	山西太谷通宝醋业有限公司	明泉宝
12	山西	临汾市尧都区吴家宝兴熏肉制品有限公司	宝兴善
13	山西	山西省平遥县延虎肉制品有限公司	延虎
14	内蒙古	内蒙古大盛魁实业有限公司	大盛魁
15	大连	大连群英楼食品有限公司	群英楼
16	黑龙江	哈尔滨正阳河调味食品有限公司	正阳河
17	黑龙江	哈尔滨市香庆饮食有限公司	香庆
18	黑龙江	哈尔滨市宾州酿酒厂	宾州牌
19	上海	集成药厂	集成
20	上海	上海飞马针织有限公司	飞马
21	上海	上海西湖饭店有限公司	西湖牌
22	上海	上海汇丰纸行有限公司	
23	上海	上海朋街服饰有限公司	朋街
24	上海	上海美丽华礼品公司	美丽华
25	上海	上海鸿翔时装公司（东号）	翔（鸿球）
26	上海	上海百新文化用品公司	百新
27	上海	上海奇美鞋业股份有限公司	奇美
28	上海	上海新新美容城	
29	上海	上海三大祥纺织品有限公司协大祥绸布商店	协大祥
30	上海	上海三大祥纺织品有限公司信大祥绸布商店	信大祥
31	上海	上海杏花楼（集团）有限公司老半斋酒楼	老半斋
32	上海	上海医疗器械（集团）有限公司卫生材料厂	中亚
33	上海	上海钱万隆酿造厂	钱万隆
34	上海	上海利男居食品总厂	利男居
35	上海	上海华元实业有限公司	飞机牌
36	江苏	苏州市石家饭店	石家饭店
37	浙江	杭州广合顺皮塑鞋材公司	广合顺
38	浙江	瑞安市百好乳业有限公司	擒雕牌

续表

序号	地区	企业	品牌
39	安徽	安徽寿春堂大药房有限公司	寿春堂
40	安徽	合肥市糖业烟酒有限责任公司张顺兴食品厂	张顺兴号
41	安徽	阜阳宏达食品有限公司	叫花鸡
42	厦门	厦门光华大药房连锁有限公司	佛手
43	江西	江西洪门实业集团有限公司	洪门
44	山东	淄博石蛤蟆餐饮有限公司	石蛤蟆
45	山东	济南泰康食物公司	泰康
46	山东	济南奇美美发美容有限公司	奇美
47	河南	开封市天丰面业有限责任公司	双鱼
48	广东	广州市琳琅婚纱摄影有限公司	琳琅
49	广东	广州市鹤鸣鞋帽商店有限公司	
50	重庆	重庆冠生园食品有限责任公司	冠生园
51	四川	四川阆中王中王酿造有限公司	贵族王中王
52	云南	禄丰剪刀厂	禄丰
53	陕西	陕西秦川酒有限公司	秦川
54	宁夏	宁夏敬义泰食品有限公司	敬义泰
55	宁夏	银川市协力厚医药连锁总店	协力厚

后　记

走过路过不要错过

回顾近年来商标事业发展，随着便利化改革深入实施，我国已经成为一个名副其实商标大国，不仅成功赶上了时代，顺应了时代，还有力地支撑了时代发展。

据统计，我国商标注册如同开启了“井喷”模式，年申请量近千万件，居全球第一；马德里商标国际注册有效量已达到4.4万件，居全球第二。很多市场主体，利用商标品牌等知识产权圆了致富梦、创业梦，全社会创新创造活力竞相迸发。商标品牌的火爆，犹如星星之火，遍地燎原。

商标、品牌以及人们常说的LOGO，到底对我们的衣食住行和创业、生活、工作等有何作用、有何价值、有何影响？它离我们有多近，又有多远？近到随时环绕在身边，触手可及；远到有时难以分清，甚至上当受骗。虽然每个人对此都能说上几句，但是当我们真的要诠释它的时候，却又总是欲说还休。

其实，自20世纪中后期的第三次技术革命所代表的后工业社会伊始，“以知识为基础的经济”开始兴起，知识产权制度的演进也达到了一个新阶段。在知识经济时代，知识产权制度与自由贸易、国家经济增长和国际竞争息息相关，并被提到了全世界法律日程的前沿，知识产权制度的发展俨然成为世界各国争议的焦点。

知识产权，作为隐性的无形资产在日常情况下经常被忽视。生活中，常听说不用花钱的东西通常最珍贵。实践反复表明，成功不必趁早，无形资产积累一定要趁早。

同为当代企业之间的竞争，主要是品牌和技术的竞争，品牌与商标权相关，技术与专利或技术秘密相关。实质上，企业之间的竞争，归根结底就是知识产权的竞争，可见知识产权的创造、运用、保护、管理至关重要。

种一棵树最好的时间是十年前，其次是现在。对于知识产权，现实亦犹如一条巨大的中国龙，在不同时态中舞动：龙头已经进入知识经济时代，龙身在工业经济的浪潮中翻腾，而龙尾还深深地扎在农业文明的泥土之中。在这样的情境下，广泛普及知识产权法律法规和文化，以及相关规则等，愈益十分重要而迫切。

走过路过不要错过。力量再小，也是推动；火苗再弱，也是光明。囿于学识所限，相比各位领导、专家、同事等，笔者实在不够专业、不够全面、不够权威，只能仅以参与者的视角撷取其中点滴，撰写成拙作。无论是感性认识，还是理性思考，都只是一家之言、个人观点，但皆力图将复杂术语转化成大众化、简单化、通俗化的语言，与读者诸君分享。

此书不是教科书、不是指南书、不是实操书，更谈不上理论的严谨性、内容的系统性，且未必完全科学准确，亦难免不足之处，加之商标品牌个案性较强，不确定性较大，仁者见仁，智者见智。横看成岭侧成峰，角度不同，答案有异，具体问题还需具体分析。故恳请各位有志之士批评指正、交流探讨，对文中提供资料的作者和涉及的商标品牌权利人等亦表示感谢（部分插图来自网络，仅作配图），有遗漏和不妥之处，请予以谅解。关于资料、数据上的疏漏，受个人水平所限，虽经精心校对，恐仍是在所难免，我亦将怀抱诚惶诚恐的学习态度，以就教于方家。

尽管内容尚浅，但怀着响应大兴学习研究之风和讲好中国知识产权故事的心愿，依然希望读者以休闲、包容、浏览的心态作以了解。在轻松愉悦、行云流水中获得某种思维上的灵感，对解决实际中遇到的问题有所启发，能以此为中国品牌经济的后来者提供一点参鉴，为中国品牌崛起贡献一点力量，为建设培育更多卓著品牌提供一点方法。

一粒石子，一级阶梯。仅此而已，欣慰不已。

作者

2023年10月

致谢

本书内容仅代表个人观点，属一孔之见，亦谨供参考。所涉及业务内容，若出版后出现法规政策变化调整，以最新国家法规政策为准。

本书撰写过程中，得到了诸多领导、老师、前辈和朋友们的热忱鼓励和指教，特此表示由衷感谢（排名不分先后），还有一些好友和家人等，给予了默默无闻的帮助支持，由于各种原因，未能一一列举，但“佛”在心中，我不会忘记。你们都是我人生的贵人良人友人，也是该书得以问世的根本。诚挚地向你们表示崇高的敬意！

国家一级作家，享受国务院特殊津贴专家、中国报告文学学会会长　徐　剑

中国作协社会联络部主任、文学博士　李晓东

北京作家协会副主席、第11届茅盾文学奖获得者、《宝丰》作者　乔　叶

全国自强模范、感动中国2013年度人物候选人　刘大铭

山东省邹城市钢山街道后八里沟村党委书记　宋　伟

繁星戏剧村创始人　樊　星、任晓凡

宁波妈咪宝婴童用品制造有限公司创始人、中国玩具协会副会长　叶伟德

新沃资本控股集团有限公司创始人　朱　灿

中国消费者协会消费监督部主任　张德志

中国华星集团有限公司总经理　韩　剑

中青旅研究院秘书长　孙　逸

中创渤海控股（北京）有限公司董事长　庄伟旺

中国银河证券股份有限公司广东分公司党委书记、总经理　史　楠

北京大学国家发展研究院教授、《善战者说》作者　宫玉振

退役军人事务部宣传中心副主任　倪光辉

清华大学继续教育学院院长助理　陈肖庚

中国茶叶流通协会副监事长　申卫伟

中国出入境检验检疫协会秘书长　段小红

北京市海淀区饮食服务行业协会原会长　胡　滨

小米集团公关部高级经理　魏凡力

中国农业大学食品学院院长　廖小军

中国食品工业协会副会长兼秘书长　马　勇

探路者控股集团股份有限公司董事长　李　明

中华中医药学会副会长兼秘书长、《世界中西医结合》杂志社社长　李俊德

中国电影文学学会常务副会长　艾克拜尔·米吉提（哈萨克族）

中国影视女演员、歌手、制片人　杜　娟

北京环球英才交流促进会执行会长兼秘书长　丁志峰

北京聚能鸿儒教育科技（集团）有限公司创始人　荆灿勇

华为诺亚方舟实验室科学家、天津大学智算学部副教授　郝建业

中国中医科学院眼科医院副院长、医学博士　亢泽峰

中国食品报社社长助理、办公室主任　赵　锋

成都昌盛鸿笙食品有限公司董事长　刘青山

乾道投资控股集团有限公司合伙人　李　丽

四川省政协常委、四川省经济发展促进会会长　罗友平

青岛天祥食品集团有限公司总经理　于　强

导演、制片人　肖　齐

拓普基因科技（广州）有限公司董事长、“祝江山”商标品牌创始人　由晓斌

山西省归国华侨联合会副主席　王豪文

上海雷霆特训军事夏令营合伙人　陈　娇　王　芳

山东省滕州市王开猪头肉品牌传承人　张　申

Boss财商山东运营中心合伙人　鲁雪莹

山东营养卫士食品有限公司总经理　王　子

附录

附件 1　知识产权列表

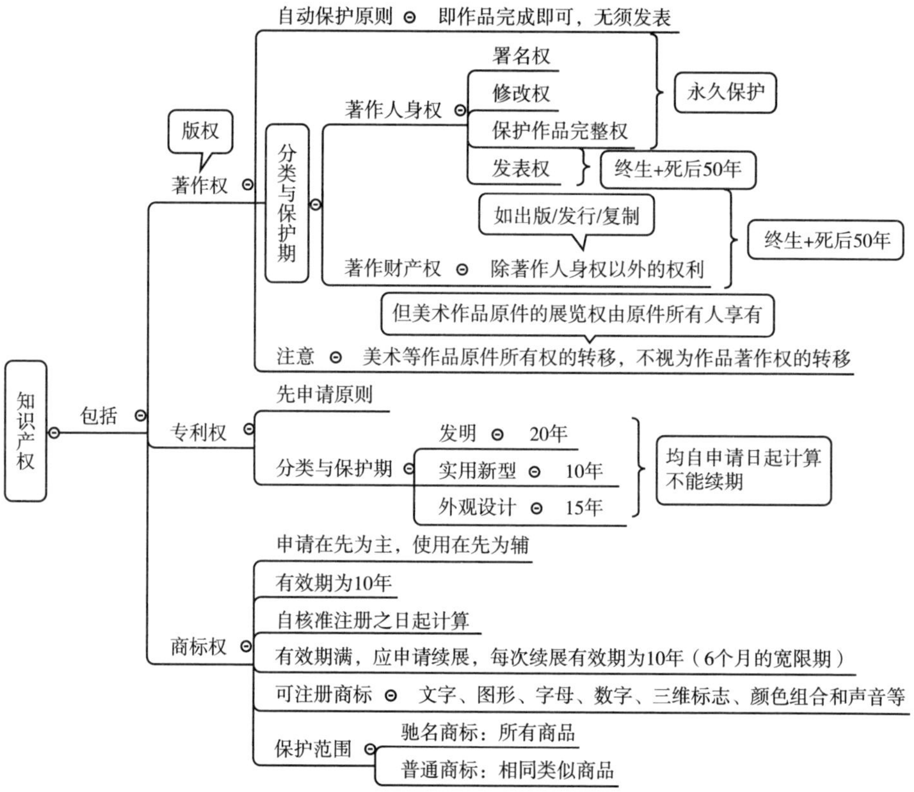

图 1　知识产权列表

附件2 专利、商标、作品申请（登记）流程

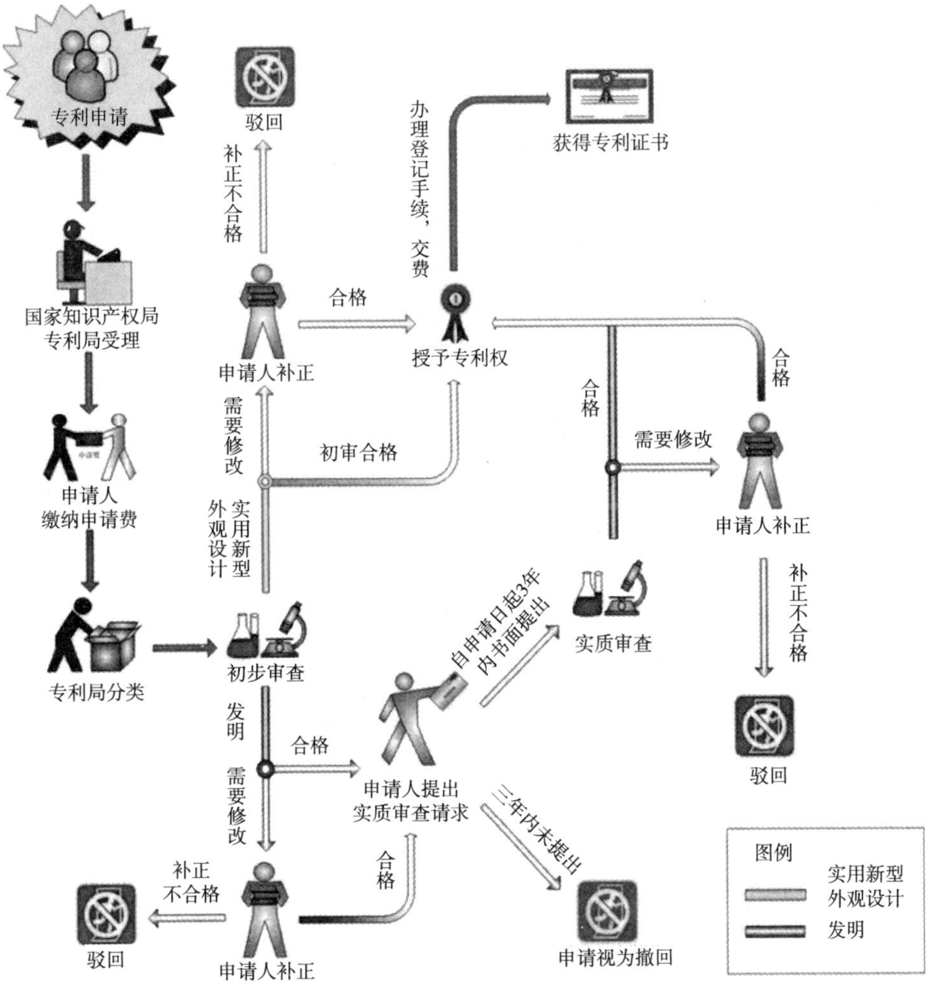

图2 专利申请流程

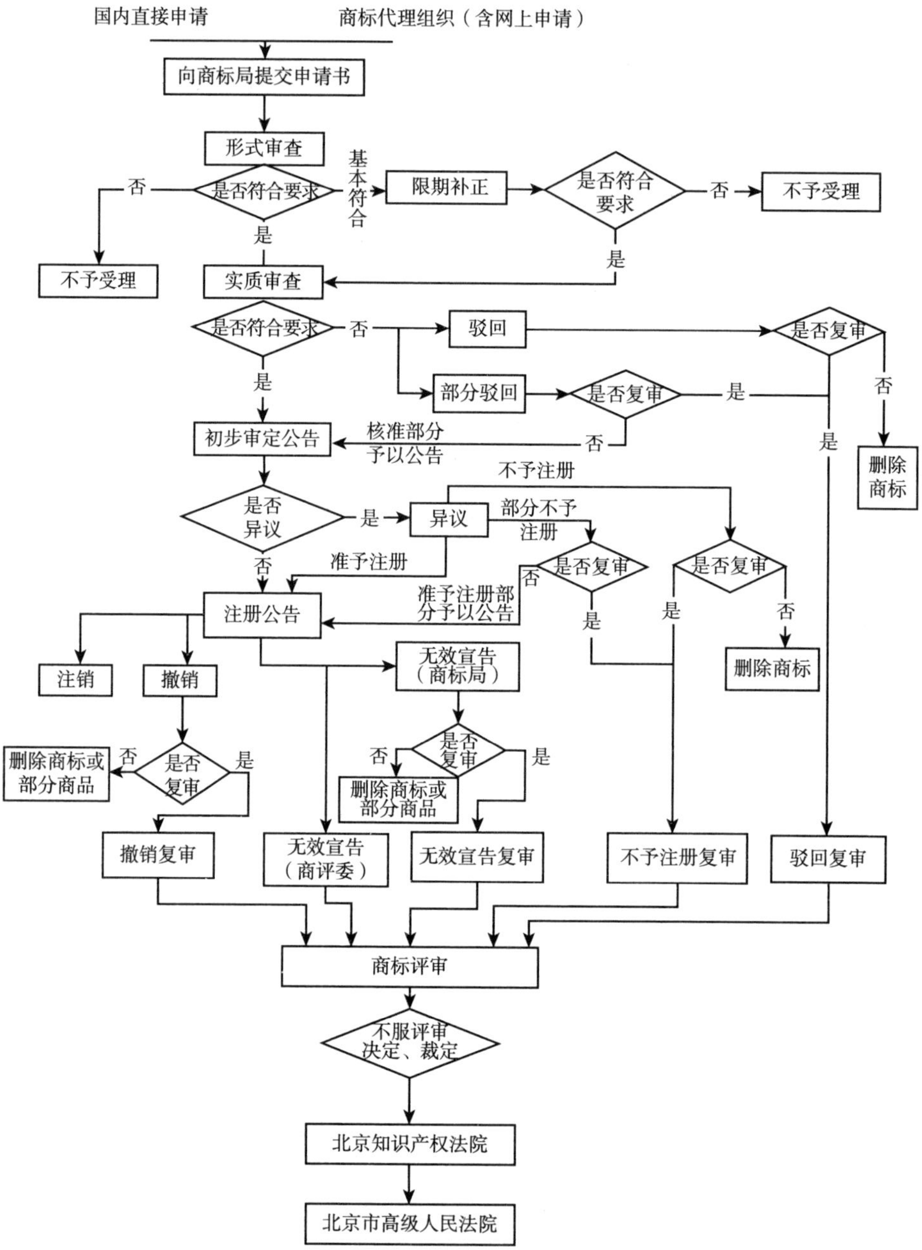
国内直接申请
商标代理组织（含网上申请）
向商标局提交申请书
形式审查
是否符合要求
否
不予受理
基本符合
限期补正
是否符合要求
否
不予受理
是
是
实质审查
是否符合要求
否
驳回
部分驳回
是否复审
是
是否复审
否
删除商标
是
是
初步审定公告
核准部分予以公告
否
是否异议
是
异议
不予注册
部分不予注册
准予注册
否
是否复审
否
准予注册部分予以公告
是
是否复审
是
否
删除商标
注册公告
注销
撤销
无效宣告（商标局）
是否复审
否
删除商标或部分商品
是
是否复审
否
删除商标或部分商品
是
撤销复审
无效宣告（商评委）
无效宣告复审
不予注册复审
驳回复审
商标评审
不服评审决定、裁定
北京知识产权法院
北京市高级人民法院

图3　商标申请流程

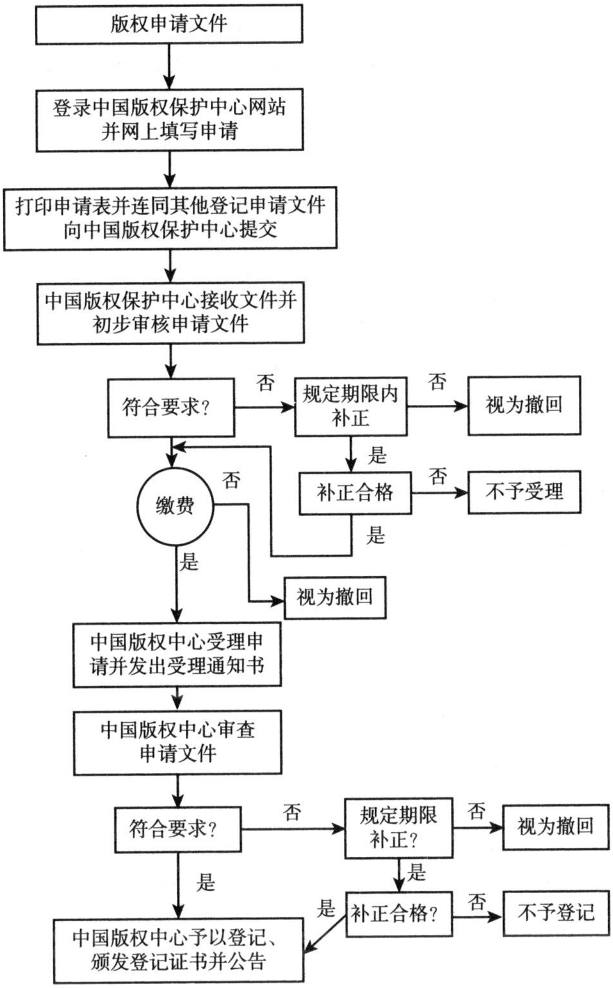
版权申请文件
登录中国版权保护中心网站并网上填写申请
打印申请表并连同其他登记申请文件向中国版权保护中心提交
中国版权保护中心接收文件并初步审核申请文件
符合要求？
否
规定期限内补正
否
视为撤回
是
补正合格
否
不予受理
是
缴费
否
视为撤回
是
中国版权中心受理申请并发出受理通知书
中国版权中心审查申请文件
符合要求？
否
规定期限补正？
否
视为撤回
是
补正合格？
否
不予登记
是
是
中国版权中心予以登记、颁发登记证书并公告

图4　作品登记流程

附件 3　衣食住行等商品和服务项目分类表

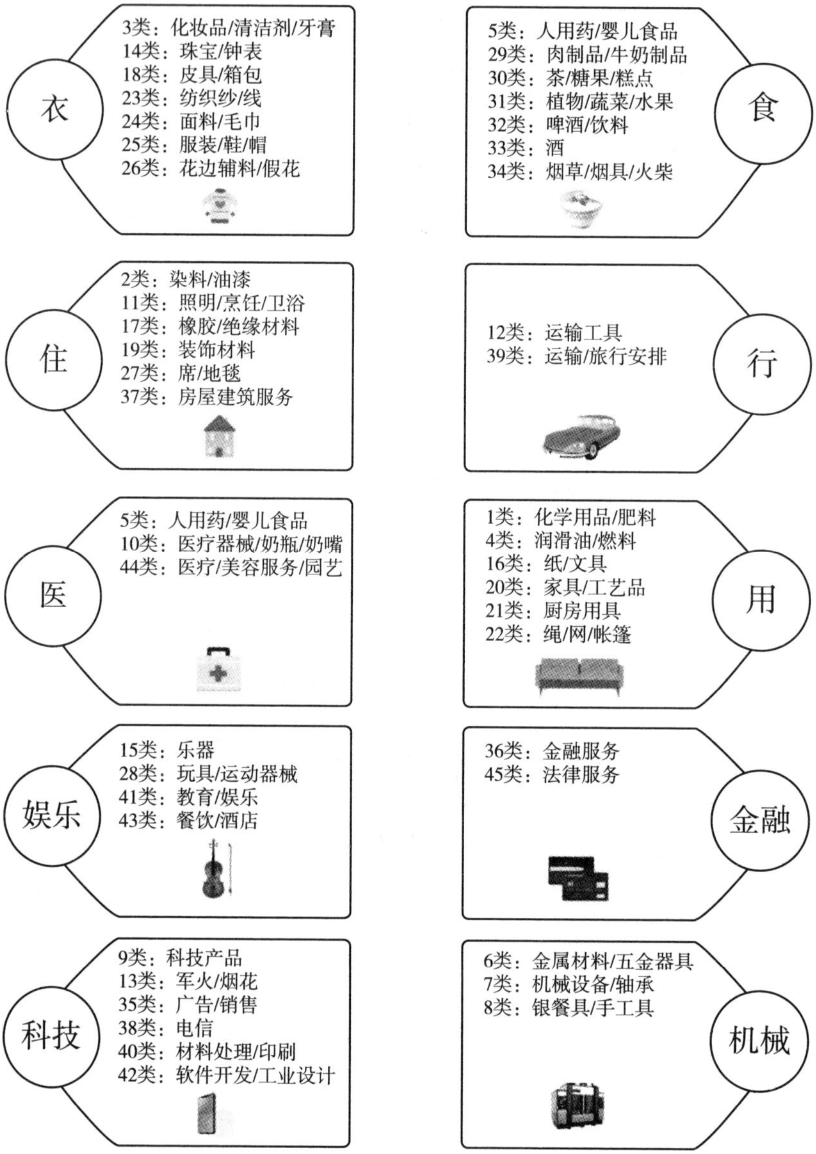

图5　衣食住行等分类表

附件 4　商标情（歌词）

商标情

（歌词）

商标情

商标情

声誉载道自古兴

市场经济　商标先行

创新创造　智慧无穷

小小LOGO助力百业争鸣

回首望星辰

往事如烟云

犹记好生活

全靠去拼搏

商标情

商标情

方寸之间映乾坤

购物消费　踏标而行

品牌强国　民族复兴

诚信守法铸就卓越口碑

回首望星辰

往事如烟云

犹记好生活

全靠去拼搏

挥尽多少人生豪情

惟有与你同行

与你同行

美好生活

尽在其中

（附件 1—3，来自网络，仅供参考）

参考文献

左旭初.中国近代商标简史［M］.上海：学林出版社，2003.

林炳辉.知识产权文化读本［M］.北京：知识产权出版社，2008.

张林.商标显著性研究［M］.厦门：厦门大学出版社，2014.

罗德尼·D.莱德，阿什文·马德范.知识产权与商业：无形资产的力量［M］.王肃，译.北京：知识产权出版社，2020.

江南春.人心红利［M］.北京：中信出版集团，2021.

张月梅.人人都该懂的100个品牌保护常识［M］.杭州：浙江工商大学出版社，2019.

季节.知识产权思维［M］.北京：知识产权出版社，2022.

杜纳·E·科耐普.品牌智慧：品牌战略实施的五个步骤［M］.赵中秋，罗臣，译.北京：企业管理出版社，2006.

国家知识产权局.商标审查审理指南［M］.北京：知识产权出版社，2021.

叶陈毅.无形资产管理［M］.上海：复旦大学出版社，2006.

江南春.抢占心智［M］.北京：中信出版社，2018.

叶明桂.如何把产品打造成有生命的品牌［M］.北京：中信出版集团，2018.

王水.商标故事初探［M］.北京：中国工商出版社，2020.

巨中天.公司起名商标设计实用手册［M］.北京：石油工业出版社，2002.

姜卫红.品牌：深刻地改变一切［M］.北京：商务印书馆，2022.

王肃.知识产权总论［M］.北京：知识产权出版社，2013.

贺寿天，冯兴汉，张传博，等.商标战略与品牌提升［M］.南京：江苏人民出版社，2010.

余俊.商标本质基础观念的重构［J］.中国法学，2023（5）.

徐士敏，齐晨明，郭延军，等.知识产权强国之路［M］.北京：中国金融出版社，2020.

赵锐.创意产业的知识产权保护研究［M］.北京：知识产权出版社，2012.

巨中天.大赢家：商标品牌致胜方略［M］.北京：民主与建设出版社，2002.